Ocho pasos hacia la felicidad

Otros libros en español de
Gueshe Kelsang Gyatso

Caminos y planos tántricos
Compasión universal
Comprensión de la mente
Corazón de la sabiduría
El camino gozoso de buena fortuna
El voto del Bodhisatva
Esencia del vajrayana
Gema del corazón
Guía del Paraíso de las Dakinis
Introducción al budismo
Manual de meditación
Tesoro de contemplación

Editorial Tharpa es una de las editoriales más importantes sobre budismo que existen en España y su colección de libros constituye la presentación más completa del camino budista hacia la iluminación disponible en una lengua occidental, donde se pueden encontrar desde introducciones básicas al budismo y a la meditación hasta lúcidas y detalladas exposiciones sobre la filosofía budista y las prácticas tántricas. La dirección de la página web de la Editorial Tharpa es: www.tharpa-es.com.

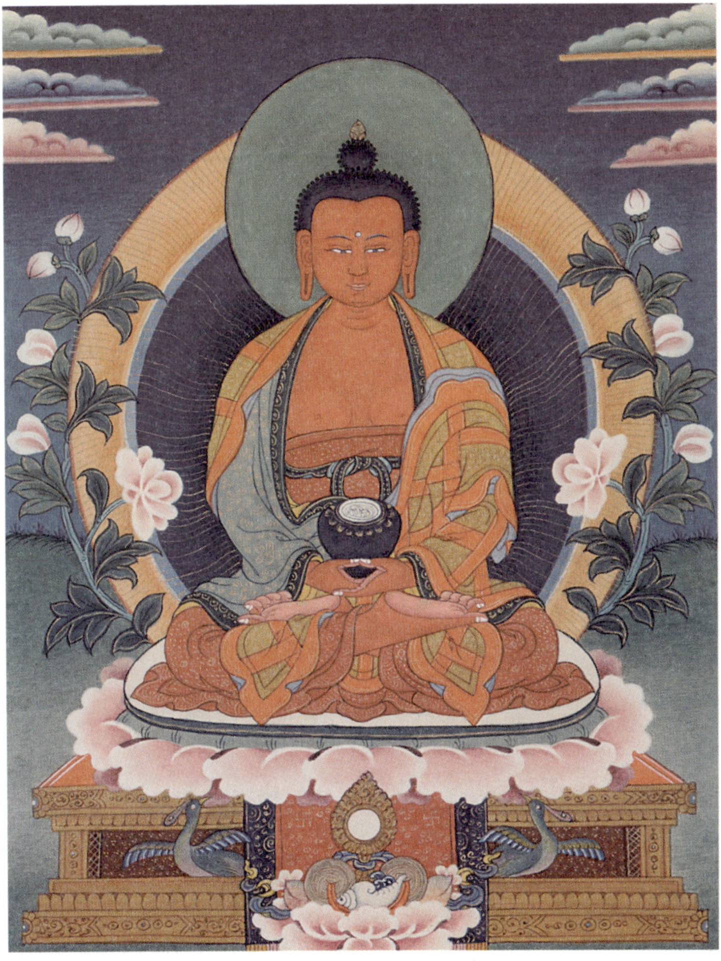

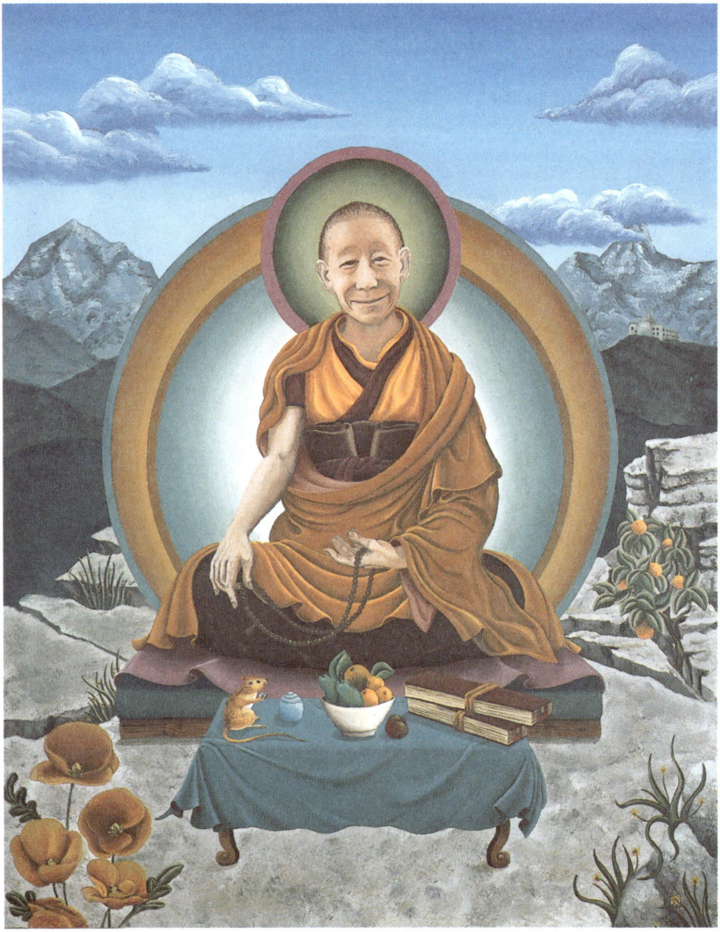

Gueshe Kelsang Gyatso

Ocho pasos hacia la felicidad

EL MODO BUDISTA DE AMAR

EDITORIAL THARPA
Vejer de la Frontera

Título original:
Eight Steps to Happiness

Editado por primera vez en el año 2000 por:

Tharpa Publications,
15 Bendemeer Road
London SW15 1JX

© 2000 Geshe Kelsang Gyatso y
Manjushri Mahayana Buddhist Centre

Edita:
Editorial Tharpa
C/ Molinero nº10, bajo
11150 Vejer de la Frontera (Cádiz)
Tel.: 95 6451528
E-mail: annatkins@terra.es
Web: http://www.tharpa-es.com

© 2001 Editorial Tharpa

Traducción:
© 2001 Mariana Líbano

Pintura de la cubierta: Pintura de Tara por Chating Jamyang Lama, reproducido por cortesía de Tharpa Publications.
Pinturas del frontispicio: Buda Amitabha por Chating Jamyang Lama y el Bodhisatva Langri Tangpa por Kelsang Palden.
Diseño de la cubierta: Stefan Killen,
adaptado a la edición española por Javier Calduch.
Fotografía de la cubierta posterior: René Knopfel.
Dibujos interiores: Ani Kelsang Wangchen.
Composición gráfica del texto: Javier Calduch.

ISBN 84-920943-8-9 – Rústica:
Depósito legal: B-25692-2001

Impreso en España/Printed in Spain
Industrias Gráficas Peralta, Barcelona
Impreso en papel permanente sin elementos ácidos
Todos los derechos reservados

Índice general

Ilustraciones	ix
Budismo kadampa	x
Nota de la traductora	xi
Introducción	1
El Bodhisatva Langri Tangpa	11
Cualidades especiales de estas instrucciones	19
Prácticas preliminares	25
Estimar a los demás	45
Aumentar el amor que estima a los demás	57
Cambiarse uno mismo por los demás	81
La gran compasión	111
El amor que desea la felicidad de los demás	123
Aceptar la derrota y ofrecer la victoria	135
Tomar y dar	143
La preciosa mente de bodhichita	162
La bodhichita última	181
Cómo integrar la práctica de estas instrucciones en la vida diaria	227
Dedicación	234
Apéndice 1 – Texto raíz: *Adiestramiento de la mente en ocho estrofas*	235
Apéndice 2 – Significado conciso del comentario	239

Apéndice 3 – Sadhanas
  Esencia de buena fortuna   249
  Oraciones para meditar   259
Apéndice 4 – *El modo de vida kadampa*   265

Glosario de términos   275
Lecturas recomendadas   289
Programas de estudio   296
Índice analítico   299

Ilustraciones

Ilustraciones de los maestros del linaje de las etapas del camino hacia la iluminación

Buda Shakyamuni	2
Maitreya	12
Vasubandhu	18
Asanga	24
Manyhushri	32
Nagaryhuna	44
Chandrakirti	58
Vajradhara	66
Tilopa	74
Naropa	82
Atisha	92
Dromtompa	102
Gueshe Potoua	110
Yhe Tsongkhapa	122
Yhampel Gyatso	134
Khedrubyhe	148
Kyabyhe Phabongkha Rimpoché	170
Kyabyhe Triyhang Rimpoché	194
Gueshe Kelsang Gyatso Rimpoché	228

Budismo kadampa

El budismo *kadampa* es la unión de todas las enseñanzas de Buda integradas en el *Lamrim*, texto de instrucciones y prácticas especiales compuesto por el gran maestro budista Atisha en el que se presentan las etapas completas del camino hacia la iluminación.

La práctica de esta clase de budismo, caracterizada por su sencillez, profundidad y gran pureza espiritual, constituye un método muy eficaz para solucionar los problemas humanos y es aplicable a todos los aspectos de la vida en la sociedad actual.

- NTK -

Nota de la traductora

Deseo señalar que a lo largo del texto los nombres propios en tibetano se han escrito según un sistema fonético básico. Debido a que en la lengua tibetana hay muchos sonidos que no existen en español, la introducción de estos fonemas es ineludible. Por ejemplo, en tibetano hay una consonante que se pronuncia *ya* y otra *yha*, como la *j* inglesa. Así, en Manyhushri, Yhe Tsongkhapa, etcétera, la *yha* ha de pronunciarse como la *j* inglesa.

Para representar los términos sánscritos se ha seguido un sistema simple de transliteración, porque evoca la pureza de la lengua original de la que proceden. Así, se ha escrito *Dharma* y no Darma, *Sangha* y no Sanga, etcétera. No obstante, se ha optado por castellanizar algunos términos y sus derivados, como Buda, budismo, Budeidad, etcétera, por estar más asimilados a nuestra lengua. *Tantra* y *Sutra* con mayúscula se refieren a los textos de Buda Shakyamuni en los que se muestran estos senderos, y con minúscula, a los caminos espirituales propiamente dichos.

Las palabras extranjeras se han escrito en cursiva sólo la primera vez que aparecen en el texto.

En ocasiones, la versión española de esta obra difiere de la inglesa porque se ha modificado ligeramente el texto o se ha añadido alguna frase para facilitar su comprensión. Todas estas modificaciones se han realizado por sugerencia del autor o en consulta con él y con su aprobación, y muchas de ellas se incorporarán en la próxima edición de la versión inglesa.

De nuevo, con este precioso texto, deseo expresar mi más sincera gratitud a Javier Calduch por su ayuda indispensable. Con paciencia ha revisado la redacción y, sin lugar a dudas, la ha enriquecido con numerosas y apropiadas sugerencias. También ha trabajado con gran precisión y esfuerzo en la confección del índice alfabético, en la composición gráfica del texto y en la adaptación a la edición española del diseño de la cubierta. Gracias a su dedicación, la colección en español de los libros de Gueshe Kelsang saldrá a la luz sin demoras.

Gracias también a José Martínez de Sousa por su magnífica colección de libros sobre lengua española y por atender con paciencia, precisión y claridad a todas nuestras consultas lingüísticas. A Xavier Fages por sus excelentes aclaraciones y sugerencias estilísticas, y al Departamento de Español Urgente de la Agencia EFE por el utilísimo y notable servicio de consulta que ponen a disposición general. Y finalmente a Ana Atkins, directora de la Editorial Tharpa, que trabaja con profesionalidad y dedicación para difundir estos preciosos libros en los países hispanohablantes.

Introducción

Este libro está basado en el famoso texto *Adiestramiento de la mente en ocho estrofas*, *Loyong tsig gyema* en tibetano, compuesto por el *Bodhisatva* Langri Tangpa, ilustre maestro budista del siglo XI. Aunque solo consta de ocho estrofas de cuatro versos cada una, esta extraordinaria obra revela el camino budista mahayana hacia la iluminación y nos enseña a transformar nuestro estado actual de confusión y egoísmo en la compasión y sabiduría perfectos de un Buda.

Todos los seres sintientes poseen el potencial de alcanzar el estado de Buda, el ser que ha superado sus limitaciones y desarrollado por completo sus cualidades. Podemos comparar nuestra mente con el cielo nublado, puesto que en esencia es pureza y claridad, pero está temporalmente cubierta por las nubes de las perturbaciones mentales o engaños. Al igual que hasta las nubes más oscuras terminan por desaparecer, las perturbaciones mentales también pueden eliminarse. Los engaños, como el odio, la codicia y la ignorancia, no forman parte intrínseca de nuestra mente. Podemos eliminarlos por completo aplicando los métodos apropiados y alcanzar la felicidad suprema de la iluminación total.

Todos los seres buscan la felicidad y desean evitar el sufrimiento, pero muy pocos saben identificar las verdaderas causas de estos estados mentales. Esperamos encontrar la felicidad en los objetos externos y pensamos que si tuviésemos la casa y el coche apropiados, un trabajo bien remunerado y buenos amigos, seríamos felices. Dedicamos la mayor parte de nuestro tiempo a cambiar el mundo externo

Buda Shakyamuni

para satisfacer nuestros deseos. Aunque intentamos rodearnos de amigos y posesiones que nos animen y nos hagan sentirnos cómodos y seguros, seguimos sin disfrutar de felicidad duradera. Incluso cuando logramos nuestros objetivos, deseamos algo más. Aunque hayamos encontrado una casa perfecta, al cabo de unos meses la cocina nos parece pequeña, necesitamos otro dormitorio o un jardín más grande y empezamos a pensar de nuevo en mudarnos. Es posible que nos enamoremos de una persona y queramos compartir nuestra vida con ella. Al principio nos parecerá maravillosa, pero pronto empezaremos a advertir sus defectos, nuestro amor disminuirá y buscaremos otro compañero que llene nuestro vacío.

A lo largo de la historia, los seres humanos nos hemos esforzado por mejorar nuestras condiciones externas, pero aun así no somos más felices que nuestros antepasados. Es cierto que se ha producido un gran progreso material en numerosos países, que la tecnología es cada vez más sofisticada y que el conocimiento del mundo físico ha aumentado considerablemente. Hemos descubierto multitud de fenómenos y podemos realizar actividades que antes eran inimaginables. Parece que el mundo está mejorando, pero si lo analizamos con detenimiento, nos daremos cuenta de que ahora tenemos más problemas que nunca. Hemos inventado armas de destrucción masiva y contaminado el medio ambiente, y nuevas enfermedades aparecen sin cesar. Incluso los placeres más básicos, como comer o tomar el sol, se están convirtiendo en un peligro.

Como resultado de buscar la felicidad fuera de nosotros, destruimos el planeta, nuestra vida se vuelve cada vez más complicada y estamos siempre insatisfechos. Por lo tanto, ha llegado el momento de buscar la felicidad en otro lugar. Debido a que la felicidad es un estado mental, debemos buscarla en nuestra mente, no en los objetos externos. Si mantenemos una mente pacífica y tranquila, seremos felices en todo momento. De lo contrario, con una mente insatisfecha, por mucho que alteremos las circunstancias externas, cambiando de casa o de compañero, jamás encontraremos la verdadera felicidad.

Para caminar por un terreno pedregoso sin lastimarnos, podemos cubrir el suelo con una manta de cuero, pero sería más fácil cubrir de cuero la planta de nuestros pies. Del mismo modo, si queremos protegernos del sufrimiento, podemos cambiar nuestro entorno o transformar nuestra mente. Hasta ahora, hemos intentado lo primero, pero no hemos logrado satisfacer nuestros deseos. Por lo tanto, debemos esforzarnos por transformar nuestra mente.

El primer paso para transformar la mente es reconocer los estados mentales que producen felicidad y los que causan sufrimiento. En budismo, los estados mentales que producen felicidad y tranquilidad se llaman *mentes virtuosas*, y los que perturban nuestra paz y causan sufrimiento, *perturbaciones mentales* o *engaños*. Existen numerosos engaños, como el apego, el odio, los celos, el orgullo, la avaricia y la ignorancia. Se dice que son *enemigos internos* porque nos roban la felicidad y su función es perjudicarnos.

Las perturbaciones mentales son percepciones distorsionadas de nosotros mismos, de los demás y del mundo que nos rodea, y el modo en que perciben los fenómenos no se corresponde con la realidad. La perturbación mental del odio, por ejemplo, considera que su enemigo es intrínsecamente desagradable, pero, en realidad, no hay ninguna persona que sea así. Por el contrario, el apego considera que el objeto que desea es intrínsecamente atractivo y una fuente verdadera de felicidad. Si tenemos un fuerte apego por el chocolate, este objeto nos parecerá deseable por sí mismo; pero si comemos una o dos tabletas, empezaremos a sentirnos mal y es posible que lo consideremos incluso repugnante. Esto demuestra que el chocolate no es deseable ni repugnante en sí mismo, sino que la mente de apego atribuye buenas cualidades a este objeto y nos induce a relacionarnos con él como si las poseyera.

INTRODUCCIÓN

Todos los engaños actúan del mismo modo, proyectando una versión distorsionada de la realidad y haciéndonos reaccionar como si esta proyección fuera cierta. Cuando nuestra mente está bajo la influencia de las perturbaciones mentales, no percibimos la realidad y podría decirse que sufrimos alucinaciones. Puesto que nuestra mente está bajo la influencia de perturbaciones mentales sutiles en todo momento, no es de extrañar que nos sintamos frustrados tan a menudo. Es como si persiguiéramos un espejismo que nos decepciona constantemente al no proporcionarnos la satisfacción que esperamos.

El origen de todas las perturbaciones mentales es una percepción distorsionada, llamada *ignorancia del aferramiento propio*, que se aferra a los fenómenos como si tuvieran existencia inherente o independiente. En realidad, todos los fenómenos son surgimientos dependientes, es decir, su existencia depende de otros fenómenos, como sus causas, sus partes y las mentes que los aprehenden. Los objetos no existen por su propio lado, sino que dependen del modo en que los percibimos, y no comprender esto es la causa de todos nuestros problemas.

El tipo de aferramiento propio que más nos perjudica es el que se aferra a nuestro yo o entidad propia de la persona como si existiera de manera inherente o independiente. Sentimos de forma instintiva que poseemos un yo real y objetivo que existe independiente de los demás fenómenos, incluso de nuestro cuerpo y mente. Una de las consecuencias de aferrarnos a nuestro yo como si fuera una entidad independiente separada del resto del mundo y de las demás personas es que generamos la mente de estimación propia, que considera que somos de suprema importancia. Debido a que nos estimamos a nosotros mismos con tanta intensidad, nos sentimos atraídos hacia los objetos y personas que nos parecen atractivos, deseamos separarnos de los que nos desagradan y sentimos indiferencia hacia los que no nos parecen ni lo uno ni lo otro. De este modo, surgen el apego, el odio y la indiferencia. Al exagerar nuestra propia importancia, pensamos que los intereses de los demás están en contradicción con los nuestros, lo que nos hace tener celos, y ser arrogantes y desconsiderados con los demás. Cuando estamos bajo la influencia de las perturbaciones mentales, cometemos acciones perjudiciales, como matar, robar, mentir, mantener relaciones sexuales incorrectas, pronunciar palabras ofensivas, etcétera, que nos causan sufrimiento tanto a nosotros mismos como a los demás.

Aunque las perturbaciones mentales están profundamente arraigadas en nuestra mente, no forman parte intrínseca de ella, por lo que es posible eliminarlas. Los engaños no son más que malos hábitos y, como tales, pueden reducirse. Si nos familiarizamos con sinceridad y de manera constante con estados mentales constructivos, podemos eliminar hasta los engaños más arraigados y reemplazarlos por las virtudes opuestas. Por ejemplo, podemos debilitar nuestro apego familiarizando nuestra mente con el antiapego, y nuestros celos, alegrándonos de la buena fortuna de los demás.

Sin embargo, para eliminar las perturbaciones mentales por completo, debemos arrancar su raíz, la mente de aferramiento propio. Para ello, hemos de familiarizar nuestra mente con la verdadera naturaleza de la realidad, la verdad última. Si eliminamos el aferramiento propio, las demás perturbaciones mentales cesarán de manera natural, al igual que las hojas de un árbol se secan si lo cortamos de raíz. Cuando hayamos eliminado nuestros engaños, será imposible sufrir estados mentales perturbados. Puesto que no habrá causas internas de sufrimiento, las externas, como las enfermedades o la muerte, no podrán alterar nuestra mente. Esta cesación permanente de las perturbaciones mentales y del sufrimiento es lo que se conoce como *liberación* o *nirvana* en sánscrito.

Aunque alcanzar la liberación del sufrimiento es un gran logro, debemos aspirar a metas más elevadas. Puesto que no somos individuos aislados, sino que formamos parte de la gran familia de los seres sintientes, todo lo que poseemos, los placeres de que disfrutamos, nuestras oportunidades para el desarrollo espiritual e incluso nuestro propio cuerpo, lo debemos a la bondad de los demás. Por lo tanto, ¿cómo vamos a escaparnos solos del sufrimiento y abandonarlos a su suerte? Actuaríamos como el hijo que está encarcelado con sus padres y escapa de la prisión dejándolos atrás. Esta persona no sería digna de admiración. Si bien es cierto que debemos liberarnos de la prisión de nuestras perturbaciones mentales, no debemos olvidar que nuestro objetivo último es ayudar a los demás a conseguir lo mismo.

Por ello, la meta más elevada del camino budista es la iluminación total o Budeidad. El término sánscrito *Buda* significa 'Ser Despierto' y se refiere a todo aquel que ha despertado del sueño de la ignorancia y se ha liberado de la pesadilla de las apariencias erróneas. Debido a que los seres ordinarios todavía no hemos despertado del sueño de la ignorancia, seguimos viviendo en un mundo ilusorio de apariencias erróneas sin percibir la verdadera naturaleza de los fenómenos. Por esta razón padecemos tanto sufrimiento y no podemos beneficiar a los demás en gran medida. Los Budas, al haber disipado por completo la oscuridad de la ignorancia, han alcanzado la mente omnisciente y tienen la capacidad de ayudar a todos los seres sin excepción.

La compasión ilimitada de un Buda abarca a todos los seres y, motivado por ella, trabaja sin descanso para beneficiarlos. Conoce cuáles son las causas reales de la felicidad y del sufrimiento, y sabe cómo ayudar a los demás según sus necesidades e inclinaciones. Los Budas bendicen las mentes de todos los seres ayudándolos a reducir sus perturbaciones mentales y a aumentar sus virtudes, y pueden emanar innumerables formas para beneficiarlos. La manera más eficaz en que los ayudan es enseñándoles a controlar su mente y a seguir el camino espiritual hacia la liberación y la iluminación.

El fundador del budismo en este mundo fue Buda Shakyamuni. Después de alcanzar la iluminación, Buda impartió ochenta y cuatro mil enseñanzas en las que revela cómo reducir y eliminar las perturbaciones mentales cultivando mentes virtuosas. Las enseñanzas de Buda junto con las realizaciones internas que se alcanzan al ponerlas en práctica se conocen como *Dharma*.

En el texto en que está basado el presente libro, el Bodhisatva Langri Tangpa resume la esencia del *Budadharma* en ocho pequeñas estrofas. Al estudiar su significado, comprobaremos que muestran el camino gradual para disfrutar de verdadera paz interna y felicidad. Si ponemos en práctica estas enseñanzas con sinceridad, reduciremos poco a poco nuestros hábitos mentales egoístas y los iremos sustituyendo por las mentes virtuosas de amor y compasión incondicionales. Por último, si practicamos las instrucciones que se presentan en el capítulo sobre la *bodhichita* última, podremos combatir la perturbación mental de la ignorancia del aferramiento propio junto con sus impresiones y alcanzar el gozo de la iluminación total. Este es el significado de *buscar la felicidad en otro lugar*.

Aunque el texto *Adiestramiento de la mente en ocho estrofas* fue escrito hace unos novecientos años, siguen teniendo la misma vigencia en la actualidad. Todo aquel, budista o no, que desee con sinceridad resolver sus problemas internos y disfrutar de paz interior y felicidad permanentes, puede beneficiarse de los consejos de Langri Tangpa.

RENACIMIENTO Y KARMA

Puesto que es necesario un conocimiento básico del karma y de la reencarnación para comprender las prácticas contenidas en este libro, a continuación se ofrece una breve presentación de estos temas.

La mente no es un objeto material ni un subproducto de procesos físicos, sino una entidad continua e inmaterial distinta del cuerpo. Aunque el cuerpo deje de realizar sus funciones en el momento de la muerte, la mente continúa existiendo. Nuestra mente consciente superficial cesa porque se disuelve en un plano de consciencia más profundo –la mente muy sutil– y, por lo tanto, deja de manifestarse. Esta mente muy sutil, cuyo continuo no tiene principio ni fin, es la que se transforma en la mente omnisciente de un Buda cuando la purificamos por completo.

Las acciones que efectuamos imprimen huellas en nuestra mente muy sutil que, con el tiempo, producen sus correspondientes resultados. Nuestra mente se puede comparar con un campo de siembra, y las acciones que cometemos, con las semillas que en él se plantan. Las acciones virtuosas son las semillas de nuestra felicidad futura, y las perjudiciales, las de nuestro sufrimiento. Esta relación entre las acciones y sus efectos, es decir, que las acciones virtuosas producen felicidad, y las perjudiciales, sufrimiento, es lo que se conoce como la *ley del karma*. El conocimiento de la ley del karma es la base de la moralidad budista.

Cuando morimos, nuestra mente muy sutil abandona nuestro cuerpo y entra en el estado intermedio o *bardo* en tibetano. En este estado sutil, similar al del sueño, percibimos diferentes visiones, que son el resultado de las semillas kármicas que se activaron en el momento antes de la muerte. Según el karma que madure, tendremos visiones agradables o terroríficas. En ambos casos, la maduración completa de las semillas kármicas nos impulsará a renacer en uno de los seis reinos del samsara.

Es importante comprender que los seres que estamos atrapados en el samsara no podemos elegir nuestro renacimiento, pues este depende de nuestro karma. Si madura un karma virtuoso, tendremos un renacimiento afortunado, como un ser humano o un dios, pero si madura uno perjudicial, renaceremos en uno de los reinos inferiores, como un animal, un espíritu ávido o en los infiernos. El viento de nuestro karma nos arrastra a las vidas futuras, y unas veces aterrizamos en reinos afortunados, y otras, en reinos desafortunados.

Este ciclo ininterrumpido de muertes y renacimientos sin elección se denomina *existencia cíclica* o *samsara* en sánscrito. El samsara es como una noria, unas veces nos encontramos en los reinos superiores, y otras, en los inferiores. La energía que hace girar la rueda del samsara son las acciones contaminadas que hemos realizado motivados por nuestras perturbaciones mentales. Mientras permanezcamos atrapados en esta rueda, seguiremos experimentando sufrimiento e insatisfacción, y no podremos disfrutar de felicidad pura y duradera. Sin embargo, si practicamos el camino budista que nos conduce hacia la liberación y la iluminación, podremos eliminar nuestro aferramiento propio, escapar del ciclo incontrolado de renacimientos y alcanzar el estado de paz y libertad verdaderos. Entonces podremos ayudar a los demás a lograr estos mismos objetivos. Para una presentación detallada del karma y la reencarnación, véanse *Introducción al budismo* y *El camino gozoso de buena fortuna*.

El Bodhisatva Langri Tangpa

El autor de *Adiestramiento de la mente en ocho estrofas* es el maestro budista tibetano Bodhisatva Langri Tangpa. Si leemos acerca de su vida y de sus realizaciones espirituales, generaremos fe en él y en la autenticidad de su obra *Adiestramiento de la mente en ocho estrofas*, y tomaremos la determinación de poner en práctica las instrucciones contenidas en ella.

El Bodhisatva Langri Tangpa nació en el Tíbet central, en el siglo XI. Su nombre era Doryhe Senge, pero todos lo conocían como Langri Tangpa porque nació en la región de Lang Tang. Fue discípulo de Gueshe Potoua, que a su vez fue uno de los discípulos principales del maestro budista indio Atisha, fundador del budismo kadampa en el Tíbet.

Gueshe Potoua, ilustre maestro budista y reconocido como un gran erudito por todo el Tíbet, llevó una vida ejemplar e hizo hincapié en la práctica de la bodhichita, la mente altruista de la iluminación. Escribió varias obras sobre budismo kadampa, siendo *La escritura de ejemplos* una de sus más famosas porque en ella ilustra el significado del Dharma con experiencias de la vida diaria. En este texto se relata la historia de un ladrón que entró en una casa y, al encontrar un barril de *chang* o cerveza tibetana, empezó a beber hasta que se emborrachó. Los habitantes de la casa se despertaron al oírle cantar: «¡Qué suerte tengo de poder beber de la boca del barril, aunque sería mejor si pudiera hacerlo del fondo!». Gueshe Potoua modificó así la canción del ladrón: «¡Qué suerte tengo de practicar el Dharma de palabra, pero sería mejor si pudiera hacerlo desde lo más

Maitreya

profundo de mi corazón!». En el Tíbet se suele decir que Gueshe Potoua tenía tantos seguidores como estrellas hay en el firmamento, y que sus dos discípulos principales, Gueshe Langri Tangpa y Gueshe Sharaua, eran como el sol y la luna.

El Bodhisatva Langri Tangpa era considerado un ser sagrado por todo el Tíbet y algunos meditadores lo reconocieron como una emanación de Buda Amitabha. Aunque todos pensaban que era una persona especial, siempre trataba a los demás con humildad, consideración y respeto. Indiferente por completo a la riqueza, posición social y otras preocupaciones mundanas, durante muchos años fue casi tan pobre como un mendigo, pero vivía feliz adiestrándose en la práctica conocida como *aceptar la derrota y ofrecer la victoria a los demás*, que consiste en aceptar las condiciones adversas y ofrecer la felicidad de uno mismo a los demás. Su aceptación voluntaria de la pobreza y las dificultades servía de gran ejemplo para otros practicantes espirituales.

La conducta del Bodhisatva Langri Tangpa era muy diferente de la de otras personas. Por lo general, procuramos agradar a los demás aunque estemos tristes, pero Langri Tangpa hacía lo contrario. Era tan serio y tenía una expresión tan severa, que recibió el apodo de Rostro Sombrío. En cierta ocasión, su asistente le dijo que la gente lo llamaba Rostro Sombrío y le sugirió que sonriese un poco de vez en cuando y que hablase con amabilidad. Langri Tangpa respondió: «Lo que dices es cierto, pero me resulta difícil encontrar algo en el samsara que me haga reír. Cuando veo a alguien, pienso en su sufrimiento y me entran ganas de llorar». Debido a la profunda compasión que sentía por todos los seres sintientes, le resultaba difícil sonreír. Es importante que no malinterpretemos su comportamiento. Langri Tangpa no podía estar triste ni deprimido porque su compasión y otras realizaciones espirituales se lo impedían. Aunque disfrutaba de gran gozo, comprendía que en el samsara no existe verdadera felicidad y que buscarla en los placeres mundanos solo sirve para hundirnos más en el pantano de la existencia cíclica. Su expresión severa incitaba a los demás a reflexionar sobre su situación en el samsara y a seguir el camino espiritual.

Langri Tangpa casi nunca reía y, cuando lo hacía, resultaba tan extraño que su asistente lo anotaba en un diario. En cierta ocasión, Langri Tangpa estaba meditando en una cueva desde cuya entrada se veía un río. Era invierno y el río estaba helado. De repente, apareció un alfarero que empezó a cruzarlo, pero estaba tan cargado de vasijas, que resbalaba y se caía una y otra vez, rompiéndolas por el camino. Como el alfarero sabía que Langri Tangpa estaba en la cueva, cada vez que se caía le gritaba: «¡Oh, Langri Tangpa, el de Rostro Sombrío!», al igual que en Occidente suele decirse «¡Oh, Dios mío!» en situaciones parecidas. A Langri Tangpa le pareció tan divertido, que se echó a reír.

En otra ocasión, uno de sus discípulos le ofreció una piedra turquesa y Langri Tangpa la colocó sobre su pequeña mesa de meditación. Al cabo de un rato, vio que un ratón se la intentaba robar. Como no podía moverla, se fue en busca de ayuda y regresó con otros cuatro ratones. El primer ratón, que era el más pequeño, se tumbó, y los demás pusieron la turquesa sobre su barriga. Cada uno de los ratones tiraba de una de sus patas y, de este modo, consiguieron arrastrar la turquesa hasta el agujero en la pared por donde habían entrado. Sin embargo, al intentar pasarla por el agujero, advirtieron que la piedra era demasiado grande y terminaron por abandonarla. Se dice que esta es otra de las pocas ocasiones en que Langri Tangpa se rió a carcajadas.

A pesar de su severa apariencia, al presenciar sus acciones, numerosas personas comprendieron que Langri Tangpa era una persona muy especial. Muchos lo consideraban un ser sagrado y le hacían regalos, pero él los ofrecía de inmediato a su maestro Gueshe Potoua o a sus discípulos. Cuando Gueshe Potoua estaba a punto de morir, Langri Tangpa le hizo dos promesas: dar todas sus posesiones y no permanecer en el mismo lugar durante demasiado tiempo. A partir de entonces, cada vez que iba a emprender un viaje, daba todo lo que tenía y se marchaba con las manos vacías. Al aceptar felizmente la pobreza y practicar la generosidad en todo momento, Langri Tangpa acumuló una gran cantidad de méritos. Como resultado, más tarde recibió tantas ofrendas, que pudo establecer un monasterio, mantener a unos dos mil monjes y ayudar a numerosos pobres y necesitados. Sin hacer negocios ni reunir posesiones, se enriqueció acumulando méritos. Una vez al mes daba todo lo que poseía, pero siempre recibía más. Aunque su generosidad lo empobreció al principio, los méritos que acumuló con la práctica de esta virtud terminaron enriqueciéndolo.

Langri Tangpa era también un gran erudito y meditador. Sus prácticas principales, que se exponen a lo largo de este libro, eran cambiarse uno por los demás, aceptar la derrota y ofrecer la victoria, y cultivar la mente de bodhichita. Con estas prácticas condujo a miles de discípulos hacia la iluminación. La región de Lang Tang donde vivía fue tan bendecida por su presencia, que sus habitantes vivían en paz y armonía, y se dice que hasta los animales se respetaban entre ellos. También podía curar enfermedades y pacificar obstáculos y, en cierta ocasión, salvó la vida de numerosas personas evitando una inundación.

Langri Tangpa practicaba aceptar la derrota y ofrecer la victoria en todo momento, tanto en meditación como en sus actividades diarias. En cierta ocasión, una mujer joven que vivía en los alrededores tenía una hija enferma. Ya había perdido su primer hijo y, temerosa de perder otro, fue a pedir consejo a un lama. Este lama le dijo que si quería salvar a su niña, debía dejarla al cuidado de Gueshe Langri Tangpa. «¿Cómo es posible que un monje pueda cuidar de mi hija?», preguntó, y el lama respondió: «Gueshe Langri Tangpa es un Bodhisatva. Su práctica es aceptar las dificultades y ofrecer su felicidad a los demás, y sin lugar a dudas la ayudará».

La mujer fue a visitar a Langri Tangpa con su pequeña, pero cuando llegó, vio que estaba sentado en un trono impartiendo enseñanzas ante una gran audiencia. Dudando que fuera a aceptar a su bebé, pero convencida de que si no se lo entregaba, podría morir en sus brazos, se acercó a él, lo puso sobre su regazo y le dijo: «¡Aquí está tu hija! ¡Yo no puedo alimentarla, ocúpate tú de ella!». Ante la sorpresa de sus discípulos, Langri Tangpa aceptó a la niña, y algunos creyeron que en realidad él era el padre. La arropó con ternura entre sus hábitos y continuó el discurso. Después se la llevó a su casa, la alimentó y la bendijo. Cuidó de ella durante dos años y, gracias a sus bendiciones, la niña se recuperó por completo. Transcurrido este tiempo, la madre regresó para comprobar cómo estaba su hija y, al verla sana y feliz, le pidió a Langri Tangpa que se la devolviera, a lo que accedió sin dilación. Gracias a su conducta altruista, todos comprendieron que Langri Tangpa tenía un gran corazón y que era una persona especial.

Langri Tangpa trabajó sin descanso para beneficiar a los demás y difundir el Dharma por el Tíbet, no solo en esa vida, sino también en numerosas reencarnaciones anteriores y posteriores. En una de sus vidas anteriores fue el traductor tibetano Goua Pagtse, que viajó a la India, donde aprendió el sánscrito y tradujo numerosos textos budistas a su lengua natal. Después renació como Khedrubyhe, el discípulo más cercano de Yhe Tsongkhapa, como Gyalgua Ensapa y como el primer y el segundo Panchen lama.

Cuando visité por primera vez a mi padre espiritual, Kyabyhe Triyhang Rimpoché, en Lhasa, me recordó mucho a Gueshe Langri Tangpa. Sentí una profunda devoción por él y a menudo pensé que debía de ser una emanación de este gran lama. Más tarde, un monje anciano me regaló un pequeño libro que contenía una lista de los nombres de Triyhang Rimpoché en sus reencarnaciones anteriores y comprobé que Gueshe Langri Tangpa era una de ellas. Me llené de alegría al saber que mis sospechas eran ciertas.

Debido a que Langri Tangpa es Buda Amitabha y la compasión de un ser iluminado es ilimitada, existen innumerables emanaciones suyas en este mundo, aunque no podamos reconocerlas. Sin lugar a dudas, sus emanaciones están trabajando también en los países occidentales para ayudar a todos los seres y difundir el Budadharma. La única razón de que no las reconozcamos es que nuestra mente está ofuscada por las nubes de la ignorancia.

El Bodhisatva Langri Tangpa practicó con sinceridad las instrucciones del adiestramiento de la mente y, gracias a ello, alcanzó la felicidad última y ayudó a innumerables seres a conseguir la misma meta. Reveló la esencia de sus experiencias de Dharma en su obra *Adiestramiento de la mente en ocho estrofas*. Más tarde, basándose en este texto, otros lamas kadampas, como Gueshe Chekhaua, difundieron el estudio y la práctica del adiestramiento de la mente de la tradición kadampa o *loyong kadam* en tibetano por todo el Tíbet. Hemos de considerarnos muy afortunados de tener la oportunidad de recibir estas preciosas instrucciones.

Vasubandhu

Cualidades especiales de estas instrucciones

Puesto que el texto *Adiestramiento de la mente en ocho estrofas* procede de la sabiduría de un ser totalmente iluminado, podemos confiar en las instrucciones que contiene, pero para apreciar por completo su valor, se describen a continuación algunos de sus beneficios. En general, si ponemos en práctica estas instrucciones, alcanzaremos tanto la felicidad temporal como la última, purificaremos nuestros obstáculos y el karma negativo, y eliminaremos las mentes ignorantes de aferramiento propio y estimación propia, las causas principales del sufrimiento.

Una de las cualidades especiales de estas enseñanzas es que nos muestran cómo transformar las condiciones adversas en el camino espiritual. Desde el punto de vista de la espiritualidad, nos encontramos en una época de degeneración, ya que son numerosas las circunstancias que nos impiden progresar en la práctica de Dharma. No obstante, si aplicamos estas instrucciones, podremos convertir las adversidades que encontremos en oportunidades para nuestro desarrollo espiritual.

En la actualidad, las mentes de los seres humanos son menos puras que las de sus antepasados, y sus perturbaciones mentales y creencias erróneas son más frecuentes e intensas. Debido a que en el pasado los humanos tenían mentes más puras, reconocían con facilidad a los seres sagrados, como los Budas y Bodhisatvas, pero hoy día ni siquiera creen en su existencia. En el pasado, los seres humanos eran menos propensos a las distracciones y, por ello, alcanzaban la permanencia apacible y otros niveles superiores de concentración sin apenas esfuerzo. Al alcanzar la permanencia apacible adquirirían clarividencias, como la capacidad de ver formas más allá del campo visual ordinario o de oír sonidos distantes y sutiles. Muchos podían conocer las mentes de los demás o percibir las vidas pasadas y futuras, y también eran bastante comunes los poderes sobrenaturales, como la habilidad de volar por el cielo o de emanar diversas formas. Además, incontables seres alcanzaron las realizaciones extraordinarias de la liberación y la iluminación.

Poco a poco estos logros se hicieron menos frecuentes. Hoy día son pocas personas las que pueden percibir directamente a los Budas, y es más difícil alcanzar la permanencia apacible, adquirir clarividencia y lograr otras realizaciones espirituales, lo que indica con claridad que vivimos tiempos de degeneración espiritual. No solo es más difícil alcanzar realizaciones espirituales, sino que, además, tenemos numerosas dificultades y estamos expuestos a peligros que antes no existían. La situación política en el mundo es inestable y, con la proliferación de las armas nucleares, nuestra vida está más amenazada que nunca. A pesar de los últimos avances en el campo de la medicina, dolencias que creíamos haber eliminado vuelven a surgir y nuevas enfermedades aparecen sin cesar. Cada día hay más personas que mueren como resultado directo o indirecto de la contaminación del medio ambiente, e incluso las condiciones que consideramos imprescindibles, como los automóviles, la electricidad o los medicamentos, son causas de numerosos accidentes y muertes prematuras.

Por lo general, en el pasado había gran interés por los asuntos espirituales, pero hoy día impera el materialismo. Es difícil encontrar personas que sostengan creencias correctas y la mayoría mantienen puntos de vista que obstaculizan su desarrollo espiritual. Muchas personas sienten inclinación natural por las creencias erróneas y otras las adquieren a través de sus amigos y familiares, o como resultado de su educación. Son pocos los que logran escapar de la influencia de las creencias erróneas.

Nuestras perturbaciones mentales son muy poderosas y difíciles de controlar, y la carencia de paz interior nos impide disfrutar de tranquilidad. Si observamos nuestra mente, comprobaremos que vivimos en un estado casi continuo de desasosiego. En cuanto dejamos de preocuparnos por una cosa, empezamos a obsesionarnos con otra. Las perturbaciones mentales no dejan de acosarnos, sentimos malestar interior y nuestra felicidad es efímera. En todo momento estamos ocupados y nos complicamos la vida con distracciones. Incluso cuando tenemos tiempo para descansar, preferimos ver la televisión o escuchar la radio y nos dejamos bombardear por multitud de imágenes y sonidos. Estamos tan acostumbrados a recibir estímulos del exterior, que no sabemos disfrutar del silencio ni de la serenidad de nuestra mente. Nuestra capacidad de concentración es cada vez menor y nos resulta difícil poner esfuerzo en nuestro desarrollo espiritual y cultivar intenciones puras y creencias correctas.

Los peligros y la contaminación en el mundo aumentan día a día, y nuestra mente es cada vez más difícil de controlar. Sin embargo, aunque estas condiciones dificultan nuestra práctica espiritual, si seguimos las instrucciones contenidas en el *Adiestramiento de la mente en ocho estrofas*, podremos transformarlas en el camino hacia la iluminación y vivir felices en un mundo impuro. En lugar de ser un obstáculo para nuestro progreso espiritual, la degeneración de estos tiempos puede ayudarnos a mejorar nuestra práctica. Si no aplicamos estas enseñanzas, nos resultará difícil encontrar verdadera paz y felicidad.

El maestro de Atisha, Dharmarakshita, comparó el samsara con un bosque de plantas venenosas porque estamos rodeados de objetos agradables y desagradables que estimulan los venenos mentales del apego y el odio. Dijo que aquellos que no saben transformar sus dificultades en el camino espiritual son como cuervos, que no pueden alimentarse de plantas venenosas, mientras que los practicantes del adiestramiento de la mente son como pavos reales, que se alimentan de plantas que para otras aves son venenosas, pues saben transformar los objetos agradables y desagradables en el camino espiritual. Estos practicantes pueden disfrutar de objetos agradables sin generar apego y aceptar las circunstancias adversas, como enfermedades y otras dificultades, sin enfadarse o caer en el desánimo. Cualesquiera que sean las circunstancias que encuentren, los practicantes de Loyong saben cómo aprovecharlas y disfrutar de ellas. Puesto que en estos tiempos de degeneración estamos rodeados de objetos de deseo y aversión, debemos aprender a transformarlos en el camino espiritual adiestrando nuestra mente.

Si practicamos las enseñanzas de Langri Tangpa, podremos eliminar el aferramiento propio y las actitudes egoístas, las causas principales de todo nuestro sufrimiento, y experimentar verdadera felicidad. Esta clase de felicidad es muy difícil de lograr con otros métodos. Por esta razón, al comienzo del *Adiestramiento de la mente en siete puntos*, famoso comentario al *Adiestramiento de la mente en ocho estrofas*, Gueshe Chekhaua compara las enseñanzas de Loyong con un diamante, el sol y un árbol medicinal. Estas instrucciones son como un diamante porque al igual que hasta el más pequeño fragmento de esta piedra preciosa es muy valioso, la práctica de una pequeña parte de las instrucciones de Loyong constituye un poderoso método para transformar la mente. Son como el sol porque así como los primeros rayos del sol disipan la oscuridad al amanecer, si adquirimos una experiencia, aunque sea superficial, de una parte de estas instrucciones, reduciremos la oscuridad de nuestra ignorancia; y así como la luz del sol en pleno día disipa por completo la oscuridad, la experiencia profunda y completa de la práctica de Loyong eliminará nuestra ignorancia. Son como un árbol medicinal porque al igual que todas las partes de un árbol medicinal tiene poderes curativos, cada una de las instrucciones de Loyong sirve para curar la enfermedad interna de las perturbaciones mentales.

Se podrían escribir muchas más páginas mostrando las buenas cualidades de estas enseñanzas, pero la única manera de apreciarlas es por propia experiencia, poniéndolas en práctica. Gueshe Chekhaua dice: «El significado de este texto ha de ser conocido», y con ello indica que el único modo de apreciar de verdad estas instrucciones es comprendiendo su significado y poniéndolas en práctica. Si vamos a una tienda a comprar té, el dependiente puede convencernos del buen sabor de una determinada marca, pero hasta que no lo probemos, no sabremos si lo que dice es cierto.

Sabemos por propia experiencia que los objetos materiales no proporcionan paz ni felicidad verdaderas. Por mucho que manipulemos las circunstancias externas, mientras permanezcamos en el samsara, seguiremos teniendo problemas. Incluso parece que cuanto más nos esforzamos por progresar materialmente, más problemas tenemos. La felicidad pura solo puede lograrse desarrollando la mente. Si cultivamos nuestras buenas cualidades, como el amor, la compasión y la sabiduría, podremos reducir nuestro sufrimiento y alcanzar finalmente el gozo supremo de la gran iluminación. Puedo garantizar que aquel que ponga en práctica las instrucciones de Loyong en la vida diaria, disfrutará de paz interior y de felicidad verdadera. Por todo ello, debemos tomar con sinceridad la determinación de practicar estas instrucciones.

Asanga

Prácticas preliminares

Las realizaciones internas no aparecen por arte de magia ni caen del cielo. Para adquirir una experiencia profunda de las prácticas contenidas en los *Ocho pasos hacia la felicidad*, debemos cultivar ciertas condiciones internas realizando las prácticas preliminares. Al igual que el agricultor tiene que trabajar la tierra antes de plantar las semillas, nosotros hemos de preparar nuestra mente si queremos recoger una cosecha de realizaciones espirituales. Hay personas que aunque están interesadas en la meditación, no comprenden la importancia de las prácticas preliminares, no las realizan y, en consecuencia, su práctica no da los frutos que esperaban y se desaniman. Son como el agricultor que aunque no arranca las malas hierbas ni fertiliza ni riega el campo, espera recoger una abundante cosecha. Cuanto mejor hagamos las prácticas preliminares, más fácil nos resultará alcanzar realizaciones como resultado de nuestro adiestramiento de la mente. Aunque las prácticas preliminares no se mencionan de manera explícita en el texto raíz, aparecen en los comentarios que otros maestros budistas compusieron con posterioridad.

Las prácticas preliminares cumplen tres funciones: purificar nuestra mente de faltas, acumular méritos o energía mental virtuosa y prepararnos para recibir las bendiciones de los Budas y Bodhisatvas. Purificar la mente es como quitar las piedras y malas hierbas antes de sembrar. De momento, nuestra mente está contaminada por las impresiones de nuestros malos pensamientos y de las acciones perjudiciales que cometimos en el pasado. Mientras no eliminemos estos obstáculos por medio de la purificación, no podremos adquirir buenas cualidades y nuestra meditación no dará resultados.

Además, para recibir los frutos de las realizaciones de Dharma, tenemos que fortalecer nuestra mente con la acumulación de méritos. Los méritos son la energía positiva que se genera al realizar acciones virtuosas. Al igual que en un campo bien fertilizado crecerá una abundante cosecha, si enriquecemos nuestra mente con méritos, recogeremos los grandes frutos de las realizaciones espirituales.

También debemos recibir bendiciones de los seres sagrados. Si no regamos nuestra mente con la lluvia de las bendiciones, será como un campo árido donde las semillas de las realizaciones espirituales que plantamos con la meditación no podrán crecer. Para recibir bendiciones, debemos tener fe en los Budas y Bodhisatvas, y rogarles que nos las concedan. Así como la lluvia puede dar vida a un desierto, si recibimos bendiciones de los seres sagrados, se activarán nuestros potenciales virtuosos y las realizaciones espirituales crecerán en nuestra mente.

Si preparamos bien nuestra mente purificando faltas, acumulando méritos y recibiendo bendiciones, tendremos éxito en nuestra meditación. Para ello, podemos comenzar cada sesión recitando las oraciones tituladas *Esencia de buena fortuna*, que se encuentran en el apéndice 3, mientras contemplamos su significado y realizamos las visualizaciones correspondientes. Aquellos que no dispongan de tiempo pueden recitar las oraciones más concisas tituladas *Oraciones para meditar*, que también se encuentran en el apéndice 3. Ambos rituales contienen las prácticas preparatorias necesarias para tener éxito en la meditación. Estas son:

1. Limpieza del cuarto de meditación y preparación de un altar.
2. Disposición de ofrendas apropiadas.

3. Sentarse en la postura correcta de meditación, refugio en las Tres Joyas y generación de la mente de bodhichita.
4. Visualización del campo de méritos.
5. Ofrecimiento de la práctica de las siete ramas y del *mandala*.
6. Súplicas a los seres sagrados para que nos concedan sus bendiciones.

Las instrucciones de las seis prácticas preparatorias se basan en los *Sutras de la perfección de la sabiduría*. Atisha recibió de su *guru* Lama Serlingpa estas instrucciones, que más tarde fueron incorporadas a la tradición kadampa.

Tanto la *Esencia de buena fortuna* como las *Oraciones para meditar* contienen la práctica del yoga del Guru, que nos abre la puerta para recibir las bendiciones de los Budas y Bodhisatvas. En este yoga del Guru en particular, visualizamos en el espacio ante nosotros a Buda Shakyamuni rodeado de todos los Budas y Bodhisatvas. A continuación, nos concentramos en la figura central, Buda Shakyamuni, que consideramos una manifestación de nuestro Guía Espiritual, generamos fe en él y le rogamos que nos conceda sus bendiciones. Cuando recitemos estas oraciones como preparativo para meditar en el *Adiestramiento de la mente en ocho estrofas*, es de buen augurio añadir un pequeño detalle en la visualización. En el corazón de Guru Buda Shakyamuni visualizamos a Buda Amitabha, su cuerpo es de color rojo y está sentado en la postura *vajra* con las dos manos en el mudra de la meditación estabilizada. Realizamos este cambio para reforzar nuestra conexión con el Bodhisatva Langri Tangpa, que, como ya se ha mencionado, es una emanación de Buda Amitabha. También podemos visualizar a Buda Amitabha en lugar de a Buda Shakyamuni. Estas visualizaciones nos ayudan a generar fe en el autor del texto y a recibir sus bendiciones.

A Buda Amitabha se lo conoce como el *Buda de la Palabra Vajra* porque es una manifestación de la palabra de todos los Budas. En el futuro, aparecerá bajo el aspecto de una persona ordinaria para guiar a los seres sintientes por el camino de la iluminación. La naturaleza de Buda Amitabha, Buda Amitayus y Buda Vajradharma es la misma y se diferencian solo en su aspecto. Avalokiteshvara, el *Buda de la Compasión*, tiene siempre a Buda Amitabha, su Guía Espiritual, sentado sobre su coronilla. De igual modo, sobre la coronilla de los discípulos sinceros está siempre Buda Amitabha, su Guía Espiritual.

Exceptuando este pequeño cambio en la visualización, las demás prácticas preparatorias son iguales. A continuación, se presentan brevemente estas prácticas.

**LIMPIEZA DEL CUARTO DE MEDITACIÓN
Y PREPARACIÓN DE UN ALTAR**

Limpieza del cuarto de meditación

Sabemos por propia experiencia que si estamos rodeados de suciedad y desorden, tendemos a desanimarnos, mientras que en un lugar limpio y ordenado nos resulta más fácil pensar con claridad y optimismo. Cuando vamos a tener invitados, solemos limpiar la casa y ordenarla en señal de respeto. Durante la meditación, rogamos a todos los Budas y Bodhisatvas a que aparezcan en el espacio ante nosotros, les hacemos ofrendas y les pedimos que nos ayuden en nuestra práctica, y para recibirlos con respeto debemos ordenar y limpiar el cuarto de meditación.

Después de limpiar la habitación, imaginamos que la transformamos en una tierra pura de Buda. Sentimos que todos los seres iluminados aceptan acompañarnos en nuestra meditación y que nuestra mente se vuelve lúcida y se concentra con facilidad. También podemos recordar la historia del famoso monje Lam Chung, cuya práctica principal consistía en barrer el suelo del monasterio. Al imaginar que de este modo limpiaba sus perturbaciones mentales, logró purificar sus obstrucciones kármicas, recibió bendiciones de los Budas y alcanzó elevadas realizaciones. Esta historia se relata con más detalle en *El camino gozoso de buena fortuna*.

Preparación de un altar

Si es posible, debemos preparar un altar con las representaciones del cuerpo, la palabra y la mente de Buda. Esto nos ayudará a incrementar nuestra fe, pues recordaremos que gracias a la bondad de los Budas, los seres sintientes tienen la oportunidad de alcanzar la paz interna permanente y la felicidad suprema de la iluminación.

En el centro del altar, para representar el cuerpo de Buda, colocamos una imagen o estatua de Buda Shakyamuni y las de otros seres sagrados que tengan relación con nuestra práctica diaria. A la izquierda del altar, para representar la palabra de Buda, ponemos un libro de Dharma, y a la derecha, como símbolo de su mente, una *estupa*.

Cuando nos refugiamos en las Tres Joyas, hacemos la promesa de reconocer que todas las imágenes de Buda son verdaderos Budas, y todos los libros de Dharma, verdaderas Joyas del Dharma. Por lo tanto, es importante tratar las imágenes de Buda y los libros de Dharma con respeto. No debemos dejarlos en el suelo ni olvidarlos en cualquier lugar, como haríamos con una taza de café, sino colocarlos en un sitio elevado y limpio. Los libros de Dharma nos ayudan a eliminar la ignorancia, la causa de todos nuestros problemas, y si los tratamos de manera inadecuada, nuestros engaños aumentarán. Por lo tanto, no debemos dejarlos en el suelo, pisarlos ni mezclarlos con libros o revistas que traten de otros temas.

Uno de los mejores métodos para incrementar nuestra fe en los Budas y recibir sus bendiciones es contemplar una imagen de Buda repetidas veces considerándolo un verdadero ser iluminado, cuya bondad con todos los seres sintientes es ilimitada. Cuando vemos una estatua de Buda, en lugar de considerar que es un mero objeto de barro o bronce, o fijarnos en sus cualidades artísticas, debemos sentir que estamos en presencia de un Buda viviente y generar fe con intensidad. Al contemplar a los Budas de este modo, abrimos una ventana en nuestra mente por la que pueden entrar sus bendiciones. Esta manera especial de percibir a los Budas está basada en la sabiduría, no en la ignorancia, y nos permite aumentar nuestra fe y recibir bendiciones.

Las representaciones del cuerpo, la palabra y la mente de Buda son tan sagradas, que aunque no tengamos fe, con solo verlas bendicen nuestra mente. Había una vez un hombre llamado Shri Data que había cometido acciones perjudiciales muy graves e incluso intentó envenenar a Buda. Transcurrido el tiempo, cuando ya era un anciano, Shri Data despertó interés en el Dharma y le pidió a Buda que lo ordenase. Según la tradición, para recibir la ordenación monástica es necesario poseer alguna semilla virtuosa que sea causa de la liberación, pero cuando los discípulos clarividentes de Buda examinaron la mente de Shri Data, no encontraron ninguna, por lo que concluyeron que no era apropiado ordenarlo. No obstante, estos discípulos no podían ver los potenciales kármicos sutiles que solo los seres iluminados pueden percibir. Cuando Buda observó la mente oscura de Shri Data, vio un pequeño potencial de virtud y dijo a sus discípulos: «Hace muchos eones, Shri Data era una mosca y un día se posó sobre el excremento de un caballo, cerca de la *estupa* de Bodh Gaya, en la India. En ese momento empezó a llover con intensidad y el agua arrastró el excremento con la mosca encima alrededor de la estupa. Aunque la mosca no tenía intención de circunvalar la estupa, al verla recibió bendiciones de Buda, y en su mente quedó grabado un potencial virtuoso para alcanzar la liberación». Después de decir esto, Buda le confirió la ordenación. Como resultado, el potencial virtuoso de Shri Data maduró y alcanzó la liberación en esa misma vida.

En las enseñanzas del Lamrim se dice que con solo mirar una imagen de Buda imprimimos en la mente una huella indestructible que es una causa para alcanzar la iluminación. Este potencial es como un pequeño diamante que al tragarlo atraviesa nuestro cuerpo sin contaminarse con sus impurezas. Debido a que Buda es un objeto completamente puro, la impresión que queda grabada al percibir una imagen suya tiene cualidades que están más allá del samsara y no podrá ser destruida ni contaminada aunque la mente en que se deposite esté dominada por las perturbaciones mentales. Esta huella suele compararse con una chispa que puede incendiar un montón de paja tan grande como este planeta. Como se ha mencionado, gracias al potencial producido al ver una estupa, Shri Data generó el deseo de seguir el camino a la liberación, y al poner en práctica el Dharma eliminó sus perturbaciones mentales.

Con estos ejemplos podemos comprender que ver imágenes de Budas produce el mismo resultado que conocer a Budas en persona. Del mismo modo, hacer ofrendas a imágenes de Budas o postrarnos ante ellas produce el mismo resultado que hacerlo a los Budas mismos, y de ambas maneras acumulamos los mismos méritos.

Por esta razón, se considera importante tener una gran estatua de Buda en los templos, para que aquellos que los visiten creen las causas para alcanzar la liberación y la iluminación.

DISPOSICIÓN DE OFRENDAS APROPIADAS

En el altar, delante de las imágenes de Buda, disponemos hermosas ofrendas, como flores, incienso, luces y manjares, y boles de agua que percibimos como néctar. También podemos transformar todos los objetos que los seres humanos y los dioses disfrutan, como jardines, palacios, montañas y lagos, en ofrendas puras para los Budas.

La razón de que hagamos ofrendas no es que los Budas las necesiten, sino que producen un efecto beneficioso en

Manyhushri

nuestra mente. En Occidente hay personas que ponen flores en las tumbas de sus seres queridos, y aunque estos no puedan disfrutar de ellas, no se considera que esta acción carezca de sentido. Por lo tanto, ¡cuánto más beneficioso será hacer ofrendas con fe ante las imágenes de los Budas, puesto que ellos sí pueden disfrutarlas!

La sabiduría de los Budas es omnisciente y, por lo tanto, saben cuándo les hacemos ofrendas. Además, la naturaleza de su cuerpo y de su mente es la misma, y allí donde está su cuerpo, se encuentra también su mente. En cambio, la naturaleza de nuestro cuerpo y la de nuestra mente son distintas, ya que los objetos físicos obstaculizan nuestro cuerpo, pero no nuestra mente. El cuerpo y la mente de un Buda no son obstruidos por la materia y pueden viajar por doquier. Debido a que la mente de un Buda es inseparable de la naturaleza última de todos los fenómenos y carece de obstrucciones a la omnisciencia, lo impregna todo, y dado que la naturaleza de su cuerpo y la de su mente es la misma, su cuerpo también se encuentra en todas partes. De lo dicho se deduce que los Budas están presentes en todo momento y lugar. Los Budas son como el sol, y nuestra ignorancia, como las nubes que lo ocultan. Al igual que cuando las nubes desaparecen comprobamos que, en realidad, el sol no había dejado de brillar, cuando eliminamos las nubes de nuestra ignorancia comprendemos que los Budas han estado siempre con nosotros.

SENTARSE EN LA POSTURA CORRECTA DE MEDITACIÓN, REFUGIO EN LAS TRES JOYAS Y GENERACIÓN DE LA MENTE DE BODHICHITA

Sentarse en la postura correcta de meditación

Aunque la meditación es una acción mental, y no física o verbal, puesto que nuestro cuerpo y mente están relacionados, cuando meditemos es importante sentarnos en la postura correcta, porque nos ayuda a mantener nuestra concentración con una mente clara. Si nos sentamos en un cojín, es mejor hacerlo con las piernas cruzadas en la postura vajra, con el pie derecho sobre el muslo izquierdo y el pie izquierdo sobre el muslo derecho; si nos resulta difícil adoptar esta postura, podemos sentarnos de forma más cómoda. Si nos sentamos en una silla, debemos poner los pies en el suelo. Hemos de mantener la espalda recta y poner la mano derecha sobre la izquierda con las palmas hacia arriba y las puntas de los dedos pulgares a la altura del ombligo, tocándose ligeramente. Mantenemos la boca cerrada con la punta de la lengua detrás de los dientes frontales superiores. Debemos mantener la cabeza un poco inclinada hacia adelante, los ojos entreabiertos y los hombros nivelados. Durante las sesiones formales de meditación, procuramos adoptar esta postura, pero también podemos meditar mientras realizamos cualquier otra actividad, como hablar, comer, limpiar, etcétera.

Después de adoptar la postura correcta de meditación, hemos de calmar la mente, ya que si tenemos distracciones, no podremos concentrarnos ni en las prácticas preparatorias ni en las meditaciones del adiestramiento de la mente. Para eliminar las distracciones, podemos realizar el siguiente ejercicio de respiración. Al espirar, imaginamos que expulsamos todas las distracciones bajo el aspecto de humo negro, que se desvanece en el espacio; y al aspirar, imaginamos que recibimos bendiciones de todos los Budas bajo el aspecto de luz blanca, que entra en nuestro cuerpo y se disuelve en el corazón. Nos concentramos en este proceso, expulsando las distracciones y recibiendo bendiciones de los Budas, hasta que nuestra mente se calme. La mente serena es como una tela blanca que podemos teñir fácilmente con las motivaciones virtuosas de compasión y bodhichita.

Refugio en las Tres Joyas

Después de calmar nuestra mente, nos refugiamos en las Tres Joyas, la Joya de Buda –los seres iluminados–, la Joya del Dharma –las realizaciones espirituales que se alcanzan practicando las enseñanzas de Buda–, y la Joya de la Sangha –los Seres Superiores, que han realizado directamente la verdad última–. Al comprender que solo las Tres Joyas tienen la capacidad de proteger a los seres sintientes de sus temores, peligros y sufrimientos, imaginamos que en el espacio ante nosotros se encuentra Buda Shakyamuni rodeado de todos los Budas y Bodhisatvas, como el sol circundado de estrellas. A continuación, con miedo a renacer de nuevo en el samsara y con fe profunda en el poder de las Tres Joyas para protegernos, recitamos la oración de refugio y tomamos la determinación de confiar en Buda, el Dharma y la Sangha hasta que alcancemos la iluminación.

Generación de la mente de bodhichita

A continuación, generamos la mente de bodhichita. El valor de nuestra meditación o de cualquier otra acción virtuosa depende de la motivación con la que la realicemos. Si meditamos solo con la intención de relajarnos y de mejorar nuestra salud física, aunque logremos estos objetivos no se puede considerar una práctica espiritual. La motivación suprema es la preciosa mente de bodhichita, el deseo de alcanzar la iluminación por el beneficio de todos los seres sintientes. Si meditamos con esta motivación, acumularemos una inmensa cantidad de méritos. Para generar la preciosa mente de bodhichita, pensamos del siguiente modo:

Todos los seres sintientes están atrapados en la prisión del samsara, atormentados por temores, peligros y otros sufrimientos, vida tras vida, sin cesar. Si alcanzase la iluminación, podría protegerlos con mis emanaciones. Por lo tanto, he de alcanzar la Budeidad por el beneficio de todos los seres.

Con esta motivación, recitamos la oración de bodhichita tres veces.

Refugiarse en las Tres Joyas es la puerta de entrada al budismo en general, y la motivación de bodhichita lo es al budismo mahayana en particular. Puesto que la intensidad de nuestra bodhichita depende de la de nuestras mentes de amor y compasión, a continuación, recitamos la siguiente oración desde lo más profundo de nuestro corazón:

Que todos los seres sean felices,
que todos los seres se liberen del sufrimiento,
que nadie sea desposeído de su felicidad,
que todos los seres logren ecuanimidad, libres de odio
  y de apego.

A continuación, con la motivación de bodhichita, realizamos las prácticas para acumular méritos, purificar el karma negativo y recibir bendiciones de los Budas, contemplamos el significado del *Adiestramiento de la mente en ocho estrofas* y meditamos en él.

VISUALIZACIÓN DEL CAMPO DE MÉRITOS

Imaginamos que en el espacio ante nosotros se encuentra Buda Shakyamuni, cuya naturaleza es la de nuestro Guía Espiritual, rodeado de los Gurus del linaje, Budas, Bodhisatvas y demás seres sagrados. En el corazón de Buda Shakyamuni está Buda Amitabha, cuya naturaleza es la de Gueshe Langri Tangpa, autor del *Adiestramiento de la mente en ocho estrofas*. Nos concentramos en esta asamblea de seres iluminados y, cuando percibamos una imagen mental aproximada, meditamos en ella durante unos minutos. Esta asamblea se denomina *campo de méritos* porque al igual que las cosechas crecen a partir de semillas, los frutos internos de los méritos y buena fortuna nacen de las semillas de la fe y devoción que sembramos en el campo de los seres iluminados.

Aunque nos encontramos en presencia de estos seres sagrados, debido a nuestro karma negativo e ignorancia no podemos percibirlos. Sin embargo, podemos comunicarnos con ellos por medio de la visualización. Si nos resulta difícil visualizar a los Budas o no sentimos nada especial al hacerlo, es porque no creemos de verdad que estamos en su presencia. En realidad, como ya se ha mencionado, los Budas están en todas partes. Visualizar a los Budas no es una mera fantasía, sino un modo de abrir nuestra mente para percibir algo que ya existe. Buda Shakyamuni dijo: «Cuando alguien me visualiza con fe, allí estoy yo». En un día nublado, aunque no vemos el sol, sabemos que sigue brillando detrás de las nubes. Del mismo modo, aunque nuestras visualizaciones de los Budas no sean muy claras, no debemos dudar de que estamos en su presencia. Si realizamos visualizaciones con fe, estableceremos una conexión con los seres sagrados, y estas mejorarán.

Al principio, no es necesario que visualicemos a los Budas con detalle, bastará con creer que estamos en su presencia y tener fe en ellos. Gracias al poder de nuestra fe y familiaridad, conseguiremos visualizarlos sin esfuerzo. Al igual que nos resulta fácil recordar a nuestra madre porque la conocemos bien, si estudiamos las enseñanzas de Dharma y tenemos fe en ellas, conoceremos la naturaleza, las funciones y buenas cualidades de los Budas, y los visualizaremos con facilidad. Es importante confiar en nuestra capacidad para alcanzar la iluminación, pues de esta manera nos sentiremos más cerca de los seres que ya se han convertido en Budas.

OFRECIMIENTO DE LA PRÁCTICA DE LAS SIETE RAMAS Y DEL MANDALA

Para acumular méritos y purificar faltas, recitamos la oración de las siete ramas y ofrecemos el mandala. Las siete ramas son: postraciones, ofrendas, confesión, regocijo en la virtud, ruego a los seres sagrados para que permanezcan junto a nosotros, súplica para que giren la rueda del Dharma y dedicación.

Postraciones

Nos concentramos en la asamblea de Budas en el espacio ante nosotros, juntamos las manos en señal de respeto a la altura del corazón con una mente de fe y recitamos el verso correspondiente a las postraciones de la oración de las siete ramas.

Ofrendas

Si deseamos fortalecer nuestra mente con la energía virtuosa necesaria para alcanzar la iluminación completa por el beneficio de todos los seres sintientes, debemos realizar abundantes ofrendas a la asamblea de seres sagrados. No es suficiente con ofrecer los objetos que hemos colocado en el altar, sino que también hemos de imaginar que ofrecemos todos los objetos de disfrute que existen en el universo, como hermosos jardines, lagos, montañas, e incluso el sol, la luna y las estrellas.

Confesión

En presencia de los grandes seres compasivos, la asamblea de Budas y Bodhisatvas, confesamos con profundo arrepentimiento todas las acciones perjudiciales que hemos cometido en esta y en innumerables vidas pasadas, y prometemos no volverlas a cometer. De este modo, purificamos nuestra mente de karma negativo y eliminamos los obstáculos que impiden nuestro crecimiento espiritual.

Regocijo en la virtud

Regocijarse es apreciar las virtudes, buena fortuna y felicidad de los demás, y alegrarnos de ellas. Si nos regocijamos de las buenas cualidades de los demás, creamos la causa para adquirirlas nosotros también. Hemos de superar los celos y el deseo de competitividad, y regocijarnos de las virtudes de todos los seres, tanto de los que siguen atrapados en el samsara como de aquellos que han completado el camino espiritual. Antes de convertirse en Budas, los seres iluminados vagaron por los caminos del samsara, igual que nosotros ahora. No obstante, gracias a su esfuerzo, entraron en el camino del Bodhisatva, progresaron a lo largo de sus etapas y alcanzaron la iluminación. Desde lo más profundo de nuestro corazón, nos regocijamos de sus logros virtuosos y rezamos para poder conseguir las mismas realizaciones que ellos.

Ruego a los seres sagrados para que permanezcan junto a nosotros

Sin Guías Espirituales, manifestaciones de la compasión de Buda que muestran a los seres sintientes el camino de la liberación, este mundo se hundiría en una época de oscuridad espiritual. Desde lo más profundo de nuestro corazón, rogamos a las emanaciones de los Budas que permanezcan junto a nosotros hasta el fin del samsara.

Súplica a los seres sagrados para que giren la rueda del Dharma

Gracias a que los dioses Brahma e Indra rogaron a Buda Shakyamuni que girase la rueda del Dharma, este reveló métodos eficaces para curar la enfermedad de los engaños y condujo a innumerables seres sintientes hacia la liberación del sufrimiento. Para que estas enseñanzas permanezcan en este mundo, suplicamos a los seres sagrados que impartan este precioso Dharma.

Dedicación

Al finalizar cada acción virtuosa, hemos de dedicar los méritos acumulados para que todos los seres disfruten de la felicidad suprema. Si no lo hacemos, el odio u otras perturbaciones mentales pueden destruirlos con facilidad, o los consumiremos al intentar satisfacer nuestros deseos egoístas. En cambio, si los dedicamos para el logro de nuestra iluminación y la de los demás, los protegemos y nos aseguramos de no perderlos. En particular, debemos dedicar nuestras acciones virtuosas del pasado y del presente para alcanzar las realizaciones del *Adiestramiento de la mente en ocho estrofas* y lograr la felicidad suprema de la iluminación.

Estas siete prácticas también se denominan *miembros* porque nos ayudan en la meditación al igual que las extremidades asisten al cuerpo. Del mismo modo que sin las extremidades de nuestro cuerpo no podríamos realizar numerosas acciones físicas, sin los miembros de acumular méritos y purificar faltas no conseguiríamos buenos resultados en la meditación. Con las prácticas de postraciones, ofrendas, ruego a los seres sagrados para que permanezcan junto a nosotros y súplicas para que giren la rueda del Dharma acumulamos méritos; con el regocijo en la virtud y la dedicación multiplicamos estos méritos; y con la confesión purificamos el karma negativo. Para una descripción más detallada de estas prácticas, véase *El camino gozoso de buena fortuna*.

Ofrecimiento del mandala

En este contexto, la palabra *mandala* significa 'universo'. Al ofrecer un mandala a los seres sagrados, les entregamos todo el universo junto con los seres que habitan en él. Puesto que los méritos que acumulamos al realizar ofrendas se corresponden con la naturaleza de estas, en lugar de ofrecer un universo ordinario, lo transformamos con la imaginación en una tierra pura llena de objetos preciosos y habitada por seres puros. Imaginamos que sostenemos este universo en nuestras manos y lo ofrecemos a los Budas. De este modo, ofrecemos todo lo que poseemos o podríamos desear. El ofrecimiento del mandala es una práctica muy poderosa, y si deseamos disfrutar de buena fortuna y alcanzar logros espirituales, hemos de realizarla a diario. Para una descripción más detallada de cómo realizar esta práctica, véase el libro *Guía del Paraíso de las Dakinis*.

SÚPLICAS A LOS SERES SAGRADOS PARA QUE NOS CONCEDAN SUS BENDICIONES

Súplicas para que nos concedan sus bendiciones

Bendiciones en tibetano se dice *ying gi lab*, que significa 'transformar'. Cuando rogamos a los seres sagrados que nos concedan sus bendiciones, les pedimos que transformen nuestra mente de un estado impuro a uno virtuoso, y de uno de infelicidad a otro de felicidad. Puesto que lo más importante es transformar nuestra mente en la de un Buda, suplicamos a los seres sagrados que nos concedan sus bendiciones para alcanzar las realizaciones de las etapas del camino hacia la iluminación. Para ello, recitamos la *Oración de las etapas del camino* al mismo tiempo que nos concentramos en su significado.

Recibir las bendiciones

A continuación, imaginamos que como resultado de nuestras fervorosas súplicas, los seres sagrados nos conceden sus bendiciones. Estas descienden de sus corazones bajo el aspecto de luz y néctar, que llenan nuestro cuerpo y mente purificando nuestras faltas y obstáculos, e incrementando nuestros méritos, longevidad, paz interior y realizaciones de Dharma. Meditamos en esta experiencia durante un rato.

Después de recibir las bendiciones de todos los seres sagrados, imaginamos que los Budas y Bodhisatvas que rodean a Buda Shakyamuni se funden en luz y se disuelven en él. Buda Shakyamuni se disuelve a su vez en Buda Amitabha, en su corazón, y este viene a nuestra coronilla. Nos postramos mentalmente ante nuestro Guía Espiritual, que está sentado en nuestra coronilla bajo el aspecto de Buda Amitabha, le ofrecemos el mandala y le hacemos súplicas recitando el *Adiestramiento de la mente en ocho estrofas*:

Con la intención de alcanzar
la meta última y suprema,
que es incluso superior a la gema que colma todos los deseos,
he de estimar siempre a todos los seres.

Cuando me relacione con los demás,
he de considerarme la persona menos importante,
y con una intención perfecta,
estimarlos como objetos supremos.

He de examinar mi continuo mental en todas mis acciones,
y en cuanto surja una perturbación mental
que me conduzca a mí o a los demás a actuar de manera inapropiada,
he de evitarla y oponerme a ella con firmeza.

Cuando me encuentre con seres desafortunados,
oprimidos por el mal y los grandes sufrimientos,
he de estimarlos como si fueran
un valioso tesoro difícil de encontrar.

Incluso si alguien a quien he beneficiado
y en quien tenía grandes esperanzas
me perjudicara sin razón alguna,
he de considerarlo como mi Guía Espiritual.

Cuando alguien, por celos,
me cause daño o insulte,
he de aceptar la derrota
y ofrecerle la victoria.

PRÁCTICAS PRELIMINARES

*En resumen, que directa o indirectamente
ofrezca mi ayuda y felicidad a los maternales seres,
y tome en secreto
todas sus desdichas y sufrimientos.*

*Además, que gracias a estas prácticas del método,
junto con una mente que reconoce que todos los fenómenos
   son ilusorios
y limpia de las manchas de las concepciones de los ocho
   extremos,
me libere de la prisión de las apariencias y concepciones
   erróneas.*

Con fe firme en guru Amitabha, recitamos el *Adiestramiento de la mente en ocho estrofas* y repetimos tres veces la estrofa en la que vayamos a meditar. A continuación, imaginamos que como resultado de nuestras oraciones, del cuerpo de Guru Amitabha desciende un torrente de luz y néctar que purifica nuestro cuerpo y mente de faltas, perturbaciones mentales y obstrucciones, y hace madurar el potencial para alcanzar la realización específica que deseemos. Entonces, realizamos la meditación correspondiente y, para finalizar, recitamos la dedicación.

Nagaryhuna

Estimar a los demás

*Con la intención de alcanzar
la meta última y suprema,
que es incluso superior a la gema que colma todos los deseos,
he de estimar siempre a todos los seres.*

¿Cuál es la meta más elevada que podemos alcanzar con nuestra existencia humana? Debemos preguntarnos qué es lo que consideramos más importante en la vida, cuáles son nuestros deseos, sueños y aspiraciones. Para algunos es acumular posesiones materiales, como una lujosa mansión, un coche de último modelo o un trabajo bien remunerado. Para otros es conseguir poder y una buena reputación, vivir aventuras, divertirse o ser atractivos. Muchos intentan darle sentido a su vida manteniendo relaciones con su familia o círculo de amistades. Todos estos placeres pueden satisfacernos de forma temporal, pero a menudo son la causa de numerosas preocupaciones y problemas, y nunca nos aportan la felicidad duradera que tanto deseamos desde lo más profundo de nuestro corazón. Puesto que no podemos llevarnos con nosotros estos placeres al morir, si consideramos que son lo más importante en nuestra vida, sufriremos una gran decepción. Como fin, en sí mismos, los logros mundanos no constituyen la verdadera esencia de nuestra existencia humana.

De todas las posesiones mundanas, se dice que la más valiosa es la legendaria joya que colma todos los deseos. Es imposible encontrar hoy día esta clase de joyas porque vivimos en tiempos de degeneración, pero en el pasado, cuando los seres humanos tenían abundantes méritos, existían joyas mágicas que concedían deseos. Sin embargo, estas joyas solo colmaban los deseos mundanos y no podían proporcionar la felicidad duradera de que disfruta una mente pura. Además, la gema que colma todos los deseos solo puede concederlos durante esta vida, no en las futuras. Por lo tanto, incluso estas joyas también nos decepcionan.

Lo único que nunca nos va a decepcionar es el logro de la iluminación. Solo este logro colmará nuestro profundo deseo de disfrutar de felicidad duradera, ya que no hay nada en este mundo impuro que pueda hacerlo. Cuando nos convirtamos en un Buda, disfrutaremos de paz duradera como resultado de la cesación permanente de nuestras perturbaciones mentales y de sus impresiones, estaremos libres de faltas y obstrucciones mentales, y poseeremos las cualidades necesarias para ayudar de manera directa a todos los seres sintientes. Entonces, nos convertiremos en un objeto de refugio para todos los seres. Por lo tanto, el logro de la iluminación es la meta suprema y lo que da verdadero sentido a nuestra preciosa existencia humana. Puesto que nuestro deseo principal es ser felices y liberarnos por completo de todas las faltas y sufrimientos, hemos de generar la intención sincera de alcanzar la iluminación. Para ello, debemos pensar lo siguiente: «Tengo que alcanzar la iluminación porque en el samsara no existe la verdadera felicidad».

La causa principal de la iluminación es la mente de bodhichita, y la raíz de esta preciosa mente es la compasión. Puesto que para cultivar esta última hemos de estimar a los demás, el primer paso para alcanzar la felicidad sublime de la iluminación es aprender a amar a los demás. Las madres quieren a sus hijos y todas las personas aprecian en cierta medida a sus amigos, pero estos sentimientos no suelen ser altruistas y, por lo general, están mezclados con el apego. Hemos de generar una mente pura que estime a todos los seres sintientes sin excepción.

Todos y cada uno de los seres sintientes poseen la semilla o el potencial de convertirse en Buda: esta es nuestra *natu-*

raleza de Buda. En las enseñanzas de Buda encontramos métodos para hacer madurar este potencial. Ahora es el momento de poner en práctica estas enseñanzas, ya que es algo que solo los seres humanos podemos hacer. Los animales son capaces de conseguir comida, derrotar a sus adversarios y proteger a sus familias, pero no pueden comprender ni seguir el camino espiritual. Sería una lástima utilizar nuestra existencia humana para conseguir los mismos objetivos que un animal, y desperdiciar la oportunidad de beneficiar a todos los seres sintientes.

Debemos elegir entre dedicarnos a la búsqueda de placeres mundanos, que no proporcionan verdadera satisfacción y desaparecen cuando morimos, o el adiestramiento espiritual. Si nos esforzamos por practicar las enseñanzas de Buda, sin lugar a dudas alcanzaremos la iluminación, pero si no lo hacemos, esto no ocurrirá por mucho que esperemos. Para seguir el camino budista hacia la iluminación no es necesario cambiar de estilo de vida. No tenemos que abandonar nuestra familia, amigos o disfrutes ni retirarnos a una cueva en las montañas. Lo único que tenemos que cambiar es el objeto de nuestra estima.

Hasta ahora nos hemos estimado a nosotros mismos por encima de los demás, y mientras sigamos haciéndolo, nuestro sufrimiento no tendrá fin. Sin embargo, si aprendemos a estimar a todos los seres más que a nosotros mismos, disfrutaremos pronto del gozo de la Budeidad. En realidad, el camino hacia la iluminación es muy sencillo, lo único que tenemos que hacer es dejar de estimarnos a nosotros mismos y aprender a estimar a los demás. Las otras realizaciones espirituales surgirán a partir de esta.

Nuestro instinto nos hace creer que somos más importantes que los demás, pero los seres iluminados piensan que los demás son más importantes que ellos. ¿Qué punto de vista es más beneficioso? Vida tras vida, desde tiempo sin principio, hemos sido esclavos de nuestra estimación propia. Hemos confiado en ella y obedecido sus órdenes, creyendo que para solucionar nuestros problemas y encontrar la felicidad, debemos considerarnos más importantes que los demás. Hemos trabajado durante mucho tiempo por nuestro propio beneficio, pero ¿qué resultados hemos obtenido? ¿Acaso hemos solucionado nuestros problemas y encontrado la felicidad duradera que deseamos? Es evidente que no, puesto que perseguir nuestros propios intereses egoístas no ha hecho más que perjudicarnos. Nos hemos dejado engañar por nuestra estimación propia durante innumerables vidas, y ahora es el momento de cambiar el objeto de nuestra estima, y en lugar de estimarnos a nosotros mismos, amar a los demás.

El Bodhisatva Langri Tangpa y muchos otros seres iluminados descubrieron que si abandonaban la estimación propia y estimaban solo a los demás, podían alcanzar la paz y felicidad verdaderas. Si practicamos los métodos que enseñan, nosotros también podremos conseguirlo. Nuestra mente no va a cambiar de la noche a la mañana, pero si practicamos las instrucciones contenidas en el *Adiestramiento de la mente en ocho estrofas* con paciencia y perseverancia, y acumulamos méritos, purificamos nuestras faltas y recibimos bendiciones de los seres sagrados, podemos sustituir de manera gradual nuestra mente de estimación propia por la actitud altruista de estimar a los demás.

Para lograrlo, no tenemos que abandonar nuestro estilo de vida, es suficiente con cambiar de creencias e intenciones. Nuestra percepción ordinaria nos hace creer que somos el centro del universo, y que la importancia de todo lo demás, tanto de los objetos como de las personas, depende de la manera en que nos afectan. Por ejemplo, nuestro coche es importante solo porque es nuestro, y nuestros amigos lo son porque nos aprecian. Las personas que no conocemos no son importantes para nosotros porque nuestra felicidad no depende directamente de ellos, y si alguien daña o roba el coche de un desconocido, tampoco nos importa. Como veremos en los capítulos siguientes, esta percepción del mundo está basada en la ignorancia, no se corresponde con la realidad y es el origen de nuestro egoísmo. Es precisamente debido a la importancia que nos concedemos a nosotros mismos y a nuestros deseos, que tenemos problemas sin fin.

Si practicamos las instrucciones contenidas en el *Adiestramiento de la mente en ocho estrofas*, percibiremos el mundo de manera más realista y comprenderemos que todos los seres sintientes son igualmente importantes y que dependemos unos de otros. Entonces, sentiremos afecto hacia todos ellos de manera natural. Mientras que la mente que se estima a sí misma es el origen de todas las experiencias impuras del samsara, la mente que ama a los demás lo es de todas las cualidades de la iluminación.

Estimar a los demás no es tan difícil, solo tenemos que comprender por qué debemos amarlos, y luego tomar la firme decisión de hacerlo. Como resultado de meditar en esta decisión, sentiremos una profunda estima por los demás. Entonces, debemos aplicar esta estima en nuestra vida diaria.

Hay dos razones por las que debemos estimar a todos los seres sintientes. La primera es que han sido muy bondadosos con nosotros, y la segunda es que estimarlos proporciona enormes beneficios. Estas se exponen a continuación.

LA BONDAD DE LOS DEMÁS

Todos los seres merecen ser objeto de nuestro amor porque han sido muy bondadosos con nosotros. Nuestra felicidad temporal y última dependen de su bondad. Incluso nuestro cuerpo es el resultado de la bondad de los demás porque no lo traemos con nosotros de nuestra vida pasada, sino que se desarrolla a partir de la unión del espermatozoide de nuestro padre y el óvulo de nuestra madre. Cuando fuimos concebidos, nuestra madre nos permitió crecer en su seno, luego nos alimentó con su propia sangre y soportó numerosas dificultades y los dolores del parto. Vinimos al mundo desnudos y con las manos vacías, pero desde el primer día recibimos un hogar, alimentos, vestidos y cualquier cosa que necesitáramos. Cuando éramos un bebé indefenso, nuestra madre nos protegía de todos los peligros, nos alimentaba, limpiaba y cuidaba con cariño. Sin su amor y bondad, hoy no estaríamos vivos.

Gracias a que nos alimentó y se preocupó de nosotros, nuestro pequeño cuerpo de bebé indefenso se ha convertido en el de un adulto. Toda esta ayuda se la debemos, directa o indirectamente, a todos los seres. Por lo tanto, cada célula de nuestro cuerpo es el resultado de la bondad de los demás. Incluso aquellos que no conocen a su madre han sido amados por otras personas. El mero hecho de que hoy estemos vivos es un testimonio de la gran bondad de los demás.

Debido a que tenemos este cuerpo humano, podemos disfrutar de los placeres y oportunidades que nos ofrece. En realidad, hasta los placeres más sencillos, como dar un paseo o contemplar una puesta de sol, los disfrutamos gracias a la bondad de innumerables seres. Nuestra capacidad para valernos por nosotros mismos también se la debemos a los demás, ya que ellos nos han enseñado a comer, andar, hablar, leer y escribir. Incluso el idioma que hablamos no lo hemos inventado nosotros, sino que es el producto de la aportación de numerosas generaciones. Sin él no podríamos comunicarnos con los demás ni compartir sus ideas. No podríamos leer este libro, aprender el Dharma ni pensar con claridad. Todos los servicios a los que estamos acostumbrados, como casas, coches, carreteras, tiendas, escuelas, hospitales y cines, son el resultado de la bondad de los demás. Cuando, por ejemplo, viajamos en coche o en autobús, lo damos todo por hecho, y nunca pensamos en las personas que han trabajado para construir las carreteras que hacen posible nuestro desplazamiento.

No importa si alguna de las personas que nos ayudan no tiene la intención de hacerlo. Sus acciones nos benefician y, por lo tanto, desde nuestro punto de vista son bondadosas con nosotros. En lugar de pensar en su motivación, que de todas formas desconocemos, debemos tener en cuenta el beneficio que recibimos de ellas. Todo el que contribuye de alguna manera a nuestro bienestar y felicidad, merece nuestra gratitud y respeto. Si tuviéramos que devolver todo lo que hemos recibido de los demás, nos quedaríamos sin nada.

Es posible que pensemos que nadie nos regala nada y que tenemos que trabajar para ganar dinero. Siempre que compramos algo o comemos en un restaurante, tenemos que pagar. Puede que tengamos un coche, pero también nos ha costado mucho dinero y debemos pagar la gasolina, los impuestos y el seguro. Sin embargo, aunque es cierto que nadie nos regala nada, debemos preguntarnos de dónde procede nuestro dinero. Por lo general, aunque tenemos que trabajar para ganarlo, son los demás quienes nos ofrecen un trabajo o los que hacen negocios con nosotros, por lo que podemos decir que tenemos dinero gracias a ellos. Además, somos capaces de desempeñar un determinado trabajo porque otras personas nos han instruido. Por lo tanto, donde sea que miremos, solo encontraremos la bondad de los demás. Todos estamos relacionados en una red de bondad de la cual no podemos salir. Todo lo que poseemos, incluso nuestra vida y felicidad, depende también de la bondad de los demás.

Nuestro desarrollo espiritual y la felicidad pura de la iluminación dependen también de la bondad de los demás. Los centros de Dharma, los libros y los cursos de meditación no surgen de la nada, sino que son el resultado del trabajo y la dedicación de numerosas personas. La oportunidad que ahora tenemos de leer y contemplar las enseñanzas de Buda y de meditar en ellas depende por completo de la bondad de otros. Además, como se mencionará después, si no hubiera seres sintientes con quienes practicar la generosidad, poner a prueba nuestra paciencia o sentir compasión, no podríamos adquirir las cualidades necesarias para alcanzar la iluminación.

En resumen, necesitamos a los demás para nuestro bienestar físico, emocional y espiritual. Sin los demás no somos nadie. Pensar que podemos vivir de manera independiente en nuestro pequeño mundo no se corresponde con la realidad. Es más realista pensar que somos como una célula dentro del inmenso cuerpo de la vida, distintos de los demás, pero íntimamente relacionados con ellos. Dependemos por completo de todos los seres y ellos también se ven afectados por nuestras acciones. La idea de que es posible preocuparnos solo por nuestro propio bienestar y olvidarnos de los demás, o incluso buscarlo a costa de ellos, es absurda.

Contemplando la ayuda que hemos recibido de los demás, hemos de tomar la siguiente resolución: «Debo amar a todos los seres sintientes porque son muy bondadosos conmigo». Después, sentiremos amor al contemplar que todos los seres y su felicidad son importantes. Intentamos fundir nuestra mente con este sentimiento durante cierto tiempo sin olvidarlo. Cuando surgimos de la meditación, hemos de mantener esta mente de amor, de manera que cuando nos encontremos con alguien, pensemos que esa persona y su felicidad son importantes. De este modo, estimar a los demás se convertirá en nuestra práctica principal.

LOS BENEFICIOS DE ESTIMAR A LOS DEMÁS

Otra de las razones por las que hemos de estimar a los demás es que es el mejor método para solucionar tanto nuestros problemas como los suyos. Las preocupaciones, el malestar y la infelicidad son sensaciones que no existen separadas de la mente. Si estimamos a todas las personas con las que nos relacionamos, no sentiremos celos, odio ni otras perturbaciones mentales y disfrutaremos de una mente apacible. Los celos, por ejemplo, es una mente que no puede soportar la buena fortuna de los demás, pero si amamos a alguien, no nos molestará verlo feliz. Si consideramos que la felicidad de los demás es importante, ¿cómo podemos desear perjudicarlos? Si estimamos de verdad a los demás, actuaremos siempre con amabilidad y consideración, y ellos nos responderán con bondad. Los demás no nos perjudicarán y no tendremos peleas con ellos. Resultaremos agradables a los demás y nuestras relaciones serán satisfactorias y estables.

Estimar a los demás también nos protege de los problemas que produce el apego. A menudo sentimos demasiado apego por una persona que creemos que va a reducir nuestra soledad y nos va a hacer sentir cómodos y seguros. Sin embargo, si estimamos a todos los seres, nunca nos sentiremos solos. En lugar de depender de otras personas para colmar nuestros deseos, los ayudaremos a satisfacer los suyos. Al estimar a todos los seres sintientes, solucionaremos nuestros problemas porque estos provienen de nuestra estimación propia. Por ejemplo, si nuestro compañero nos abandona por otra persona, lo más probable es que nos enfademos, pero si sentimos aprecio por ellos, desearemos que sean felices. No tendremos celos ni nos deprimiremos, y aunque la situación constituya un desafío para nosotros, no se convertirá en un problema. Estimar a los demás es la protección suprema contra el sufrimiento y nos ayuda a mantener la calma en todo momento.

Si estimamos a nuestros vecinos, contribuiremos a que haya armonía en nuestro barrio y en la sociedad en general, lo que ayudará a que los demás sean más felices. Aunque no seamos una persona famosa ni influyente, si estimamos con sinceridad a los demás, ayudaremos a establecer buenas relaciones en nuestra comunidad. Esto es cierto incluso en el caso de aquellos que no se sienten atraídos por las prácticas espirituales. Hay personas que aunque no creen en las vidas pasadas y futuras ni en los seres sagrados, intentan reducir su egoísmo y trabajan por el beneficio de los demás. Esta actitud es muy beneficiosa y siempre da buenos resultados. Si un maestro de escuela aprecia a sus estudiantes, estos lo respetarán y no solo aprenderán con mayor facilidad las lecciones académicas, sino que también se dejarán influir por su buen ejemplo. Este maestro ejercerá una influencia positiva en los demás y hará un gran servicio a la escuela. Se dice que existe una piedra mágica que puede limpiar cualquier líquido. Aquellos que estiman a los demás son como esta piedra, ya que con su mera presencia limpian las actitudes impuras y las reemplazan por amor y bondad.

Aunque una persona sea muy inteligente y poderosa, si no ama a los demás, tarde o temprano tendrá dificultades para satisfacer sus deseos. Si un gobernante no estima a su pueblo, sino que actúa según sus propios intereses, será criticado, los electores dejarán de confiar en él y acabará perdiendo su cargo. Si un Guía Espiritual no aprecia a sus discípulos o no mantiene una buena relación con ellos, no podrá ayudarlos y no recibirán ningún beneficio.

En la *Guía de las obras del Bodhisatva*, el maestro budista indio Shantideva dice que si un empresario se preocupa solo por sus propios intereses y no tiene en cuenta el bienestar de sus empleados, estos no se sentirán satisfechos, dejarán de trabajar de manera eficiente y perderán el entusiasmo. Por lo tanto, el empresario sufrirá las consecuencias de su falta de consideración. Del mismo modo, si los empleados piensan solo en lo que pueden obtener de la empresa y organizan una huelga, es posible que el empresario les reduzca los salarios o los despida. Incluso puede que la empresa quiebre y todos pierdan su empleo. De este modo, los empleados sufrirán las consecuencias de su desinterés por la empresa. La mejor manera de tener éxito en cualquier actividad es reducir nuestra estimación propia y tener más consideración por los demás. En ocasiones, es posible que pensemos que estimarnos a nosotros mismos nos beneficia, pero a largo plazo nos causa más dificultades. La solución a todos los problemas de la vida diaria es estimar a los demás.

Todo nuestro sufrimiento es el resultado de nuestro karma negativo, que a su vez tiene su origen en la estimación propia. Debido a que nos concedemos a nosotros mismos una importancia exagerada, frustramos los deseos de los demás para colmar los nuestros. Dominados por nuestros deseos egoístas, alteramos la paz de los demás y les causamos malestar. Con estas acciones solo sembramos las semillas para experimentar más sufrimiento. Si apreciamos de verdad a los demás, dejaremos de perjudicarlos y de cometer acciones indebidas. Mantendremos una disciplina moral pura de manera natural y nos abstendremos de matar, de perjudicar a los demás, de robarles o de interferir en sus relaciones. Como resultado, en el futuro no padeceremos las malas consecuencias de haber cometido estas acciones perjudiciales. De este modo, estimar a los demás nos protege de los problemas futuros que produce el karma negativo.

Si estimamos a los demás, acumularemos méritos en todo momento y crearemos la causa para tener éxito en nuestras actividades. Además, realizaremos acciones virtuosas de manera natural. Poco a poco, nuestras acciones físicas, verbales y mentales serán más beneficiosas, y seremos una fuente de inspiración y felicidad para los demás. Descubriremos por propia experiencia que esta preciosa mente de amor es la verdadera joya que colma todos los deseos, porque satisface tanto nuestros deseos como los de todos los seres sintientes.

La mente que estima a los demás es el buen corazón supremo. Mantener este corazón de oro nos hará felices tanto a nosotros mismos como a los demás. Este buen corazón es la esencia misma del camino mahayana y la causa principal de la gran compasión, el deseo de proteger a todos los seres sintientes de los temores y del sufrimiento. Si mejoramos nuestra gran compasión, finalmente alcanzaremos la compasión universal de un Buda, que tiene el poder de proteger a todos los seres sintientes del sufrimiento. De este modo, estimar a los demás nos conduce hacia la Budeidad.

Por esta razón, Langri Tangpa comienza su texto *Adiestramiento de la mente en ocho estrofas* con la oración de estimar a todos los seres sintientes para alcanzar la meta última y suprema de la iluminación completa.

Como resultado de contemplar las ventajas de estimar a los demás, tomaremos la siguiente determinación:

Voy a estimar a todos los seres sintientes sin excepción, porque esta preciosa mente de amor es el método supremo para solucionar todos los problemas y colmar los deseos. Finalmente, me proporcionará la felicidad suprema de la iluminación.

Meditamos en esta determinación de manera convergente durante tanto tiempo como podamos y sentimos un intenso amor hacia todos y cada uno de los seres sintientes. Cuando surgimos de la meditación, intentamos mantener este sentimiento y poner en práctica nuestra determinación. Cuando estemos con otras personas, debemos recordar que su felicidad y sus deseos son tan importantes que los nuestros o más. Aunque no podemos amar a todos los seres de inmediato, si nos adiestramos en cultivar esta actitud comenzando con nuestros familiares y amigos, podremos extender de manera gradual el ámbito de nuestro amor hasta abarcar a todos los seres sintientes. Cuando estimemos de verdad a todos los seres, dejaremos de ser una persona ordinaria y estaremos muy cerca de convertirnos en un Bodhisatva.

Aumentar el amor que estima a los demás

*Cuando me relacione con los demás,
he de considerarme la persona menos importante,
y con una intención perfecta,
estimarlos como objetos supremos.*

En la primera estrofa, el Bodhisatva Langri Tangpa nos enseña a estimar a todos los seres sintientes, y en la segunda nos muestra cómo aumentar este sentimiento de amor. La mejor manera de hacerlo es adiestrándonos día y noche en la práctica de amar a todos los seres sintientes. Por ello, Langri Tangpa nos ofrece las siguientes instrucciones para aumentar nuestro amor.

Todos estimamos de manera especial a alguna persona, como nuestro hijo, pareja o madre. Nos parece que posee cualidades únicas que la distingue de los demás, la apreciamos, la tratamos con cariño y deseamos protegerla. Del mismo modo, hemos de aprender a apreciar a todos los seres sintientes, reconociendo que todos y cada uno de ellos poseen un valor especial. Aunque apreciamos a nuestros familiares y amigos, no sentimos lo mismo por los desconocidos ni, por supuesto, por nuestros enemigos. La mayoría de los seres sintientes no tienen demasiada importancia para nosotros. Si practicamos las instrucciones de Langri Tangpa, abandonaremos esta discriminación y aprenderemos a estimar, a todos los seres sintientes como una madre ama a su hijo querido. Si mejoramos nuestro amor de este modo, se intensificarán nuestras mentes de compasión y bodhichita, y alcanzaremos la iluminación con rapidez.

Chandrakirti

RECONOCER NUESTROS DEFECTOS EN EL ESPEJO DEL DHARMA

La razón principal de que no estimemos a los demás es que estamos tan preocupados por nosotros mismos, que no nos queda espacio en la mente para pensar en ellos. Si deseamos apreciar a los demás, debemos reducir nuestra obsesión por nosotros mismos. ¿Por qué nos consideramos tan importantes? Porque estamos habituados a generar la mente de estimación propia. Desde tiempo sin principio nos hemos aferrado a un yo con existencia verdadera. Este aferramiento al yo es el origen de la estimación propia, que piensa de forma instintiva: «Soy más importante que los demás». Para los seres ordinarios, aferrarse al yo y estimarse a uno mismo son las dos caras de una misma moneda: el autoaferramiento se aferra a un yo con existencia inherente, mientras que la estimación propia lo quiere y protege como si fuera algo muy valioso. Esto ocurre porque estamos tan familiarizados con nuestra estimación propia, que en ningún momento nos olvidamos de nuestro bienestar, ni siquiera mientras dormimos.

Puesto que nos consideramos más importantes que los demás, exageramos nuestras buenas cualidades y creamos una visión distorsionada de nosotros mismos. Cualquier circunstancia sirve para alimentar nuestro orgullo, como tener un cuerpo atractivo, posesiones, conocimientos, experiencia o una posición social elevada. Cuando tenemos una buena idea, pensamos: «¡Qué inteligente soy!», y si viajamos al extranjero, nos consideramos personas interesantes. Incluso nos orgullecemos de comportamientos de los cuales deberíamos avergonzarnos, como tener habilidad para engañar a los demás, o de cualidades imaginarias. En cambio, nos resulta difícil reconocer nuestros errores. Dedicamos mucho tiempo a contemplar nuestras buenas cualidades, reales o imaginarias, y nos olvidamos de nuestros defectos. En realidad, nuestra mente está llena de perturbaciones mentales, pero no las reconocemos e incluso nos engañamos a nosotros mismos negándonos a admitir que tenemos estas mentes repulsivas. Es como limpiar la casa escondiendo la suciedad debajo de la alfombra.

A menudo nos resulta tan doloroso aceptar nuestras faltas, que preferimos buscar excusas antes que cambiar la concepción elevada que tenemos de nosotros mismos. Una de las maneras más comunes de no reconocer nuestros defectos es echando la culpa a los demás. Por ejemplo, si nos llevamos mal con una persona, pensamos que la culpa es suya, y nos negamos a admitir que al menos en parte tenga razón. En lugar de responsabilizarnos de nuestras acciones y esforzarnos por mejorar nuestra conducta, discutimos con los demás e insistimos en que son ellos quienes deben cambiar. Debido a la excesiva importancia que nos concedemos a nosotros mismos, criticamos a los demás, lo que nos causa multitud de problemas. Al no aceptar nuestros defectos, los demás nos los señalan, y entonces pensamos que son injustos con nosotros. En lugar de observar nuestro comportamiento para comprobar si sus críticas son justificadas, nuestra estimación propia nos hace ponernos a la defensiva y buscar defectos en ellos.

Otra razón de que no apreciemos a los demás es que nos fijamos en sus faltas y no en sus buenas cualidades. Por desgracia, tenemos gran habilidad para descubrir los defectos de los demás y para señalarlos, analizarlos, e incluso se podría decir que para meditar en ellos. Debido a esta actitud crítica, si discrepamos con nuestros amigos en alguna ocasión, en lugar de comprender su punto de vista, pensamos en las razones por las que están equivocados. Al fijarnos solo en sus defectos, nos enfadamos y les guardamos rencor, y en lugar de sentir aprecio por ellos, deseamos perjudicarlos y criticarlos. De esta manera, pequeños desacuerdos pueden convertirse en conflictos que se prolongan durante meses.

No es beneficioso pensar en nuestras buenas cualidades y buscar defectos en los demás. Lo único que conseguiremos será considerarnos más importantes que ellos, aumentar nuestro orgullo y faltarles al respeto. Shantideva dice en su *Guía de las obras del Bodhisatva*:

> «Aquellos que se consideran más importantes que los demás,
> renacerán en los reinos inferiores,
> y cuando lo hagan como seres humanos,
> serán siervos pertenecientes a una clase social inferior».

Como resultado de sentirnos superiores a los demás, cometemos acciones perjudiciales que madurarán en el futuro y nos harán renacer en los reinos inferiores. Debido a nuestra arrogancia, cuando finalmente renazcamos como un ser humano, perteneceremos a una clase social inferior y seremos siervos o incluso esclavos. Nuestro orgullo considera que somos inteligentes, pero, en realidad, nos engaña y nos vuelve irascibles. Es absurdo pensar que somos más importantes que los demás y fijarnos solo en nuestras buenas cualidades. Con ello no aumentarán nuestras virtudes ni se reducirán nuestros defectos, y tampoco conseguiremos que los demás compartan la opinión favorable que tenemos de nosotros mismos.

Si, en cambio, reconocemos las buenas cualidades de los demás, nuestro orgullo irá disminuyendo hasta que, finalmente, los consideremos más importantes que nosotros. Entonces, sentiremos amor y compasión hacia ellos y realizaremos acciones virtuosas de manera natural. Como resultado, renaceremos en los reinos superiores, como un dios o un ser humano, seremos respetados y tendremos numerosos amigos. Si contemplamos las virtudes de los demás, solo obtendremos beneficios. Por lo tanto, mientras los seres ordinarios se fijan en los defectos de los demás, los Bodhisatvas reconocen sus buenas cualidades.

En *Consejos de corazón*, Atisha dice:

«En lugar de fijaros en las faltas de los demás, fijaos en las vuestras y purgadlas como si fueran mala sangre.

»No contempléis vuestras buenas cualidades, sino las de los demás, y respetad a todos como lo haría un sirviente».

Debemos reconocer nuestros propios defectos porque, de lo contrario, nunca podremos eliminarlos. Los seres que han alcanzado la iluminación se liberaron de sus perturbaciones mentales, la causa de todas sus faltas, gracias a que examinaron sus mentes en todo momento, reconocieron sus defectos y se esforzaron por eliminarlos. Buda dijo que las personas que conocen sus defectos son inteligentes, mientras que aquellos que los ignoran y se fijan en las faltas de los demás, son estúpidos. Contemplar nuestras buenas cualidades y encontrar defectos en los demás solo sirve para aumentar nuestra estimación propia y disminuir nuestro amor hacia ellos. Por lo tanto, los Budas enseñan que la estimación propia es la raíz del sufrimiento, y estimar a los demás es la fuente de la felicidad. Los únicos seres que no están de acuerdo con esto son los que permanecen atrapados en el samsara. Así pues, podemos elegir entre seguir nuestro punto de vista ordinario o el de los Budas, pero si queremos disfrutar de verdadera paz y felicidad, deberíamos adoptar el suyo.

Algunas personas afirman que su problema es que carecen de autoestima, y que debemos fijarnos solo en nuestras buenas cualidades para adquirir confianza en nosotros mismos. No obstante, aunque es cierto que para progresar en el camino espiritual debemos confiar en nuestro potencial y aumentar nuestras virtudes, también hemos de reconocer nuestros defectos. Si somos sinceros con nosotros mismos, admitiremos que nuestra mente está llena de engaños, como el odio, el apego y la ignorancia. Estas perturbaciones mentales no desaparecerán por sí mismas por mucho que lo deseemos. La única manera de liberarnos de ellas es aceptando su existencia y esforzándonos por eliminarlas.

Una de las funciones del Dharma es actuar como un espejo en el que podemos ver reflejados nuestros defectos. Por ejemplo, cuando nos enfademos, en lugar de buscar excusas, debemos pensar: «El odio es un veneno mental. No me ayuda ni me aporta ningún beneficio, sino que solo sirve para perjudicarme. Por lo tanto, no voy a tolerar que siga contaminando mi mente». También podemos utilizar el espejo del Dharma para distinguir entre el amor y el apego. Estos pueden confundirse con facilidad, pero es imprescindible que sepamos diferenciarlos, porque el amor nos proporciona felicidad, mientras que el apego solo nos causa sufrimiento y nos hunde cada vez más en el samsara. Cuando notemos que el apego empieza a surgir en nuestra mente, debemos rechazarlo aunque nos produzca una sensación agradable, puesto que, de lo contrario, será como lamer una gota de miel en el filo de una navaja, y en el futuro nos causará sufrimiento.

Aunque hemos de ser conscientes de nuestros defectos, no debemos dejarnos desanimar por ellos. Es posible que nos enfademos con facilidad, pero ello no significa que el odio forme parte inherente de nosotros. Por muchas perturbaciones mentales que tengamos y por muy intensas que sean, no son parte esencial de nuestra mente. Son defectos que la contaminan de forma temporal, pero no manchan su naturaleza pura. Son como el barro que enturbia el agua de un lago, pero nunca se mezcla de manera inseparable con ella. Al igual que es posible limpiar el agua de barro, también podemos eliminar los engaños y descubrir la naturaleza pura y clara de la mente. Cuando reconocemos nuestras perturbaciones mentales, no debemos identificarnos con ellas pensando: «Soy un inútil y un egoísta» o «estoy siempre enfadado», sino identificarnos con nuestro potencial puro, cultivar la sabiduría y esforzarnos por eliminar los engaños.

Al igual que cuando examinamos diferentes objetos distinguimos entre los que nos resultan útiles y los que no, lo mismo debemos hacer con nuestros pensamientos. Aunque la naturaleza de nuestra mente raíz es pura y clara, innumerables pensamientos conceptuales surgen de ella, como las burbujas lo hacen del agua, o los rayos de luz, de la llama de una vela. Algunos de estos pensamientos son beneficiosos *y* nos aportan felicidad tanto en el presente como en el futuro, pero otros nos harán padecer horribles sufrimientos en los reinos inferiores. Debemos observar nuestra mente en todo momento y distinguir entre los pensamientos beneficiosos y los perjudiciales. Las personas que se adiestran de este modo son verdaderamente inteligentes.

En cierta ocasión, un hombre que había asesinado a miles de personas se encontró con un Bodhisatva, un rey llamado Chandra, quien le enseñó el Dharma y le hizo ver que su camino era incorrecto. El hombre le dijo: «He mirado en el espejo del Dharma y, al comprender el daño que he causado con mis crímenes, me siento profundamente arrepentido». Este hombre realizó extensas prácticas de purificación y se convirtió en un gran yogui con elevadas realizaciones espirituales. Esto demuestra que si reconocemos nuestros errores en el espejo del Dharma y nos esforzamos por corregirlos, aunque seamos una persona malvada podemos convertirnos en un ser puro.

En el Tíbet, vivía un famoso practicante de Dharma llamado Gueshe Ben Gungyel, que no meditaba en la postura tradicional ni recitaba oraciones. Su única práctica consistía en contrarrestar las perturbaciones mentales en cuanto surgían en su mente. Cuando se daba cuenta de que iba a perder la calma, intensificaba su atención y no se dejaba alterar por los malos pensamientos. Por ejemplo, si se daba cuenta de que su estimación propia comenzaba a surgir, de inmediato pensaba en sus desventajas e impedía que se manifestase aplicando su oponente, la mente de amor. Cuando recuperaba el control de su mente, se relajaba y disfrutaba de estados mentales virtuosos.

Para comprobar su progreso, cada vez que tenía un mal pensamiento, ponía una piedra negra sobre una mesa, y cuando generaba una mente virtuosa, una piedra blanca. Al final del día, las contaba. Si había más piedras negras, se lo reprochaba y al día siguiente ponía más esfuerzo, y si había más blancas, se felicitaba a sí mismo. Al principio, abundaban las piedras negras, pero al cabo de unos años, consiguió que todas las piedras fueran blancas. Antes de convertirse en un practicante de Dharma, Gueshe Ben Gungyel tenía la reputación de ser una persona indisciplinada, pero como resultado de vigilar su mente en todo momento y de mirar con sinceridad en el espejo del Dharma, poco a poco se fue convirtiendo en un ser puro. Sin lugar a dudas, nosotros también podemos hacer lo mismo.

Los gueshes kadampas enseñaban que la función del Guía Espiritual es señalar los defectos de sus discípulos para que los reconozcan y puedan eliminarlos. Sin embargo, si hoy día los maestros de Dharma se comportasen de este modo, lo más probable es que sus discípulos se enfadaran con ellos e incluso perdieran la fe, por lo que actúan con más prudencia. Por lo tanto, aunque nuestro Guía Espiritual no señale nuestros defectos, debemos examinar nuestra mente en el espejo del Dharma y reconocerlos. Si aplicamos las enseñanzas sobre el karma y las perturbaciones mentales a nuestra situación personal, distinguiremos entre lo que debemos abandonar y lo que hemos de practicar.

Una persona enferma no puede curarse con solo leer las instrucciones de las medicinas, sino que tiene que tomarlas. De igual modo, aunque las enseñanzas de Buda son la medicina suprema que cura las enfermedades de los engaños, no podemos eliminarlos con solo leer o estudiar los libros de Dharma. La única manera de solucionar nuestros problemas diarios es practicar el Dharma con sinceridad.

Vajradhara

CONSIDERAR QUE TODOS LOS SERES SON OBJETOS SUPREMOS

El Bodhisatva Langri Tangpa reza como sigue:

y con una intención perfecta,
estimarlos como objetos supremos.

Si deseamos generar la mente de bodhichita, que procede de cambiarnos por los demás, y alcanzar la iluminación, hemos de pensar que los demás son más importantes que nosotros. Esta actitud está basada en la sabiduría, mientras que considerarnos más importantes que los demás tiene su origen en la mente ignorante del aferramiento propio y nos condena a seguir vagando por los caminos del samsara.

¿Cuándo consideramos que un objeto es valioso? Si alguien nos pregunta qué tiene más valor, si un diamante o un hueso, sin lugar a dudas responderemos que el diamante. No obstante, un perro preferiría el hueso porque puede morderlo, mientras que el diamante no. Esto demuestra que el valor de un objeto no es una cualidad intrínseca del mismo, sino que depende de las necesidades y deseos de cada ser, que a su vez depende de su karma individual. Para el practicante que desea alcanzar las realizaciones espirituales de amor, compasión, bodhichita y la gran iluminación, los seres sintientes son más valiosos que un universo lleno de diamantes o de gemas que colman todos los deseos. Esto se debe a que los seres sintientes ayudan a esa persona a generar amor y compasión, y a colmar su deseo de alcanzar la iluminación, mientras que un universo lleno de joyas no puede beneficiarla de este modo.

Nadie quiere permanecer en la ignorancia para siempre. En realidad, todos deseamos mejorar nuestra situación. El estado mental más elevado es la iluminación total, y el camino que nos conduce a él son las realizaciones del amor, la compasión y la bodhichita, y la práctica de las seis perfecciones. Para poder desarrollar estas cualidades necesitamos a los demás. De lo contrario, ¿cómo vamos a cultivar el amor si no tenemos a nadie a quien amar?, ¿cómo podemos practicar la generosidad si no hay nadie a quien dar o cultivar la paciencia si nadie nos perjudica? Al relacionarnos con los demás, podemos mejorar nuestras cualidades espirituales, como las mentes de amor y compasión, y de esta manera acercarnos a la meta de la iluminación y colmar todos nuestros deseos. ¡Qué bondadosos son los seres sintientes, al ser los objetos de nuestro amor y compasión! Para nosotros son un gran tesoro.

Cuando Atisha vivía en el Tíbet, tenía un ayudante indio que siempre lo estaba criticando. Cuando sus discípulos tibetanos le preguntaron por qué no lo despedía, ya que ellos estaban dispuestos a servirle con devoción, Atisha contestó: «Sin este hombre, no tendría a nadie con quien practicar la paciencia, por lo que es muy bondadoso conmigo». Atisha sabía que la única manera de colmar sus deseos de beneficiar a todos los seres sintientes era alcanzando la iluminación, y que para ello tenía que practicar la paciencia. Para Atisha, su ayudante gruñón era más valioso que cualquier posesión, alabanza o logro mundano.

Las realizaciones espirituales son nuestra riqueza interior porque nos ayudan en cualquier situación y son lo único que podemos llevar con nosotros después de la muerte. Si consideramos que la paciencia, la generosidad, el amor y la compasión son más importantes que las condiciones externas, todos los seres sintientes nos parecerán muy valiosos, aunque en ocasiones nos perjudiquen. De este modo, nos resultará más fácil apreciarlos.

Durante la sesión de meditación hemos de contemplar el razonamiento anterior hasta llegar a la siguiente conclusión:

Los seres sintientes son muy valiosos porque sin ellos no puedo acumular la riqueza interior de las realizaciones espirituales, que finalmente me proporcionará la felicidad última de la iluminación. Puesto que sin esta riqueza interior permaneceré atrapado en el samsara para siempre, a partir de ahora voy a considerar que todos los seres sintientes son muy importantes.

Nos concentramos en esta determinación durante tanto tiempo como podamos. Cuando terminemos la sesión de meditación, debemos recordar en todo momento que para practicar el Dharma, necesitamos a todos los seres sintientes. Si pensamos de este modo, los problemas causados por el odio, el apego, los celos, etcétera, desaparecerán, y estimaremos de manera natural a los demás. En particular, cuando una persona se oponga a nuestros deseos o nos perjudique, debemos recordar que la necesitamos para alcanzar realizaciones espirituales y darle sentido a nuestra vida. Si todos nos tratasen con la amabilidad y el respeto que nuestra estimación propia desea, aumentarían nuestras perturbaciones mentales y se agotarían nuestros méritos. Al cumplirse siempre nuestros deseos, seríamos como un niño consentido que piensa que es el centro del universo y que nadie le hace caso. En realidad, todos necesitamos a alguien como el ayudante de Atisha, porque estas personas nos ofrecen la oportunidad de eliminar la estimación propia y adiestrar la mente, y de llenar nuestras vidas de significado.

Puesto que el razonamiento anterior es contrario a nuestra manera de pensar habitual, hemos de contemplarlo una y otra vez hasta convencernos de que los seres sintientes son más valiosos que cualquier logro externo. En realidad, los Budas y los seres sintientes son igualmente valiosos porque los Budas nos revelan el camino hacia la iluminación, y los seres sintientes son los objetos con los que cultivamos las mentes virtuosas que nos permiten alcanzar la Budeidad. Debido a que su bondad al ayudarnos a alcanzar la meta suprema, la iluminación, es la misma, hemos de considerar que los Budas y los seres sintientes son igualmente importantes. Shantideva dice en su *Guía de las obras del Bodhisatva*:

«Puesto que para alcanzar la meta suprema de la iluminación,
necesitamos tanto a los Budas como a los seres sintientes,
¿por qué no respetamos a los seres sintientes
del mismo modo que a los Budas?».

LOS SERES SINTIENTES NO TIENEN DEFECTOS

Es posible que pensemos que aunque es cierto que necesitamos a los seres sintientes para practicar la paciencia, la compasión, etcétera, no podemos considerarlos valiosos porque tienen defectos; ¿cómo podemos apreciar a alguien cuya mente está dominada por el apego, el odio y la ignorancia? La contestación a esta pregunta es bastante profunda. Aunque las mentes de los seres sintientes están llenas de engaños, ellos mismos no tienen faltas. Al igual que el agua del mar es salada porque contiene sal, los defectos de los demás, en realidad, no son suyos, sino de sus perturbaciones mentales. Los Budas perciben las faltas de las perturbaciones mentales, pero no las de los seres sintientes, porque distinguen entre estos últimos y sus engaños. Si alguien se enfada, decimos: «Es una persona egoísta y tiene mal genio», pero los Budas piensan: «Está padeciendo la enfermedad interna del odio». Del mismo modo que si un amigo sufriera de cáncer, no lo culparíamos por padecer esta enfermedad, cuando alguien está dominado por el odio o el apego, no debemos culparlo por sufrir estos engaños.

Las perturbaciones mentales son los enemigos de los seres sintientes, y al igual que no culparíamos a una víctima de cometer las acciones de su atacante, ¿por qué culpamos a los seres sintientes de las faltas de sus enemigos internos? Cuando alguien está dominado por el enemigo interno del odio, no es correcto culparlo, porque él y su odio son fenómenos distintos. Al igual que un defecto en un micrófono no lo es de un libro, y uno en una taza no lo es de una tetera, las faltas de las perturbaciones mentales no lo son de las personas. Cuando una persona dominada por sus engaños perjudica a los demás, debemos sentir compasión por ella. En ocasiones, tendremos que calmar a alguien que haya perdido el control, por su propio bien y para proteger a los que están a su alrededor, pero no es apropiado echarle la culpa de sus acciones o enfadarnos con él.

Por lo general, al referirnos a nuestro cuerpo y a nuestra mente, decimos: «Mi cuerpo» y «mi mente», como si nos pertenecieran, lo que indica que son diferentes de nuestro yo. El cuerpo y la mente son las bases sobre las que designamos nuestro yo, pero no son el yo mismo. Las perturbaciones mentales son características de la mente de una persona, no de la persona misma. Puesto que no es posible encontrar defectos en los seres sintientes, en este sentido podemos decir que son como Budas.

Al igual que distinguimos entre una persona y sus perturbaciones mentales, debemos recordar que estas últimas son características temporales de la mente y no forman parte de su naturaleza verdadera. Las perturbaciones mentales son pensamientos conceptuales y surgen de la mente, como las olas lo hacen del mar. Al igual que las olas desaparecen sin que lo haga el mar, nuestras perturbaciones mentales también pueden cesar sin que lo haga nuestro continuo mental.

Debido a que los Budas distinguen entre los engaños y las personas, pueden percibir las faltas de sus perturbaciones mentales sin ver defectos en ningún ser. Por lo tanto, su amor y compasión hacia todos los seres sintientes nunca disminuye. Nosotros, en cambio, al ser incapaces de hacerlo, vemos defectos en los demás, pero no reconocemos las faltas de las perturbaciones mentales, ni siquiera las de nuestra propia mente.

Hay una oración que dice:

«Estas no son faltas de la persona,
sino de sus perturbaciones mentales.

Por lo tanto, que nunca encuentre defectos en los demás,
y que los considere supremos».

Fijarnos en los defectos de los demás es uno de los obstáculos principales para considerarlos valiosos y la causa de que nuestros engaños aumenten. Si deseamos de verdad cultivar el amor que estima a los demás, hemos de distinguir a las personas de sus perturbaciones mentales y comprender que los culpables de los defectos que vemos en ellas son sus engaños.

Puede parecernos que esto contradice el apartado anterior donde se nos aconseja que reconozcamos nuestros propios defectos, ya que si nosotros tenemos faltas, los demás también deben tenerlas. En cierto sentido, esto es cierto, porque los seres sintientes tienen perturbaciones mentales, y estas son defectos. Sin embargo, lo importante no es pensar si los seres sintientes tienen faltas o no, sino cuál es la manera más beneficiosa de relacionarnos con ellos. Desde un punto de vista práctico, el objetivo principal del adiestramiento espiritual consiste en eliminar nuestras perturbaciones mentales y aumentar nuestro amor hacia todos los seres sintientes. Para ello, constituye una gran ayuda reconocer nuestras perturbaciones mentales y acciones perjudiciales, y un grave obstáculo ver defectos en los demás. Solo cuando hayamos eliminado nuestros engaños y apreciemos a los demás desde lo más profundo de nuestro corazón, podremos ayudarlos de manera eficaz a liberarse de su sufrimiento.

Cuando una madre ve que su hijo se enfada, sabe que su comportamiento no es correcto, pero no por ello deja de quererlo. Aunque reconoce que su hijo está equivocado, no piensa que sea una mala persona, sino que lo distingue de sus perturbaciones mentales y continúa confiando en su potencial. De igual modo, debemos apreciar a todos los seres sintientes y tener en cuenta que padecen las enfermedades de los engaños.

AUMENTAR EL AMOR QUE ESTIMA A LOS DEMÁS

También podemos aplicar este razonamiento a nosotros mismos para comprender que nuestras faltas, en realidad, lo son de nuestras perturbaciones mentales. Esto nos ayudará a no identificarnos con nuestros defectos, a no sentirnos culpables o incapaces, y a relacionarnos con nuestros engaños de manera realista. Tenemos que reconocer nuestras perturbaciones mentales y tomar la determinación de eliminarlas, pero para poder hacerlo hemos de distanciarnos de ellas. Por ejemplo, podemos pensar: «Es cierto que tengo estimación propia, pero mis intenciones egoístas no soy yo, y puedo eliminarlas sin destruirme a mí mismo». De este modo, podemos ser firmes con nuestras perturbaciones mentales, pero tener paciencia con nosotros mismos. No tenemos por qué culparnos por los engaños que traemos de vidas pasadas, pero si deseamos disfrutar de paz y felicidad en el futuro, debemos eliminarlos.

Como ya se ha mencionado, la mejor manera de apreciar a los demás es recordando su bondad. Sin embargo, es posible que nos preguntemos: «¿Cómo puedo considerar que los demás son bondadosos cuando actúan con tanta crueldad?». Para contestar a esta pregunta, debemos comprender que cuando alguien perjudica a los demás, lo hace porque está bajo la influencia de sus perturbaciones mentales. Estas son como una poderosa droga alucinógena que obliga a quien la toma a actuar de manera contraria a su verdadera naturaleza. La persona que está bajo la influencia de sus engaños está mentalmente enferma, porque crea las causas de su propio sufrimiento y nadie en su sano juicio se comportaría de este modo. Las perturbaciones mentales se basan en una manera incorrecta de ver las cosas. Cuando percibimos los objetos de la manera en que son en realidad, nuestros engaños desaparecen y las mentes virtuosas se manifiestan de manera natural. Las mentes virtuosas, como el amor y la bondad, perciben la realidad y son una expresión de nuestra naturaleza pura. Por lo tanto, cuando consideramos que los demás son bondadosos, no nos fija-

Tilopa

mos en sus perturbaciones mentales, sino en su naturaleza pura de Buda.

Buda comparó nuestra naturaleza de Buda con una pepita de oro cubierta de barro, porque por muy despreciables que sean nuestras perturbaciones mentales, la verdadera naturaleza de nuestra mente permanece pura. En el corazón de la persona más cruel y malvada persiste un potencial de amor, compasión y sabiduría infinitos. A diferencia de las semillas de nuestros engaños, que podemos eliminar, este potencial es indestructible y constituye la verdadera naturaleza de todos los seres. Cuando nos relacionemos con los demás, en lugar de fijarnos en sus engaños, debemos reconocer su naturaleza pura de Buda. Este modo de pensar nos ayuda a considerar que son importantes y a ellos les anima a cultivar sus buenas cualidades. Si reconocemos que todos los seres pueden convertirse en Budas, los animaremos a desarrollar su potencial con amor y compasión.

Debido a nuestra arraigada costumbre de estimarnos a nosotros mismos más que a los demás, nos resulta difícil apreciarlos, por lo que debemos adiestrar nuestra mente durante años hasta que lo hagamos de manera natural. Al igual que el mar está formado por innumerables gotas de agua que se van acumulando durante mucho tiempo, las realizaciones de amor y compasión de los practicantes avanzados son el resultado de su perseverancia en su adiestramiento espiritual. Al principio, hemos de amar a nuestros padres, familiares y amigos, y luego incluir a otras personas de nuestra comunidad. Poco a poco, debemos aumentar el ámbito de nuestro aprecio hasta abarcar a todos los seres sintientes.

Es importante comenzar con las personas con las que convivimos, porque si intentamos amar a todos los seres sintientes en general, pero nos enfadamos con aquellos que están a nuestro alrededor, nuestro aprecio no será más que un concepto intelectual. Es posible que generemos buenas intenciones durante la sesión de meditación, pero si desaparecen en cuanto termine, nuestra mente seguirá igual. No obstante, si al final de cada sesión de meditación tomamos la determinación de amar a las personas que tenemos alrededor y la ponemos en práctica, nuestro aprecio será sincero y estable. Si nos esforzamos por estimar a nuestros familiares y amigos, incluso cuando nos perjudiquen, nuestra estimación propia se irá debilitando y estableceremos en nuestra mente una base firme para amar a los demás. De este modo, nos resultará más fácil extender nuestro amor a un mayor número de seres hasta que sintamos la compasión universal de un Bodhisatva.

Nuestra habilidad para ayudar a los demás depende de nuestra relación kármica con ellos tanto en esta vida como en las pasadas. Todos tenemos un círculo de personas con las que mantenemos una relación kármica especial en esta vida. Aunque debemos estimar a todos los seres sintientes por igual, no significa que hemos de tratarlos de la misma manera. Por ejemplo, sería inapropiado mantener la misma relación con nuestro jefe en el trabajo que con nuestros amigos y familiares. También hay personas que prefieren la soledad y no les agradan las muestras de afecto. Amar a los demás es una actitud mental, y la manera en que la expresamos depende de los deseos y necesidades de cada persona, y también de nuestra relación kármica con ella. No podemos ayudar a todos los seres sintientes diréctamente, pero sí sentir aprecio por ellos. Este es el objetivo principal de adiestrar nuestra mente. Si lo hacemos de este modo, finalmente alcanzaremos la Budeidad y tendremos verdadera capacidad para proteger a todos los seres sintientes.

Tras contemplar los razonamientos anteriores, llegamos a la siguiente conclusión:

Puesto que todos los seres sintientes son importantes para mí, debo quererlos y apreciarlos.

Hemos de considerar que esta determinación es como una semilla que sembramos en nuestra mente y alimentarla hasta que se convierta en un sentimiento espontáneo de amor hacia todos los seres sintientes, incluidos nosotros mismos. Esta realización se denomina *igualarse uno mismo con los demás*. Debemos valorar la felicidad de los demás tanto como la nuestra, y ayudarlos a evitar problemas y sufrimientos al igual que nos esforzamos por eliminar los nuestros.

CULTIVAR LA HUMILDAD

Cuando me relacione con los demás,
he de considerarme la persona menos importante,

Con estos versos, Langri Tangpa nos anima a ser humildes y a considerarnos inferiores a los demás. Como se mencionó con anterioridad, el valor de un objeto no es una cualidad inherente en él, sino que depende del karma de quien lo percibe. Debido a la relación kármica que una madre tiene con sus hijos, los considera lo más hermoso del mundo. Para el practicante de Loyong, todos los seres sintientes son igualmente importantes por su gran bondad al servirnos de objetos para alcanzar realizaciones espirituales. Para este practicante, ningún ser sintiente es menos importante que los demás, ni siquiera un insecto. Es posible que nos preguntemos que si el valor que tiene para nosotros una persona depende de nuestro karma, entonces, ¿el practicante de Loyong considera que todos los seres sintientes son valiosos solo por su relación kármica con ellos? La respuesta es negativa, puesto que el practicante de Loyong adopta esta actitud especial como resultado de contemplar razonamientos correctos que hacen madurar su potencial kármico de reconocer que todos los seres son sus madres. En realidad, todos los seres sintientes son nuestras madres, por lo que no hay duda de que tenemos una relación kármica especial con ellos, pero debido a nuestra ignorancia, no los reconocemos.

Por lo general, deseamos disfrutar de una buena reputación y no nos interesa ser humildes. Sin embargo, los practicantes avanzados de Loyong, como Langri Tangpa, desean exactamente lo contrario: servir a los demás y que ellos disfruten de una posición social elevada. Los practicantes de Loyong se esfuerzan por cultivar la humildad por tres razones. Primero, porque si somos humildes, no utilizaremos nuestros méritos para lograr objetivos mundanos, sino para avanzar en el camino espiritual. Si desperdiciamos los méritos que hemos acumulado en el pasado adquiriendo posesiones materiales, reputación, fama y poder, no nos quedará energía virtuosa en la mente para alcanzar realizaciones espirituales. En segundo lugar, si cultivamos la humildad y deseamos que los demás disfruten de una posición social elevada, acumularemos una gran cantidad de méritos. Debemos recordar que ahora es el momento de acumular méritos y no de desperdiciarlos. En tercer lugar, debemos ser humildes porque el yo con existencia inherente no existe. Hemos de considerar que nuestro yo, el objeto de nuestra mente egoísta, no es importante, y debemos olvidarnos de él. De este modo, nuestro egoísmo se debilitará y nuestro amor por los demás aumentará.

Aunque los practicantes de Loyong avanzados cultivan la humildad, también aceptan cualquier posición social que les permita beneficiar más a los demás. Si uno de estos practicantes adquiere poder y riqueza, y se convierte en un miembro destacado de la sociedad, su motivación para lograr estos objetivos siempre será beneficiar a los demás. Los logros mundanos no le atraen en absoluto, porque reconoce que son ilusorios y le hacen perder sus méritos. Incluso si se convirtiera en un rey, pensaría que sus riquezas no le pertenecen, y en su corazón seguiría considerándose inferior a los demás. Debido a que no se aferra a su posición social ni a sus riquezas como si fueran suyas, al poseerlas no consume sus méritos.

Debemos ser humildes incluso cuando nos relacionamos con personas que, según su categoría social, sean iguales o inferiores a nosotros. Debido a que no conocemos las mentes de los demás, no sabemos quién ha alcanzado realizaciones espirituales y quién no. Una persona que no tiene una posición social elevada, pero es bondadosa con los demás, en realidad, posee una gran realización espiritual. Además, los Budas pueden manifestarse de cualquier modo para ayudar a los seres sintientes y, a menos que hayamos alcanzado la iluminación, no podemos saber quiénes son sus emanaciones y quiénes no lo son. No podemos afirmar que nuestro mejor amigo o nuestro peor enemigo, o que nuestra madre o incluso nuestro perro no sean una de sus emanaciones. Solo porque pensemos que conocemos a alguien y lo hayamos visto comportarse de manera incorrecta, no significa que sea una persona ordinaria. Lo que vemos no es más que un reflejo de nuestra propia mente, y mientras esta siga dominada por los engaños, percibiremos un mundo lleno de seres ordinarios.

Solo cuando hayamos purificado nuestra mente podremos percibir seres sagrados de manera directa. Hasta entonces no sabremos con certeza quiénes son emanaciones y quiénes no lo son. Es posible que todas las personas que conozcamos sean Budas, aunque probablemente lo dudemos porque estamos acostumbrados a verlas como seres ordinarios, pero, en realidad, no lo sabemos. Lo único que podemos decir de alguien es que es posible que sea una emanación de Buda. Esta manera de pensar es muy beneficiosa, porque si creemos que alguien puede ser una emanación, lo respetaremos de manera natural y evitaremos perjudicarlo. Desde el punto de vista del efecto que produce en nuestra mente, pensar que es posible que alguien sea un Buda es casi lo mismo que pensar que realmente lo es. Puesto que la única persona que sabemos con toda seguridad que no es un Buda somos nosotros mismos, si nos acostumbramos a pensar de este modo, llegaremos a considerar que los demás son más importantes que nosotros.

Al principio, nos resultará difícil considerarnos inferiores a los demás. Por ejemplo, cuando nos encontramos con un perro, ¿hemos de considerarnos inferior a él? Nunca se sabe cuándo nos puede ocurrir lo mismo que a Asanga, que se encontró en el camino con un perro que se estaba muriendo, aunque en realidad era una emanación de Buda Maitreya. Cuando vemos un perro, lo percibimos como un animal corriente, pero en realidad no sabemos cuál es su verdadera naturaleza. Es posible que Buda lo haya emanado para ayudarnos a generar compasión. Puesto que no lo sabemos con seguridad, en lugar de perder el tiempo preguntándonos si este perro es un animal corriente o una emanación, es mejor pensar que puede que sea una emanación de Buda. De este modo, nos resultará fácil considerarnos inferiores al él.

Una de las ventajas de la humildad es que nos permite aprender de los demás. La persona orgullosa no puede hacerlo porque cree que sabe más que ellos. En cambio, la persona humilde que respeta a todos los seres y reconoce que pueden ser emanaciones de Buda, mantiene una actitud abierta que le permite aprender de cualquier persona y situación. Al igual que el agua no se acumula en lo alto de una montaña, una mente orgullosa no puede recoger bendiciones. Si, en cambio, mantenemos una actitud humilde y respetuosa hacia los demás, las buenas cualidades afluirán a nuestra mente, como los arroyos fluyen hacia los valles.

Cambiarse uno mismo por los demás

He de examinar mi continuo mental en todas mis acciones,
y en cuanto surja una perturbación mental
que me conduzca a mí o a los demás a actuar de manera
  inapropiada,
he de evitarla y oponerme a ella con firmeza.

Mientras que las dos primeras estrofas del texto raíz nos muestran la práctica de igualarse uno mismo con los demás, es decir, estimar a los demás tanto como a nosotros mismos, la tercera nos enseña cómo cambiarnos por ellos. Esto significa abandonar nuestras actitudes egoístas y estimar a los demás. Debido a que los obstáculos principales para alcanzar esta realización son nuestras perturbaciones mentales, el Bodhisatva Langri Tangpa nos enseña a eliminarlas y, en particular, a liberarnos de nuestra mente egoísta de estimación propia.

Por lo general, dividimos el mundo entre lo que nos resulta agradable, desagradable e indiferente, pero esta discriminación es falsa. Por ejemplo, nuestra manera de distinguir a los demás entre amigos, enemigos y desconocidos según la afinidad que tengamos con ellos, es incorrecta y constituye un obstáculo para cultivar amor imparcial hacia todos los seres sintientes. En lugar de aferrarnos a nuestra manera de percibir el mundo, sería más beneficioso que aprendiéramos a distinguir entre los estados mentales virtuosos y los perjudiciales.

Para eliminar nuestros engaños, debemos ser capaces de identificarlos con claridad y distinguirlos de otros estados

Naropa

mentales. Resulta bastante fácil identificar ciertas perturbaciones mentales, como el odio o los celos, y comprender que nos perjudican. No obstante, hay engaños, como el apego, el orgullo, el aferramiento propio y la estimación propia, que son más difíciles de reconocer y, por lo tanto, podemos confundirlos con otros estados mentales. Por ejemplo, aunque tenemos numerosos deseos, no todos están motivados por el apego. Podemos tener el deseo de dormir, comer, visitar a nuestros amigos o meditar, sin que esté contaminado por el apego. Sin embargo, el deseo que además es apego siempre altera nuestra mente, pero como puede hacerlo de manera indirecta y sutil, no siempre lo reconocemos cuando aparece.

¿QUÉ ES LA ESTIMACIÓN PROPIA?

De los innumerables pensamientos conceptuales que surgen del océano de nuestra mente raíz, el más perjudicial es la estimación propia o egoísta, y el más beneficioso, la mente que estima a los demás. ¿Qué es la estimación propia? La *estimación propia* se define como «la mente que considera que uno mismo es muy importante, y surge a partir de la apariencia de un yo con existencia inherente». Esta perturbación mental se manifiesta en nuestra mente en casi todo momento y es el origen de nuestro sufrimiento en el samsara.

La estimación propia es una mente egoísta que nos hace pensar que nuestra felicidad y bienestar son más importantes que las de los demás, que nuestros deseos y sentimientos son esenciales, y que nuestras experiencias en la vida son las más interesantes. Debido a esta perturbación mental, nos enfadamos cuando nos critican o insultan, pero no lo hacemos cuando esto les ocurre a los demás, e incluso, en ocasiones, nos alegramos cuando alguien perjudica a nuestros enemigos. Cuando nos duele algo, nos esforzamos por aliviar nuestro dolor lo antes posible, pero cuando otra persona sufre, no actuamos con tanta rapidez. Estamos tan acostumbrados a nuestra mente egoísta, que nos resulta difícil imaginar la vida sin ella, pues para nosotros es tan necesaria como la propia respiración. No obstante, si lo analizamos con detenimiento, comprobaremos que es una mente incorrecta, puesto que no hay ninguna razón válida para pensar que somos más importantes que los demás. Para los Budas, que perciben la realidad tal y como es, todos los seres son igualmente importantes.

La estimación propia es una percepción errónea porque su objeto observado, el yo con existencia inherente, no existe. Si examinamos nuestra mente en situaciones en las que la estimación egoísta surge con intensidad, como cuando nos sentimos avergonzados, atemorizados o indignados, comprobaremos que nuestro sentido del yo aumenta. Debido a nuestro aferramiento propio, nuestro yo aparece como una entidad real que existe por sí misma, independiente de nuestro cuerpo y mente. Este yo independiente es lo que se denomina *yo con existencia inherente* y, en realidad, no existe. El yo al que nos aferramos con tanta intensidad, al que estimamos tanto y al que servimos y protegemos durante toda nuestra vida, no es más que una creación de nuestra propia ignorancia. Si lo pensamos detenidamente, comprenderemos lo absurdo que es estimar algo que no existe. En el capítulo sobre la bodhichita última se demuestra con claridad la inexistencia de este yo.

Debido a las impresiones del aferramiento propio que hemos acumulado desde tiempo sin principio, todo lo que aparece en nuestra mente, incluso nuestro yo, parece existir de manera inherente. Al aferrarnos a nuestro yo como si tuviera existencia inherente, también nos aferramos al yo de los demás como si la tuviera, y luego concebimos que la diferencia entre nosotros y los demás es también inherente. Entonces, surge la estimación propia, que piensa de manera instintiva que somos muy importantes. En resumen, nuestro aferramiento propio aprehende que nuestro yo existe de manera inherente, y entonces nuestra estimación propia lo estima por encima del yo de los demás. En el caso de los seres ordinarios, el aferramiento propio y la estimación propia están íntimamente relacionados, unidos casi por completo. Podemos decir que los dos son clases de ignorancia porque aprehenden de manera incorrecta un objeto que no existe, el yo con existencia inherente. Debido a que cualquier acción motivada por estas mentes está contaminada y es causa de renacimiento incontrolado, para los seres ordinarios, tanto la mente de aferramiento propio como la de estimación propia constituyen la raíz del samsara.

También existe un tipo de estimación propia más sutil que no surge unida al aferramiento propio y que, por lo tanto, no es una clase de ignorancia. Esta estimación propia es la que se manifiesta en el Destructor hinayana del Enemigo, que ha abandonado por completo la ignorancia del aferramiento propio y todas las demás perturbaciones mentales. Sin embargo, todavía aparece en su mente una forma sutil de estimación propia, que tiene su origen en las impresiones que dejó grabadas la mente de aferramiento propio, y que le impide trabajar por el beneficio de todos los seres sintientes. No entra dentro del objetivo del presente libro hacer una presentación detallada de este tipo de estimación propia. Por lo general, el término *estimación propia* se refiere a la que surge en la mente de los seres ordinarios, que es una perturbación mental que estima a un yo que en realidad no existe y lo considera muy importante.

LAS DESVENTAJAS DE LA ESTIMACIÓN PROPIA

Es imposible encontrar un solo problema, dificultad o sufrimiento que no tenga su origen en la estimación propia. Shantideva dice:

«Toda la felicidad del mundo surge
de desear la felicidad para los demás,
y todo el sufrimiento del mundo surge
de desear la felicidad para uno mismo».

¿Cómo debemos interpretar esta estrofa? Como se mencionó con anterioridad, todas nuestras experiencias son el resultado de acciones que hemos cometido en el pasado: las experiencias agradables lo son de acciones virtuosas, y las desagradables, de acciones perjudiciales. Si no cometiésemos estas últimas, nunca experimentaríamos sus dolorosas consecuencias. Las acciones perjudiciales están motivadas por las perturbaciones mentales, que a su vez surgen de la estimación propia. Primero pensamos: «Soy muy importante» y, como resultado, creemos que es esencial satisfacer nuestros deseos. Luego, deseamos poseer lo que nos parece atractivo y generamos apego, rechazamos lo que nos resulta desagradable y generamos odio, o sentimos indiferencia por todo lo demás y generamos ignorancia. A partir de estas tres perturbaciones mentales surgen todas las demás. El aferramiento propio y la estimación propia son la raíz del árbol del sufrimiento, las acciones perjudiciales son sus ramas, y los sufrimientos del samsara, sus frutos amargos.

Si comprendemos cómo surgen los engaños, comprobaremos que la estimación propia es el origen de nuestro sufrimiento. Al no tener en cuenta la felicidad de los demás y esforzarnos por satisfacer nuestros deseos, cometemos acciones perjudiciales, cuyo resultado será sufrimiento. Todas las enfermedades, los desastres naturales y las guerras tienen su origen en la estimación propia. Es imposible experimentar una enfermedad o cualquier otra desgracia sin haber creado antes su causa, que es necesariamente una acción motivada por esta perturbación mental.

Cuando una persona tiene problemas, no debemos pensar que se los merece y que, por lo tanto, no es digna de compasión. Debido a sus perturbaciones mentales, los seres sintientes no pueden controlar su mente y cometen acciones negativas. Si una persona que sufre una enfermedad mental se lesiona a sí misma golpeándose la cabeza contra una pared, los médicos no se negarán a curarla porque sea ella misma la causante de sus heridas. Del mismo modo, si una persona padece una enfermedad grave, en realidad es el resultado de haber cometido una acción perjudicial en una vida anterior, y debemos tener compasión por ella. Si comprendemos que los seres sintientes están dominados por sus perturbaciones mentales, la causa de todo su sufrimiento, crecerá nuestra compasión por ellos. Para poder ayudar a los demás de manera eficaz, debemos tener una mente compasiva que desee liberarlos del sufrimiento y de sus causas.

Podemos comprobar en nuestra vida diaria cómo la estimación egoísta causa sufrimiento. La falta de armonía, las disputas y peleas provienen del egoísmo de las personas implicadas. Debido a la estimación propia, nos aferramos con intensidad a nuestras opiniones e intereses, y nos negamos a tener en cuenta el punto de vista de los demás. En consecuencia, nos enfadamos con facilidad y criticamos a los demás o incluso nos peleamos con ellos. La estimación propia nos hace deprimirnos cuando no conseguimos nuestros objetivos o no se cumplen nuestras expectativas. Si analizamos nuestro estado mental cuando estamos tristes, descubriremos que se caracteriza por una preocupación excesiva por nosotros mismos. Si perdemos el empleo, nuestra casa, la reputación o los amigos, nos deprimimos porque sentimos apego hacia estos objetos, pero no nos preocupamos tanto si les ocurre lo mismo a los demás.

Las condiciones externas no son favorables ni desfavorables por sí mismas. Por ejemplo, la mayoría de las personas deseamos poseer riquezas, pero si sentimos demasiado apego hacia ellas, solo nos causarán problemas y, al disfrutarlas, malgastaremos nuestros méritos. En cambio, si actuamos por amor a los demás, incluso perder todo nuestro dinero puede ser beneficioso, porque nos ayudará a ser más comprensivos con los que sufren a causa de la pobreza, tendremos menos distracciones y podremos concentrarnos mejor en nuestra práctica espiritual. Aunque consigamos todo lo que nuestra estimación propia desea, no tenemos la seguridad de que vayamos a ser felices, porque cada éxito en el samsara nos causará nuevos problemas y nos inducirá de forma inevitable a generar más deseos. Nuestra lucha infatigable por satisfacer nuestros deseos egoístas es como beber agua salada para calmar la sed. Cuanto más nos esforcemos por satisfacerlos, más sed de ellos tendremos.

Cuando una persona se suicida, por lo general, lo hace porque no se cumplen sus deseos. La insatisfacción que experimenta le resulta insoportable porque su estimación propia le hace creer que sus deseos son lo más importante. Debido a nuestro egoísmo, nos aferramos tanto a nuestros deseos y planes, que no podemos aceptar las dificultades que la vida nos presenta ni aprender de ellas. Para mejorar como personas, no es necesario alcanzar metas mundanas, porque podemos adquirir las cualidades que realmente importan, como la sabiduría, la paciencia y la compasión, tanto si fracasamos como si tenemos éxito.

A menudo culpamos a otras personas de nuestras desgracias y les guardamos rencor, pero si lo analizamos con detenimiento, comprobaremos que la causante de nuestra infelicidad es nuestra propia actitud mental. Las acciones de otras personas solo pueden afectarnos si reaccionamos ante ellas de manera incorrecta. La crítica, por ejemplo, no puede perjudicarnos por sí misma, pero nuestra estimación propia sí. Por su culpa, dependemos tanto de las opiniones y la aprobación de los demás, que perdemos la capacidad de actuar de manera apropiada.

En ocasiones, pensamos que no somos felices porque la persona a la que amamos se encuentra en dificultades. En estos casos, debemos recordar que, de momento, nuestro amor por los demás está casi siempre mezclado con el apego, que es una mente egoísta. Por ejemplo, aunque el amor que los padres sienten por sus hijos es, por lo general, profundo y sincero, no siempre es puro. Con él están mezclados sentimientos como la necesidad de ser amados y correspondidos, la convicción de que sus hijos les pertenecen, el deseo de impresionar a los demás con sus logros y la esperanza de que satisfagan sus deseos y ambiciones. A menudo es difícil distinguir entre el amor y el apego, pero cuando aprendamos a hacerlo, comprobaremos que la causa de nuestro sufrimiento es siempre este último. El amor puro e incondicional nunca causa sufrimiento, sino paz y alegría.

Todos los problemas de la sociedad, como las guerras, los crímenes, la contaminación, la adicción a las drogas, la pobreza, las injusticias sociales y la falta de armonía en las familias, son el resultado del egoísmo colectivo. Debido a nuestro desprecio por la naturaleza, hemos exterminado miles de especies animales y contaminado el planeta hasta hacerlo casi inhabitable. Si todos estimáramos a los demás, la mayoría de los problemas del mundo se resolverían en poco tiempo.

La estimación propia es como una cadena que nos mantiene atados a la existencia cíclica. Padecemos sufrimiento porque hemos renacido en el samsara, y esto nos ocurre por cometer acciones perjudiciales motivadas por el egoísmo, que perpetúan el ciclo de renacimientos incontrolados. La existencia cíclica es la experiencia de una mente egoísta. Los seis reinos del samsara, desde el de los dioses hasta el de los infiernos, no son más que alucinaciones y pesadillas de una mente distorsionada por el aferramiento propio y la estimación propia. Al hacernos concebir la vida como una continua lucha por proteger y servir a nuestro yo, estos dos engaños nos inducen a cometer innumerables acciones perjudiciales que nos mantienen atrapados en la prisión del samsara. Hasta que no eliminemos estas dos perturbaciones mentales, no podremos controlar nuestra mente y seguiremos corriendo el riesgo de renacer en los reinos inferiores.

Es muy importante controlar nuestro egoísmo, aunque solo sea de forma temporal. Todas las preocupaciones, la ansiedad y el abatimiento se originan en él. Cuando olvidamos la obsesión que tenemos por nuestro propio bienestar, nos relajamos y nos sentimos mejor. Aunque recibamos malas noticias, si controlamos nuestra mente y no reaccionamos de manera egoísta, mantendremos la calma. En cambio, si no dominamos nuestra estimación propia, nos inquietaremos ante cualquier dificultad. Si un amigo nos critica, nos enfadamos con él, y si no se cumplen nuestros deseos, nos deprimimos. Cuando un maestro de Dharma dice algo con lo que no estamos de acuerdo, nos enfadamos e incluso perdemos la fe en él. Muchas personas se asustan cuando un indefenso ratoncillo entra en su habitación. Si los ratones no comen seres humanos, ¿por qué sentimos pánico? Lo único que nos perjudica es nuestra estimación propia. Si amásemos al ratón tanto como a nosotros mismos, cuando entrase en nuestra habitación, le daríamos la bienvenida pensando que tiene tanto derecho a estar allí como nosotros.

Para los que desean alcanzar la iluminación, el peor defecto es la estimación propia. Esta actitud es el obstáculo principal que nos impide estimar a los demás y, por lo tanto, cultivar las mentes de gran compasión y bodhichita, y entrar en el camino mahayana. Puesto que la bodhichita es la causa principal de la iluminación, la estimación propia es el mayor impedimento para alcanzarla.

Aunque aceptemos que no somos más importantes que los demás y que la estimación propia nos causa numerosos inconvenientes, puede que esta última nos parezca indispensable. Al fin y al cabo, si no nos amamos y preocupamos por nosotros mismos, ¿quién lo va a hacer? No obstante, esta manera de pensar es errónea. Aunque es cierto que debemos amarnos y cuidar de nosotros mismos, podemos hacerlo sin actitudes egoístas. Podemos cuidar de nuestra salud y tener un empleo, una casa y otras posesiones pensando en el bien de los demás. Si consideramos que nuestro cuerpo es un instrumento para beneficiar a los demás, podemos alimentarlo, vestirlo, limpiarlo, descansar, etcétera, sin estimación egoísta. Al igual que el conductor de una ambulancia cuida de ella sin pensar que le pertenece, nosotros también podemos cuidar de nuestro cuerpo y posesiones por el beneficio de los demás. La única manera en que podemos ayudar de verdad a todos los seres sintientes es convirtiéndonos en un Buda, y el renacimiento humano es el mejor vehículo para lograr este objetivo. Por lo tanto, es importante que cuidemos de nuestro cuerpo. Si lo hacemos con la motivación de bodhichita, estas acciones formarán parte del camino hacia la iluminación.

A menudo confundimos la estimación propia con el respeto por nosotros mismos, pero en realidad no hay relación entre estos factores mentales. Cuando deseamos lo mejor para nosotros, engañamos a los demás o no cumplimos nuestros compromisos, no lo hacemos por respeto propio. Si lo analizamos con detenimiento, comprobaremos que es nuestro egoísmo el que nos hace perder la confianza en nosotros mismos. A algunas personas, su estimación propia los convierte en alcohólicos o drogadictos y, de esta manera, pierden por completo el respeto por sí mismos. En cambio, cuanto más estimemos a los demás y los beneficiemos, en mayor medida aumentará nuestra confianza en nosotros mismos. Cuando el Bodhisatva toma el voto de superar sus defectos y limitaciones, cultivar buenas cualidades y trabajar hasta que todos los seres sintientes se liberen de los sufrimientos del samsara, adquiere una gran confianza en sí mismo, mucho mayor que la de cualquier persona egoísta.

Es posible que nos hagamos la siguiente pregunta: «Si no tuviese estimación propia, ¿no dejaría de apreciarme a mí mismo?». Por supuesto que debemos aceptarnos y estimarnos a nosotros mismos, puesto que si no lo hacemos, ¿cómo vamos a amar a los demás? Esto es importante comprenderlo. En el *Adiestramiento de la mente en siete puntos*, Gueshe Chekhaua describe los compromisos relacionados con el adiestramiento de la mente, las pautas de comportamiento que adoptan los practicantes de Loyong. El primero de ellos dice: «No permitas que tu adiestramiento mental sea la causa de una conducta impropia». Este compromiso

Atisha

aconseja a los practicantes de Loyong que se aprecien a sí mismos. Si mantenemos una actitud demasiado crítica con nosotros mismos, nos desanimaremos y nos resultará difícil estimar a los demás. Aunque es necesario reconocer nuestros defectos, no debemos odiarnos por tenerlos. Este compromiso también nos aconseja que nos cuidemos y atendamos a nuestras necesidades básicas. Si intentamos vivir, por ejemplo, sin comida ni alojamiento, perjudicaremos nuestra salud y reduciremos nuestra capacidad para beneficiar a los demás. Además, si nos comportamos de forma extraña, los demás pensarán que estamos locos, perderán su confianza en nosotros, no creerán en lo que decimos y, por lo tanto, no podremos ayudarlos. No es fácil abandonar por completo la estimación propia, y para hacerlo necesitamos mucho tiempo. Si no nos apreciamos a nosotros mismos o descuidamos nuestras necesidades, no tendremos confianza ni entusiasmo para alcanzar realizaciones espirituales.

Cuando eliminamos la estimación propia, no perdemos nuestro deseo de ser felices, sino que comprendemos que la verdadera felicidad se consigue beneficiando a los demás. Entonces, descubrimos una fuente inagotable de felicidad: nuestro amor por los demás. Las dificultades no nos causan abatimiento ni los acontecimientos favorables nos entusiasman, sino que somos capaces de transformar cualquier circunstancia y disfrutar de ella. En lugar de esforzarnos por acumular posesiones materiales, reconocemos que el único modo de encontrar la felicidad verdadera es alcanzando la iluminación, y tomamos la determinación de hacerlo. Sin embargo, aunque anhelamos disfrutar del gozo supremo de la iluminación, lo hacemos solo por el beneficio de los demás, puesto que de esta manera podemos satisfacer nuestro verdadero deseo: que los demás sean felices. Cuando nos convertimos en un Buda, irradiamos felicidad en forma de compasión permanente, que bendice a todos los seres sintientes y los conduce de manera gradual hacia ese mismo estado.

En resumen, la estimación propia es una mente innecesaria que carece de valor. Puede que seamos inteligentes, pero si nos preocupamos solo por nuestro propio bienestar, nunca colmaremos nuestro deseo de ser felices. En realidad, el egoísmo nos convierte en estúpidos. Nos hace desdichados en esta vida, nos impulsa a cometer acciones perjudiciales que nos causarán sufrimiento en vidas futuras, nos ata al samsara y obstaculiza nuestro camino hacia la iluminación. En cambio, estimar a los demás proporciona los resultados opuestos. Gracias a esta mente, seremos felices en esta vida, realizaremos acciones virtuosas que nos harán felices en vidas futuras, eliminaremos nuestras perturbaciones mentales, que nos mantienen atrapados en el samsara, y adquiriremos con rapidez las cualidades necesarias para alcanzar la iluminación total.

CÓMO ELIMINAR LA ESTIMACIÓN PROPIA

Tras contemplar las desventajas de la estimación propia y los beneficios de estimar a los demás, hemos de tomar la firme determinación de eliminar esta perturbación mental. Debemos concentrarnos en esta determinación durante tanto tiempo como podamos. En los descansos de la meditación, debemos ponerla en práctica mientras realicemos cualquier actividad. Es imposible eliminar el egoísmo de inmediato porque es un hábito mental muy arraigado que nos acompaña desde tiempo sin principio, pero si comprendemos las desventajas de dejarnos dominar por él y nos adiestramos con perseverancia, iremos reduciéndolo de manera gradual. De este modo, podemos eliminar las manifestaciones más intensas de la estimación propia de inmediato, y las más sutiles, con un adiestramiento continuado.

Cuando hayamos tomado la determinación de eliminar nuestra estimación egoísta, el siguiente paso es reconocerla en cuanto surja. Para ello, Gueshe Langri Tangpa nos aconseja examinar nuestra mente mientras realicemos cualquier actividad. Debemos practicar como Gueshe Ben Gungyel y observar en todo momento nuestro continuo mental. Por lo general, nos fijamos en lo que hacen los demás, pero sería más beneficioso observarnos a nosotros mismos. Debemos examinar nuestros pensamientos en todo momento, mientras trabajamos, comemos, mantenemos una conversación, descansamos, estudiamos el Dharma, etcétera. En cuanto surja una perturbación mental, debemos abandonarla. Si la reconocemos en cuanto aparezca, nos resultará fácil controlarla, pero si dejamos que crezca, no podremos hacerlo.

Una de las perturbaciones mentales más destructivas es el odio. Por lo general, nos enfadamos porque permitimos que nuestra mente se fije en un objeto que nos desagrada. Si nos damos cuenta a tiempo de que nos estamos fijando en un objeto inapropiado, nos resultará fácil impedir que surja el odio y dirigir la mente hacia pensamientos virtuosos. Para ello, debemos hacer la siguiente reflexión: «Esta manera de pensar es incorrecta y va a hacer que me enfade, lo cual me va a causar numerosos problemas». Si no reconocemos el odio en cuanto surja y permitimos que crezca, antes de que nos demos cuenta se convertirá en un gran fuego difícil de extinguir. Lo mismo ocurre con las demás perturbaciones mentales, incluida la estimación propia. Si reconocemos con rapidez un pensamiento egoísta, podremos abandonarlo con facilidad, pero si permitimos que crezca, nos resultará imposible hacerlo.

Existen tres métodos para abandonar las perturbaciones mentales. El primero consiste en reconocerlas en cuanto surjan, recordar sus desventajas e impedir que se manifiesten. Si observamos nuestra mente, nos resultará fácil poner en práctica estos métodos, y debemos acostumbrarnos a hacerlo en todas nuestras actividades. En particular, en cuanto empecemos a sentirnos insatisfechos, debemos aumentar la vigilancia, porque una mente descontenta es un campo abonado para que surjan los engaños. Por esta razón, en su *Adiestramiento de la mente en siete puntos*,

Gueshe Chekhaua dice: «Depende siempre solo de una mente feliz».

El segundo método para abandonar las perturbaciones mentales consiste en aplicar sus oponentes específicos. Por ejemplo, para contrarrestar nuestro apego, podemos meditar en los sufrimientos del samsara y sustituirlo por su opuesto, la mente de renuncia. Si meditamos sobre las enseñanzas del Lamrim y el Loyong de manera constante, evitaremos que surjan los engaños y los sustituiremos por hábitos virtuosos, basados en la sabiduría y no en la ignorancia. De este modo, podemos impedir que surjan la mayoría de las perturbaciones mentales. En particular, si pensamos en todo momento que los demás son más importantes que nosotros, nuestra estimación propia dejará de manifestarse.

El tercer método para abandonar nuestros engaños consiste en eliminarlos por completo, junto con sus semillas, alcanzando una realización directa de la vacuidad. De este modo, eliminaremos el aferramiento propio, la raíz de todas las perturbaciones mentales.

Como ya se ha mencionado, en las dos primeras estrofas del texto raíz, Gueshe Langri Tangpa expone la práctica de igualarse uno mismo con los demás, con la que aprendemos a estimarlos tanto como a nosotros mismos. Pensamos que al igual que nuestra felicidad es importante, también lo es la de los demás, y de este modo sentimos por ellos el mismo aprecio que por nosotros. Debido a que esto nos parece justo y no desafía de manera directa nuestra estimación propia, resulta fácil de aceptar y poner en práctica. También podemos pensar que por muy intenso que sea nuestro sufrimiento, solo somos una persona, mientras que los demás seres son innumerables y, por lo tanto, su paz y felicidad son más importantes que la nuestra. Aunque consideramos que todos los dedos de nuestras manos son importantes, estaríamos dispuestos a sacrificar uno de ellos para salvar al resto, mientras que sacrificar nueve para salvar uno sería absurdo. Del mismo modo, nueve personas son más importantes que una, y los innumerables seres sintientes lo son aún más. Así pues, es lógico estimar a los demás, al menos, tanto como a nosotros mismos.

Cuando nos hayamos familiarizado con la práctica de igualarnos con los demás, estaremos preparados para enfrentarnos de manera directa con la estimación propia, y en la tercera estrofa, Langri Tangpa nos anima a hacerlo. Con las palabras *que me conduzca a mí o a los demás a actuar de manera inapropiada* nos indica que nuestros deseos egoístas nos inducen a dar mal ejemplo a los demás con nuestro comportamiento, y de este modo alteramos su paz mental y hacemos que ellos también actúen de manera inapropiada. Debido a que la estimación propia tiene innumerables inconvenientes, Langri Tangpa nos anima a *evitarla y oponerme a ella con firmeza* en cuanto aparezca en nuestra mente.

Si observamos nuestra mente en todo momento, podremos reconocer la estimación egoísta en cuanto surja y recordar sus desventajas. Gueshe Chekhaua nos aconseja: *Reúne toda culpabilidad en una* para indicarnos que debemos culpar a nuestra estimación propia de todos nuestros sufrimientos. Por lo general, cuando tenemos problemas, culpamos a los demás, pero el verdadero culpable es nuestro egoísmo. Cuando lo hayamos identificado correctamente, debemos considerar que es nuestro peor enemigo y acusarlo de nuestras desgracias. Aunque es beneficioso tener paciencia con los demás y perdonarles sus defectos, no debemos ser tolerantes con nuestras actitudes egoístas, porque cuanto más lo seamos, más nos perjudicarán. Es mejor culparlas de todos nuestros problemas. Si queremos enfadarnos con algo, debemos hacerlo con el demonio del egoísmo. En realidad, el enfado dirigido contra la estimación propia no es verdadero odio, puesto que se basa en la sabiduría y no en la ignorancia, y su función es apaciguar nuestra mente.

Para poder practicar de este modo, hemos de hacerlo con destreza. Si como resultado de culpar a nuestra estimación propia de ser la causante de nuestros problemas nos sentimos culpables, es porque no sabemos distinguir entre este engaño y nosotros mismos. Aunque es cierto que debemos culpar a nuestra estimación propia de nuestros problemas, no significa que los culpables seamos nosotros. De nuevo, hemos de distinguir con claridad entre nosotros y nuestras perturbaciones mentales. Si alguien nos ataca, no es culpa nuestra, sino de nuestras actitudes egoístas. ¿Por qué? Porque el ataque es el resultado de las acciones perjudiciales que hemos cometido en una vida anterior bajo la influencia de la estimación propia. Además, nuestro atacante también nos perjudica debido a su egoísmo, y acusarlo a él no nos beneficiará, puesto que solo conseguiremos generar resentimiento. No obstante, si culpamos a nuestra estimación egoísta y decidimos eliminarla, mantendremos la serenidad y evitaremos crear causas de sufrimiento futuro.

Esta enseñanza sobre cómo generar el deseo de abandonar la estimación propia reconociendo sus desventajas no es fácil de poner en práctica, por lo que debemos tener paciencia. Una determinada práctica tal vez sea apropiada para una persona, pero no para otra, o puede serlo en un momento dado, pero no siempre. Buda no espera que pongamos en práctica sus enseñanzas de inmediato, porque están dirigidas a practicantes de diferentes niveles de realización y capacidad. Algunas instrucciones no pueden practicarse juntas, al igual que no sería agradable beber té y café al mismo tiempo. Las instrucciones de Dharma son como medicina y han de suministrarse de manera apropiada, teniendo en cuenta las necesidades de cada persona. Por ejemplo, Buda impartió extensas enseñanzas sobre los sufrimientos que experimentamos en la vida diaria para que generemos renuncia, el deseo de liberarnos del samsara. Sin embargo, algunas personas no pueden aplicarlas enseguida, pues se deprimen al meditar en el sufrimiento en lugar de generar una mente gozosa de renuncia. Para ellas, es mejor no realizar esta meditación de momento y dejarla para más adelante, cuando hayan adquirido más sabiduría y fuerza interior.

Si al intentar poner en práctica enseñanzas avanzadas nos damos cuenta de que nuestro orgullo o confusión aumentan, es porque aún no estamos lo suficientemente preparados y hemos de adquirir más experiencia en las meditaciones básicas. Si una determinada meditación o práctica no produce un efecto beneficioso en nuestra mente, sino que nos causa insatisfacción o aumenta nuestros engaños, es porque la estamos realizando de manera incorrecta. En lugar de empeñarnos en seguir con ella, es mejor dejarla de momento y pedir consejo a practicantes que tengan más experiencia. Cuando comprendamos los errores que cometíamos y el modo de realizarla correctamente, podemos intentarlo de nuevo. Lo que nunca debemos hacer es rechazar una enseñanza de Dharma y decidir que nunca la vamos a practicar.

Cuando vamos a una tienda, no compramos todo lo que venden, pero es útil recordar lo que tienen por si en alguna ocasión lo necesitamos. Del mismo modo, cuando escuchamos las enseñanzas de Dharma, es posible que no pongamos en práctica de inmediato todas las instrucciones, pero es importante recordarlas para adquirir una comprensión completa del camino espiritual. Más adelante, cuando estemos mejor preparados, podremos adiestrarnos en ellas. Una de las grandes ventajas del Lamrim, o etapas del camino hacia la iluminación, es que nos sirve de almacén espiritual en el que podemos guardar todo el Dharma que hayamos escuchado.

Si aprendemos solo las enseñanzas que podemos aplicar en nuestra situación actual, cuando esta cambie, no tendremos nada donde apoyarnos. No obstante, si recordamos todas las enseñanzas que hemos recibido, tendremos a nuestra disposición un gran tesoro de instrucciones que podremos aplicar en el momento oportuno. Una práctica que nos parece difícil o inapropiada en este momento, puede convertirse más adelante en una parte esencial de nuestro adiestramiento espiritual. También es importante que practiquemos sin prisas, a nuestro ritmo, o de lo contrario es posible que nos cansemos, perdamos el ánimo e incluso abandonemos el Dharma.

No hay mejor práctica espiritual que reconocer nuestra estimación propia en cuanto surja y culparla de todos nuestros problemas. No importa durante cuánto tiempo tengamos que hacerlo, aunque sean años o toda la vida, hemos de continuar hasta que consigamos eliminar este engaño por completo. No debemos esperar resultados con rapidez, ya que las expectativas son una trampa que tiende la estimación propia para impedirnos lograr nuestros objetivos. Si practicamos con perseverancia y entusiasmo, purificaremos nuestro karma negativo, acumularemos méritos, recibiremos bendiciones y, finalmente, eliminaremos por completo nuestra estimación egoísta.

Incluso si nuestras prácticas de meditación no son del todo satisfactorias, podemos aplicar la retentiva y vigilancia mentales en nuestra vida diaria y abandonar la estimación propia en cuanto surja. Esta es una práctica sencilla que proporciona buenos resultados. Si nos adiestramos en ella de manera continua, solucionaremos nuestros problemas y seremos felices en todo momento. Esta es la experiencia de aquellos que han abandonado por completo su egoísmo y estiman a los demás. Por lo tanto, cuanto menos egoístas seamos y más estimemos a los demás, de mayor felicidad disfrutaremos.

Debemos mantener una firme determinación de abandonar la estimación propia. Si aplicamos el esfuerzo semejante a una armadura a esta determinación, día a día, año tras año, nuestras actitudes egoístas irán disminuyendo hasta desaparecer por completo. Los kadampas de antaño solían decir que para llevar una vida virtuosa, solo tenemos que hacer dos cosas: atacar a nuestros engaños y beneficiar a los demás. Por ello, hemos de mantener una guerra continua contra el enemigo interno de la estimación propia e intentar estimar y beneficiar a los demás.

Para eliminar por completo la estimación propia, debemos adiestrarnos en la práctica de cambiarnos por los demás, en la que dejamos de aferrarnos a nuestra felicidad y pensamos que los deseos y necesidades de los demás son más importantes que los nuestros. Nuestra única preocupación debe ser el bienestar y la felicidad de los demás.

Aunque el practicante que ha alcanzado por completo la realización de cambiarse por los demás carece de estimación propia, no significa que no se cuide a sí mismo. Lo hace, pero por el beneficio de los demás. Se considera que está al servicio de todos los seres, pero incluso los siervos necesitan descansar y alimentarse para poder realizar su trabajo. Sería absurdo, por ejemplo, regalar todas nuestras posesiones y quedarnos sin recursos para vivir y poder continuar nuestra práctica espiritual sin obstáculos. Puesto que nuestro deseo principal es beneficiar a todos los seres sintientes y la única manera de hacerlo es convirtiéndonos en un Buda, debemos organizarnos bien para darle prioridad a nuestra práctica espiritual. Además, cuando ayudemos a una persona, debemos asegurarnos de que no dejamos de beneficiar a otras. Aunque quizá desearíamos ofrecer nuestras posesiones a una persona en particular, debemos ser realistas y utilizar nuestro tiempo y recursos de la mejor manera posible para poder beneficiar a todos los seres sintientes.

La práctica de cambiarnos por los demás pertenece al linaje de instrucciones de la sabiduría, que tiene su origen en Buda Shakyamuni y fue transmitido a través de Manyhushri y otros maestros realizados, como Shantideva, Atisha y los gueshes kadampas. La bodhichita que se genera con este método es más profunda y poderosa que la que se logra con otros. Aunque cualquiera que tenga interés en el desarrollo espiritual puede reducir su mente de estimación propia y aprender a estimar a los demás, la realización completa de cambiarse por los demás es un logro muy elevado. Para transformar la mente de manera tan profunda,

Dromtompa

hemos de acumular méritos en abundancia y recibir poderosas bendiciones de un Guía Espiritual que tenga experiencia en estas enseñanzas. No obstante, si reunimos todas estas condiciones favorables, la práctica de cambiarnos por los demás no nos resultará difícil.

Puede que nos preguntemos por qué es necesario estimar a los demás más que a nosotros mismos. En lugar de aspirar al logro de realizaciones tan elevadas, ¿no sería mejor ayudarlos de manera más práctica y directa? La razón de que nos adiestremos en cambiarnos por los demás es que la estimación propia obstaculiza tanto nuestra intención de beneficiarlos como nuestra habilidad para hacerlo. Debido a esta perturbación mental, no sentimos amor imparcial hacia todos los seres sintientes y, mientras nuestro deseo de ayudarlos esté mezclado con ella, no podremos estar seguros de que nuestras acciones vayan a beneficiarlos de verdad. Aunque deseemos ayudar a ciertas personas, como nuestros familiares, amigos o los necesitados, por lo general, esperamos algo a cambio, y si no nos corresponden, nos sentimos decepcionados. Puesto que nuestro deseo de beneficiar a los demás está mezclado con intereses egoístas, nuestra ayuda suele ir acompañada del deseo de recibir alguna recompensa. Y como nuestra intención es impura, nuestra capacidad para ayudarlos es limitada.

Aunque pensemos que trabajamos por el beneficio de los demás, si no nos esforzamos por eliminar la estimación propia, en realidad, no lo estamos haciendo. Por supuesto que debemos ayudar a los demás de manera directa y práctica siempre que podamos, pero sin olvidar que nuestro objetivo principal es desarrollar nuestra mente. Si nos adiestramos en cambiarnos por los demás, finalmente alcanzaremos la felicidad última de la Budeidad y adquiriremos la capacidad de beneficiar a todos los seres sintientes. Solo entonces podremos decir que realmente somos sus benefactores. De este modo, nuestro adiestramiento en cambiarnos por los demás cumplirá ambos objetivos, el de alcanzar nosotros la iluminación y el de conducir a los demás al mismo estado.

Nuestra práctica principal debe ser adiestrar la mente y, en particular, intensificar nuestra intención de servir a los demás. En su *Carta amistosa*, Nagaryhuna dice que aunque de momento no podamos ayudar a los demás, si mantenemos siempre la intención de hacerlo, finalmente lo lograremos. Esto se debe a que cuanto más estimemos a los demás, en mayor medida aumentarán nuestros méritos, sabiduría y capacidad de beneficiarlos, y más oportunidades tendremos de ayudarlos de manera práctica y directa.

¿ES POSIBLE CAMBIARNOS POR LOS DEMÁS?

Cambiarnos por los demás no significa que nos convirtamos en otra persona, sino que cambiamos el objeto de nuestra estima y, en lugar de estimarnos a nosotros mismos de manera egoísta, estimamos a los demás. Esto es posible porque, en realidad, el objeto de nuestra estimación propia está cambiando en todo momento. Durante la infancia, este objeto es un niño, pero después se convierte en un adolescente, luego en un adulto y finalmente en un anciano. En este momento, nos estimamos, por ejemplo, como una determinada persona llamada María o Juan, pero cuando nos muramos, el objeto de nuestra estimación propia será otro completamente diferente. Por lo tanto, este objeto está cambiando en todo momento, tanto en esta vida como al viajar de una vida a otra. Puesto que nuestra estimación propia cambia de objeto de forma natural, no hay duda de que si nos adiestramos en la meditación, podremos sustituir el objeto de nuestra estima y, en lugar de estimarnos a nosotros mismos, estimar a los demás.

Debido a nuestra ignorancia, nos aferramos a nuestro cuerpo con intensidad, pensando: «Este es mi cuerpo». Creemos que este cuerpo es nuestro y lo estimamos como si fuera nuestra posesión más preciada, pero en realidad pertenece a los demás, porque no lo trajimos con nosotros de nuestra vida pasada, sino que lo hemos recibido en esta de nuestros padres. En el momento de la concepción, nuestra consciencia entró en la unión del espermatozoide de nuestro padre y el óvulo de nuestra madre, y se fue desarrollando hasta convertirse en el cuerpo que ahora tenemos. Entonces, nuestra mente se identificó con este cuerpo y comenzó a estimarlo. Shantideva dice en su *Guía de las obras del Bodhisatva* que nuestro cuerpo no nos pertenece, sino que ha sido producido por otras personas, y que después de la muerte alguien se ocupará de él. Si lo analizamos con detenimiento, comprenderemos que estamos estimando un objeto que en realidad no nos pertenece. Por lo tanto, ¿qué nos impide estimar a los demás? Estimar nuestro cuerpo solo nos conduce a renacer en el samsara, mientras que estimar a los demás es la causa para alcanzar el nirvana, el estado más allá del dolor.

Los términos *yo* y *los demás* no se relacionan entre sí al igual que *este asno* y *aquel caballo*, sino que lo hacen como *esta* y *aquella montaña*. No podemos comparar a un caballo con un asno. En cambio, si subimos a una montaña que se encuentra en el este, nos referiremos a ella como *esta montaña* y a la que está en el oeste como *aquella montaña*; pero si luego descendemos de ella y subimos la que se encuentra en el oeste, nos referiremos a esta última como *esta montaña*, y a la del este, como *aquella*. Por lo tanto, los términos *esta* y *aquella* son relativos y dependen del lugar en que nos encontremos. Lo mismo ocurre en el caso de *yo* y *los demás*. Si descendemos de la montaña del *yo*, podremos subir a la montaña de los *demás* y estimarlos tanto como a nosotros mismos. Para conseguirlo, debemos reconocer que desde el punto de vista de los demás, ellos son *yo* y nosotros somos *ellos*.

Aquellos que han adquirido dominio en la práctica del mantra secreto o *tantra*, han desarrollado una profunda habilidad de cambiar su yo por el de otro. En la práctica de la autogeneración como la Deidad, sustituyen su yo ordinario por el de una Deidad tántrica. Tomemos como ejemplo una practicante de Vajrayoguini que se llame Sara. Cuando no realiza su práctica tántrica, percibe su cuerpo ordinario, se identifica con él y lo estima. Sin embargo, cuando medita en la autogeneración como la Deidad, la sensación de ser Sara desaparece por completo y deja de percibir su cuerpo ordinario. En lugar de identificarse con él, lo hace con la forma divina de Buda Vajrayoguini, y piensa: «Soy Vajrayoguini». El practicante cambia por completo el objeto de su estima, deja de estimar el cuerpo impuro de un ser ordinario para estimar la forma pura de un ser iluminado, Buda Vajrayoguini. Adiestrándose en la meditación, el practicante se familiariza con el cuerpo de esta Deidad hasta identificarse con él por completo. Debido a que el cuerpo de Vajrayoguini es puro, identificarse con él y estimarlo son causas para alcanzar la iluminación. Esto demuestra que es posible cambiar el objeto de nuestra estima, y que solo depende de nuestra motivación y familiaridad.

LA PRÁCTICA EN SÍ DE CAMBIARSE UNO MISMO POR LOS DEMÁS

Cuando meditamos en cambiarnos por los demás, podemos comenzar reflexionando sobre la siguiente estrofa de la *Ofrenda al Guía Espiritual*:

Puesto que estimarme a mí mismo es la puerta de todas las faltas
y estimar a los maternales seres es el fundamento de todas las cualidades,
ruego tus bendiciones para considerar
el yoga de cambiarse uno mismo por los demás como mi práctica esencial.

También podemos contemplar el consejo de Shantideva cuando nos dice que nos comparemos con los Budas:

«La persona pueril trabaja por su propio beneficio.
Los Budas trabajan solo por el beneficio de los demás.
¡Observa la diferencia entre ambos!».

En este contexto, *la persona pueril* se refiere a los seres ordinarios que, motivados por deseos egoístas, trabajan por su propio beneficio y, como resultado, experimentan sufrimiento. En cambio, los Budas, que han abandonado la estimación propia, trabajan en todo momento por el beneficio de los demás y disfrutan del gozo de la iluminación total. Para cambiarnos por los demás, debemos pensar lo siguiente:

He trabajado por mi propio beneficio desde tiempo sin principio, intentando encontrar la felicidad y evitar el sufrimiento, pero ¿qué he conseguido? Sigo sufriendo, no he logrado controlar mi mente, me siento decepcionado y permanezco atrapado en el samsara. La culpa de todo esto la tiene mi estimación propia. Este engaño es mi peor enemigo y el más peligroso de los venenos, ya que me perjudica tanto a mí como a los demás.

En cambio, estimar a los demás es el origen de todo bienestar y felicidad. Los que ahora son Budas comprendieron lo inútil que es trabajar por interés propio y, en su lugar, decidieron trabajar por el beneficio de los demás. Como resultado, se convirtieron en seres puros, se liberaron de los sufrimientos del samsara y alcanzaron la felicidad permanente de la iluminación total. Por lo tanto, he de abandonar mi actitud pueril ordinaria y, a partir de ahora, en lugar de atender a mis deseos egoístas, voy a estimar a los demás.

Al tomar esta decisión, sentiremos un profundo amor hacia todos los seres. Entonces, debemos concentrarnos en él durante tanto tiempo como podamos.

Hemos de mantener este sentimiento durante el descanso de la meditación. Cuando nos encontremos con una persona, debemos recordar que es importante y que su felicidad y libertad también lo son. Cuando nuestra estimación propia comience a surgir, debemos pensar: «La estimación propia es un veneno y debo hacer todo lo posible para eliminarla». De este modo, podremos cambiar el objeto de nuestra estima y, en lugar de amarnos a nosotros mismos, estimaremos a todos los seres sintientes. Cuando sintamos un amor hacia todos los seres sintientes que carezca de cualquier indicio de interés propio, habremos alcanzado la realización de cambiarnos por los demás.

Cuando vayamos a deprimirnos porque no se cumplen nuestros deseos, hemos de recordar que la culpa no es de los demás ni de las circunstancias en que nos encontremos, sino de la estimación propia, que concede demasiada importancia a lo que deseamos. Si recordamos en todo momento las desventajas de esta perturbación mental, aumentaremos nuestra determinación de eliminarla y, en lugar de sentir lástima por nosotros mismos cuando tengamos problemas, utilizaremos nuestro sufrimiento para recordar el que padecen los incontables seres maternales y sentir amor y compasión por ellos.

En su *Guía de las obras del Bodhisatva*, Shantideva enseña un método especial para aumentar nuestra experiencia de cambiarnos por los demás. Durante la meditación, imaginamos que nos ponemos en el lugar de otra persona e intentamos percibir el mundo desde su punto de vista. Por lo general, pensamos: «Yo» al percibir nuestro cuerpo o mente, pero ahora intentamos hacerlo al percibir el cuerpo o mente de otra persona. Esta práctica nos ayuda a sentir un profundo afecto por los demás y a darnos cuenta de que su *yo* es tan importante como el nuestro. Al igual que una madre conoce mejor que nadie los deseos y necesidades de su bebé gracias a su capacidad para identificarse con él, nuestro aprecio por los demás y nuestra capacidad de ser comprensivos con ellos aumentarán a medida que nos familiaricemos con esta meditación.

Este método es muy poderoso cuando lo aplicamos con personas con las que tenemos una mala relación, como las que nos desagradan o consideramos enemigas. Si imaginamos que somos esa persona y contemplamos la situación desde su punto de vista, nuestras actitudes negativas hacia ella desaparecerán. Al comprender por experiencia propia que los términos *yo* y *los demás* son relativos, aprenderemos a cambiar nuestro *yo* por el suyo, seremos más objetivos con nosotros mismos y se debilitará nuestra sensación de que somos el centro del universo. Entonces, aceptaremos con facilidad el punto de vista de los demás, seremos más tolerantes y comprensivos con ellos, y los trataremos con mayor respeto y consideración. Esta práctica se describe con más detalle en *Tesoro de contemplación*.

En resumen, gracias a la práctica de Loyong, Gueshe Langri Tangpa y otros practicantes del pasado alcanzaron profundas realizaciones espirituales, incluida la de cambiarse por los demás. Al principio, eran personas egoístas, como nosotros, pero gracias a su perseverancia, eliminaron por completo su estimación propia. Si ponemos en práctica estas instrucciones con sinceridad, alcanzaremos las mismas realizaciones. No es posible eliminar la estimación propia de inmediato, pero si practicamos con perseverancia, se irá debilitando hasta desaparecer por completo. La eliminación total de la estimación propia es una realización mahayana que solo puede alcanzarse con la práctica de cambiarse uno mismo por los demás.

Gueshe Potoua

La gran compasión

*Cuando me encuentre con seres desafortunados,
oprimidos por el mal y los grandes sufrimientos,
he de estimarlos como si fueran
un valioso tesoro difícil de encontrar.*

Cuando hayamos adquirido cierta experiencia en estimar a todos los seres sintientes, podemos aumentar nuestra compasión siguiendo las instrucciones contenidas en esta estrofa. Por lo general, todos los seres tienen algo de compasión. Todos sentimos lástima por nuestros familiares o amigos cuando tienen problemas, e incluso los animales la sienten cuando sus crías sufren. Nuestra compasión es nuestra semilla o naturaleza de Buda, nuestro potencial para convertirnos en un ser iluminado. Gracias a que los seres sintientes poseen esta semilla, algún día alcanzarán la iluminación.

Cuando una perra ve que sus cachorros están sufriendo, genera el deseo de protegerlos y aliviar su dolor, y este deseo compasivo es su semilla de Buda. Sin embargo, puesto que los animales no tienen capacidad para adiestrarse en la compasión, su semilla de Buda no puede madurar. En cambio, los seres humanos tenemos la gran oportunidad de cultivar nuestra naturaleza de Buda. Con la meditación podemos ampliar y profundizar nuestra compasión hasta transformarla en la mente de gran compasión, que incluye a todos los seres sintientes sin excepción y desea protegerlos de su sufrimiento. Si aumentamos nuestra gran compasión, finalmente se transformará en la de un Buda, y tendremos la capacidad de proteger a todos los seres sintientes. Por lo tanto, para alcanzar la iluminación debemos despertar nuestra naturaleza de Buda y completar nuestro adiestramiento en la compasión universal. Solo los seres humanos podemos hacerlo.

La compasión es la esencia del Budadharma y la práctica principal del budista mahayana. También es la raíz de las Tres Joyas Supremas: Buda, el Dharma y la Sangha. Es la raíz de Buda porque los Budas nacen de la compasión; es la raíz del Dharma porque los Budas imparten enseñanzas de Dharma motivados por su compasión por los demás; y es la raíz de la Sangha porque si escuchamos las enseñanzas de Dharma impartidas con compasión y las ponemos en práctica, nos convertiremos en Sangha o Seres Superiores.

¿QUÉ ES LA COMPASIÓN?

La compasión es la mente que siente aprecio por los demás y desea liberarlos de su sufrimiento. En ocasiones, deseamos que una persona se libere de su sufrimiento por motivos egoístas; esto ocurre a menudo en las relaciones basadas en el apego. Por ejemplo, si nuestro mejor amigo está enfermo o se siente deprimido, deseamos que se recupere lo antes posible para volver a disfrutar de su compañía, pero este deseo egoísta no es verdadera compasión. Para sentir verdadera compasión debemos estimar a los demás.

Aunque tenemos cierto grado de compasión, es limitado y parcial. Cuando nuestros familiares y amigos están sufriendo, sentimos lástima por ellos con facilidad, pero nos resulta más difícil sentir lo mismo por las personas que nos resultan desagradables o por los desconocidos. Además, sentimos compasión por los seres cuyo sufrimiento es evidente, pero no por los que disfrutan de buenas condiciones ni por los que cometen acciones perjudiciales. Si de verdad deseamos que madure nuestra semilla de Buda y alcanzar la iluminación, hemos de aumentar el ámbito de nuestra compasión hasta abarcar a todos los seres sintientes sin excepción, al igual que una madre es compasiva con sus hijos aunque hagan travesuras. La compasión universal es el corazón del budismo mahayana. A diferencia de nuestra compasión limitada, que sentimos de vez en cuando de manera espontánea, la compasión universal ha de cultivarse practicando la meditación durante mucho tiempo.

CÓMO CULTIVAR LA COMPASIÓN

Existen dos etapas en la práctica de la compasión universal. Primero nos adiestramos para amar a todos los seres sintientes y luego contemplamos su sufrimiento. Si no amamos a una persona, no sentiremos verdadera compasión por ella aunque esté sufriendo, pero si se trata de alguien a quien estimamos, la tendremos de manera natural. Por esta misma razón, sentimos lástima con facilidad por nuestros familiares y amigos, pero no por las personas que nos desagradan. Puesto que estimar a los demás es indispensable para sentir compasión, el Bodhisatva Langri Tangpa dice en la presente estrofa: «He de estimarlos», en lugar de «He de sentir compasión por ellos». El método para cultivar el amor que estima a los demás ya se ha mostrado en capítulos anteriores. A continuación, analizamos la situación en que se encuentran todos los seres en el samsara para comprender su sufrimiento.

Para comenzar podemos pensar en los seres que sufren en estos momentos. Innumerables personas son víctimas de intensos dolores y agonía mental producidos por enfermedades como el cáncer, el SIDA y el Parkinson. Otras han perdido a un hijo o a un amigo aquejados por el SIDA, después de presenciar cómo su salud se deterioraba día a día, sabiendo que no había medicinas que pudieran curarlo. Todos los días, miles de personas mueren en accidentes o por enfermedades. Sin elección, abandonan a sus seres queridos, que se quedan solos, desconsolados y afligidos.

Podemos pensar en una mujer anciana que pierde a su marido, con el que ha compartido casi toda su vida, y que tras el entierro vuelve a su casa donde vivirá sola hasta la muerte.

En el mundo hay millones de personas que sufren los horrores de la guerra y la limpieza étnica, de las bombas, las minas y los genocidios. Podemos imaginar que nuestro hijo se va a jugar a un campo sembrado de minas y pierde un brazo, una pierna o incluso la propia vida. Miles de refugiados viven en campamentos sucios e incómodos esperando regresar algún día a sus hogares bombardeados y reunirse con sus seres queridos, sin saber si estarán vivos o muertos.

Cada año ocurren desastres naturales, como inundaciones, terremotos y huracanes, que arrasan países enteros y dejan a sus habitantes sin hogar ni alimentos. En unos segundos, un terremoto puede acabar con la vida de miles de personas, destruir sus casas y reducir ciudades enteras a escombros. Pensemos en cómo nos sentiríamos si esto nos ocurriera a nosotros. El hambre y las sequías son endémicas en numerosos países. Millones de personas no logran ni siquiera reunir los alimentos necesarios para preparar una buena comida al día, y otras más desafortunadas terminan muriendo de hambre. Imaginemos el tormento de ver a nuestros seres queridos morirse lentamente y no poder hacer nada para ayudarlos. Cuando leemos las noticias en la prensa o vemos la televisión, nos damos cuenta del terrible sufrimiento que experimentan innumerables seres, y también conocemos personas que padecen inmenso dolor físico o mental.

Además, podemos pensar en la situación de los animales, que sufren calor o frío intensos, hambre y sed. Cada día contemplamos estos sufrimientos a nuestro alrededor. Los animales salvajes corren el riesgo constante de ser atacados y muchos de ellos mueren devorados por depredadores. Pensemos en el pánico que siente un ratoncillo que cae en las garras de un halcón. Innumerables animales están sometidos a duras tareas físicas o se utilizan para diversiones o producción de alimentos y, a menudo, viven en condiciones deplorables hasta que son degollados, troceados y empaquetados para la consumición humana. Los espíritus ávidos y los seres de los infiernos experimentan sufrimientos mucho peores durante largos períodos de tiempo.

También debemos recordar que incluso aquellos que no sufren de manera evidente, aunque no lo parezca, tienen dificultades. En el samsara, ningún ser está plenamente satisfecho. Hay personas que ni siquiera pueden disfrutar de comida, alojamiento y amistades, y cuando lo consiguen, tampoco se conforman con lo que tienen. Cuanto más satisfacemos nuestros deseos, en mayor medida aumenta nuestro apego y más difíciles somos de complacer. Los deseos de los seres del samsara son inagotables. No existe un solo ser en la existencia cíclica que haya colmado todos sus deseos, solo los que se esfuerzan por eliminar su egoísmo podrán hacerlo.

Todo el sufrimiento es el resultado del karma negativo. Si sentimos compasión por aquellos que experimentan los resultados de las acciones perjudiciales que cometieron en el pasado, ¿por qué no sentimos lo mismo por los que crean las causas para sufrir en el futuro? En realidad, el torturador se encuentra en peor situación que su víctima, puesto que su sufrimiento está por venir. Si la víctima es capaz de aceptar su dolor, consumirá el karma negativo que lo causa y, antes o después, sus tormentos cesarán. En cambio, el torturador renacerá en los infiernos, donde permanecerá durante incontables eones, y luego, cuando vuelva a renacer como un ser humano, experimentará dolores similares a los que infligió en sus víctimas. Por lo tanto, también debemos sentir compasión por estas personas.

Si un niño pone la mano en el fuego y se quema, su madre sentirá compasión por él aunque le haya advertido en numerosas ocasiones que no lo hiciera. Nadie desea sufrir, los seres sintientes crean las causas del sufrimiento porque están dominados por sus perturbaciones mentales. Por lo tanto, debemos sentir la misma compasión por todos los seres sintientes, tanto por aquellos que crean las causas de más sufrimiento, como por los que padecen las consecuencias de sus acciones perjudiciales. No hay un solo ser sintiente que no sea nuestro objeto de compasión.

También puede que nos resulte difícil sentir compasión por las personas ricas, saludables y que disfrutan de buena reputación porque no padecen sufrimientos evidentes. No obstante, ellos también tienen problemas y nunca disfrutan de paz interior, porque es precisamente su dinero, salud y reputación lo que les causa preocupaciones. Al igual que los demás seres del samsara, experimentan odio, apego e ignorancia, y tienen que soportar sin elección los sufrimientos del nacimiento, la vejez, las enfermedades y la muerte una y otra vez, vida tras vida. Además, su riqueza y posesiones carecen de sentido si, por ignorancia, las utilizan para crear las causas de su sufrimiento futuro.

Si con amor sincero contemplamos el sufrimiento de todos los seres sintientes, su incapacidad para satisfacer sus deseos, su empeño en sembrar las semillas de más sufrimiento futuro y su falta de libertad, sentiremos una profunda compasión por ellos. Debemos identificarnos con su dolor como si fuera nuestro. En primer lugar, podemos contemplar el sufrimiento de nuestros familiares y amigos, y luego extender nuestra compasión hasta abarcar a todos los seres sintientes. Cuando generemos un sentimiento de compasión universal, debemos concentrarnos en él durante tanto tiempo como podamos. De este modo, nos familiarizaremos con la mente de gran compasión. Al principio solo lograremos mantener este sentimiento durante unos minutos, pero poco a poco, si seguimos practicando, nuestra concentración mejorará y finalmente nuestra compasión surgirá de manera espontánea día y noche. A partir de entonces, todo lo que hagamos nos acercará a la iluminación y nuestra vida se llenará de significado.

En resumen, todos los seres que renacen en el samsara han de sufrir. Tanto los seres humanos como los animales, los espíritus ávidos y los seres de los infiernos, todos ellos, sin excepción, tienen que experimentar los sufrimientos característicos de sus respectivos reinos. Si esto ocurriera en una sola vida, no sería tan terrible, pero estas experiencias se repiten vida tras vida, sin cesar. Al contemplar este círculo vicioso, generamos un intenso deseo de liberar a todos los seres sintientes de renacer en el samsara y conducirlos hacia la liberación permanente, y entonces nos concentramos en este sentimiento de compasión universal.

LA RIQUEZA INTERNA DE LA COMPASIÓN

Durante el descanso de la meditación, intentamos mantener una mente compasiva. Cuando nos encontremos con una persona, debemos recordar que está sufriendo y sentir compasión por ella. De este modo será, como dice Langri Tangpa, como descubrir *un valioso tesoro difícil de encontrar*. Esto es así porque la compasión que sentimos al contemplar a los demás es la riqueza interior suprema, una fuente inagotable de felicidad que nos beneficia no solo en esta vida, sino también en las futuras.

Como ya se ha mencionado, la riqueza externa no puede ayudarnos en vidas futuras, y ni siquiera podemos estar seguros de que nos vaya a hacer felices ahora, puesto que a menudo nos causa problemas y puede incluso poner en peligro nuestra vida. Los ricos tienen que preocuparse de asuntos que no afectan a los pobres, como los ladrones, los negocios, el precio del dinero y la posición social. Todo esto les produce una gran ansiedad. Mientras que la mayoría de nosotros podemos viajar con libertad, las personas ricas o famosas tienen que llevar guardaespaldas y no pueden descansar tranquilas. Cuanto más elevada sea nuestra posición social, peor será la caída, por lo que es mejor llevar una vida sencilla.

Por mucho que mejoremos nuestras condiciones externas, nunca podrán proporcionarnos felicidad pura ni protegernos del sufrimiento. La verdadera felicidad no existe en este mundo impuro. En lugar de esforzarnos por adquirir posesiones, es mejor que cultivemos la riqueza interna de la virtud que, a diferencia de la externa, nunca nos decepciona y nos ofrece la paz y felicidad que deseamos.

Con un poco de práctica, podemos transformar a nuestros amigos en un tesoro y obtener la riqueza del amor, la compasión, la paciencia y demás virtudes. Sin embargo, para poder hacer esto, nuestro amor por ellos ha de estar libre de apego o, de lo contrario, si nos perjudican de algún modo, nuestro aprecio por ellos se convertirá en odio. Por lo general, nos enfadamos más con nuestros amigos que con nuestros enemigos o con los desconocidos.

Cuando nos enfadamos con nuestros amigos, los convertimos en *maras*. Los maras son personas o circunstancias que interfieren en nuestra práctica espiritual. Nadie es un mara por sí mismo, pero si permitimos que una persona estimule nuestras perturbaciones mentales, como el odio, el apego o la estimación propia, la transformamos en uno. Los maras no siempre tienen cuernos o un aspecto terrorífico. Alguien que nos resulta agradable, que nos alaba y distrae continuamente, puede convertirse un obstáculo para nuestra práctica espiritual. El que nuestros amigos sean maras o un tesoro depende por completo de nosotros. Si practicamos el Dharma con destreza, serán como un tesoro, pero si nos dejamos llevar por las ocho preocupaciones mundanas, los convertiremos en maras.

Si descubriéramos un tesoro enterrado bajo tierra o ganásemos una gran cantidad de dinero, nos sentiríamos muy afortunados. No obstante, si tenemos en cuenta que solo la riqueza interior puede proporcionarnos verdadera felicidad, nos sentiremos mucho más afortunados al encontrarnos con alguien, pues nos ofrece la oportunidad de mejorar nuestras virtudes. Para el practicante mahayana, el mero hecho de encontrarse con otras personas, hablar con ellas o recordarlas es como encontrar un tesoro. Cuando un practicante se encuentra con alguien, aumenta su compasión, y sus actividades diarias, como ir de compras o charlar con los amigos, se convierten en causas para alcanzar la iluminación.

De todas las mentes virtuosas, la compasión es la suprema. Esta virtud purifica la mente, y cuando esta es pura, los objetos que percibimos también lo son. Hay numerosos casos de practicantes que al sentir una intensa compasión, purificaron sus mentes de las acciones perjudiciales que cometieron en el pasado y que obstaculizaban su progreso hacia la iluminación. Por ejemplo, Asanga, el gran maestro budista que vivió en la India en el siglo V, se retiró a una cueva a meditar para tener una visión de Buda Maitreya. Después de doce años, seguía sin conseguirlo y decidió abandonar su retiro. Cuando descendía por la montaña, encontró un perro moribundo que yacía en medio del camino con el cuerpo lleno de heridas infestadas de gusanos. Al verlo, Asanga sintió una profunda compasión por todos los seres atrapados en el samsara. Mientras retiraba los gusanos de las heridas, el perro se transformó en Buda Maitreya. Maitreya le dijo a Asanga que había estado a su lado desde el comienzo del retiro, pero que sus obstrucciones mentales le habían impedido percibirlo. La extraordinaria compasión de Asanga purificó los obstáculos que no le permitían ver a Maitreya.

Quien muera sintiendo compasión, sin lugar a dudas renacerá en una tierra pura, donde no tendrá que volver a experimentar los sufrimientos del samsara. El mayor deseo del Bodhisatva Gueshe Chekhaua era renacer en los infiernos para poder ayudar a los seres que sufren allí, pero cuando iba a morir tuvo la visión de una tierra pura y comprendió que no podría colmar su deseo. En lugar de renacer en un infierno, no le quedaba más remedio que ir a una tierra pura, porque su compasión le había purificado la mente y, para él, los objetos impuros, como los infiernos, habían dejado de existir.

Si nos resulta difícil creer estas historias, es porque no comprendemos la relación entre nuestra mente y los objetos que percibe. Pensamos que el mundo existe fuera de nosotros, independiente de nuestra mente, pero, en realidad, los objetos dependen por completo de la mente que los aprehende. El mundo impuro que percibimos no es más que una apariencia de nuestra mente impura. Cuando la hayamos purificado por completo como resultado de habernos adiestrado en cambiarnos por los demás, en la compasión y otras virtudes, este mundo impuro desaparecerá y percibiremos uno puro. La sensación de que los objetos existen separados de nuestra mente, con su propia naturaleza inherente, proviene del aferramiento propio. Cuando comprendamos la verdadera naturaleza de los fenómenos, lo percibiremos todo como un sueño, puesto que los fenómenos no son más que una mera apariencia en la mente. Nos daremos cuenta de que podemos cambiar el mundo en que vivimos purificando nuestra mente, y de este modo liberarnos del sufrimiento. Una vez que hayamos purificado nuestra mente, podremos colmar nuestro deseo compasivo de beneficiar a los demás enseñándoles a hacer lo mismo.

Después de contemplar todos los beneficios de la compasión, hemos de tomar la decisión de aprovechar cualquier oportunidad para cultivarla. Lo más importante es poner en práctica estas enseñanzas, pues si no lo hacemos, se convertirán en palabras vacías.

La compasión pura es una mente que no puede soportar el sufrimiento de los demás, pero esto no significa que debamos deprimirnos. En realidad, la compasión renueva nuestro entusiasmo para trabajar por los demás y completar el camino espiritual por su beneficio. Elimina nuestra complacencia y evita que nos conformemos con la felicidad superficial que sentimos al satisfacer nuestros deseos mundanos, y en su lugar nos hace experimentar una profunda paz interior que las circunstancias externas no pueden alterar. Es imposible que las perturbaciones mentales surjan en una mente compasiva. Si no tenemos engaños, las circunstancias externas no nos causarán ansiedad y, por lo tanto, mientras sintamos compasión, mantendremos una mente apacible. Esta es la experiencia de aquellos que han transformado su compasión parcial y limitada hacia sus seres queridos en una compasión desinteresada por todos los seres sintientes.

Cultivar la compasión y la sabiduría, y ayudar a quien lo necesite según nuestras posibilidades, es el verdadero significado de nuestra vida. Si aumentamos la compasión, estaremos más cerca de alcanzar la iluminación y de colmar nuestros deseos más profundos. ¡Qué gran bondad la de los seres sintientes al ser los objetos de nuestra compasión! ¡Qué valiosos son! Si no hubiera seres sintientes a quienes pudiéramos ayudar, los Budas los emanarían para nosotros. Debemos recordar la historia de Buda Maitreya y Asanga, y tener en cuenta que las personas que intentan ayudarnos pueden ser emanaciones de los Budas. La señal de que hemos alcanzado la realización de estimar a los demás y de la compasión es que cada vez que nos encontramos con una persona, aunque sea alguien que nos haya perjudicado, sentimos que hemos encontrado un valioso tesoro.

Yhe Tsongkhapa

El amor que desea la felicidad de los demás

Incluso si alguien a quien he beneficiado
y en quien tenía grandes esperanzas
me perjudicara sin razón alguna,
he de considerarlo como mi Guía Espiritual.

El propósito principal de esta estrofa es enseñarnos cómo cultivar el amor que desea la felicidad de los demás. Hay tres clases de amor: amor afectivo, amor que estima a los demás y amor que desea la felicidad de los demás, llamado también *amor desiderativo*. El amor afectivo es la mente que considera, sin apego, que una persona es agradable, simpática o atractiva. Por ejemplo, cuando una madre contempla a sus hijos, siente gran afecto por ellos y los considera agradables, aunque para otras personas no lo sean. Debido a su amor afectivo, siente de manera natural que son especiales e importantes, y este sentimiento es el amor que estima a los demás. Asimismo, porque los ama, desea con sinceridad que sean felices, y este es el amor desiderativo. Este último surge del amor que estima a los demás, que a su vez nace del amor afectivo. Tenemos que cultivar estos tres tipos de amor hacia todos los seres sintientes sin excepción.

CÓMO CULTIVAR EL AMOR QUE DESEA LA FELICIDAD DE LOS DEMÁS

La manera de generar y aumentar el amor que estima a los demás ya se ha descrito. Ahora debemos cultivar el amor desiderativo contemplando que los seres sintientes, por quienes sentimos tanto amor, carecen de verdadera felicidad. Todos deseamos ser felices, pero ningún ser disfruta de verdadera felicidad en el samsara. En comparación con el sufrimiento que han de soportar los seres sintientes, su felicidad es fugaz y esporádica, y además está contaminada porque su naturaleza, en realidad, es sufrimiento. Buda denominó *sufrimiento del cambio* a las sensaciones agradables que nos proporcionan los disfrutes mundanos, porque no son más que una disminución temporal del sufrimiento manifiesto, es decir, que experimentamos placer porque aliviamos nuestro dolor. Por ejemplo, el placer que sentimos al comer no es más que una disminución temporal del hambre, el que experimentamos al beber lo es de la sed, y el que disfrutamos de nuestras relaciones con los demás, de la soledad.

Para comprenderlo, debemos reconocer que si aumentamos la causa de nuestra felicidad mundana, esta última se convertirá poco a poco en sufrimiento. Por ejemplo, cuando comemos nuestro plato favorito, nos parece delicioso, pero si siguiéramos comiendo más y más, el placer se convertiría en malestar y, finalmente, en dolor. Sin embargo, con las experiencias dolorosas no ocurre lo contrario. Por ejemplo, por mucho que nos golpeemos un dedo con un martillo, el dolor nunca se transformará en placer porque es una causa verdadera de sufrimiento. Al igual que una causa verdadera de sufrimiento no puede proporcionar felicidad, una causa verdadera de felicidad tampoco puede producir sufrimiento. Puesto que las sensaciones placenteras que nos proporcionan los disfrutes mundanos se convierten en sufrimiento, no pueden ser la verdadera felicidad. Si nos excedemos en cualquier actividad, ya sea comer, practicar un deporte, realizar el acto sexual o cualquier otro disfrute mundano, tarde o temprano terminará causándonos sufrimiento. Por mucho que busquemos la felicidad en los placeres mundanos, nunca la encontraremos. Como se mencionó con anterioridad, disfrutar de los placeres del samsara es como beber

EL AMOR QUE DESEA LA FELICIDAD DE LOS DEMÁS

agua salada: en lugar de calmarnos la sed, la intensifica. En el samsara nunca nos sentiremos plenamente satisfechos.

Los placeres mundanos no constituyen la verdadera felicidad ni son duraderos. Los seres humanos acumulan posesiones y se esfuerzan por adquirir una posición social elevada, establecer una familia y reunir un círculo de amigos, pero al morir han de abandonarlo todo. Aquello por lo que han trabajado tanto desaparece de repente y viajan a la siguiente vida solos y con las manos vacías. Desean mantener relaciones duraderas con otras personas, pero en el samsara esto es imposible. Hasta los mejores amantes tienen que separarse antes o después, y cuando se encuentren de nuevo en una vida futura, no se reconocerán. Quizá pensemos que aquellos que disfrutan de buenas relaciones y han logrado sus objetivos en esta vida son felices, pero, en realidad, su felicidad es tan frágil como una burbuja de agua. La impermanencia no perdona nada ni a nadie; en el samsara, tarde o temprano tendremos que renunciar a nuestros sueños. Buda dice en los *Sutras del vinaya*:

> «La reunión termina en dispersión,
> el ascenso en descenso,
> el encuentro en separación,
> y el nacimiento en la muerte».

La naturaleza del samsara es sufrimiento y, por lo tanto, mientras los seres sintientes renazcan en él, no podrán disfrutar de verdadera felicidad. Buda dijo que vivir en el samsara es como estar sentado en la punta de una aguja, por mucho que cambiemos de postura, no podremos evitar el dolor. Del mismo modo, por mucho que intentemos mejorar nuestra situación en la existencia cíclica, seguiremos sufriendo. La verdadera felicidad solo se consigue alcanzando la liberación del samsara. Tras esta reflexión, debemos generar el deseo sincero de que todos los seres sintientes alcancen la liberación y disfruten de una felicidad pura.

Comenzamos la meditación pensando en nuestros familiares y amigos, recordando que mientras sigan atrapados en el samsara, no conocerán la verdadera felicidad, y que incluso los limitados placeres de que disfrutan ahora son efímeros y pronto cesarán. Luego, ampliamos este sentimiento de amor desiderativo hasta incluir a todos los seres sintientes y pensamos: «¡Qué maravilloso sería si todos los seres sintientes lograsen la felicidad pura de la liberación!». Entonces, nos concentramos en este sentimiento de amor desiderativo durante tanto tiempo como podamos. Durante el descanso de la meditación, cuando nos encontremos con algún ser sintiente, tanto si es una persona como un animal, o nos acordemos de él, debemos rezar: «Que este ser sea feliz. Que alcance la felicidad de la iluminación». Si pensamos siempre de este modo, podemos mantener el amor desiderativo día y noche, incluso mientras dormimos.

La meditación sobre el amor es muy poderosa. Aunque nuestra concentración no sea muy estable, acumularemos gran cantidad de méritos. Si meditamos en el amor, crearemos la causa para renacer como un dios o un ser humano, para tener un cuerpo atractivo en el futuro y ser respetados por los demás. El amor nos protege del odio, de los celos y del daño que puedan causarnos los espíritus. Cuando Buda Shakyamuni meditaba bajo el Árbol Bodhi, fue atacado por los demonios más terribles de este mundo, pero con su amor los apaciguó y sus armas se transformaron en una lluvia de flores. Gracias a la meditación, nuestro amor también se convertirá en el amor universal de un Buda y entonces tendremos la capacidad de hacer felices a todos los seres sintientes.

La mayoría de las relaciones humanas están basadas en una mezcla de amor y apego. Este amor ordinario no es puro porque surge del anhelo por lograr la propia felicidad y, por lo tanto, apreciamos a los demás solo cuando satisfacen nuestros deseos. El amor puro no está mezclado con el apego y nace del deseo de que los demás sean felices;

nunca causa problemas, solo proporciona paz y felicidad tanto a nosotros mismos como a los demás. Para eliminar nuestro apego, no es necesario que abandonemos nuestras relaciones, sino aprender a distinguirlo del amor, e ir reduciéndolo hasta que nuestro amor sea puro.

CÓMO TRANSFORMAR LAS CIRCUNSTANCIAS ADVERSAS

Cuando se cumplen nuestros deseos y los demás nos tratan con amabilidad y respeto, nos resulta fácil desear que sean felices. No obstante, si nuestro amor por los demás disminuye en el momento en que nos causan problemas, es señal de que no es puro. Si nuestro aprecio por los demás depende de su benevolencia con nosotros, será débil e inestable, y no podremos transformarlo en amor universal. Es inevitable que en ciertas ocasiones los demás respondan a nuestra bondad con ingratitud, por lo que es imprescindible que sepamos transformar estas circunstancias en el camino espiritual.

Cuando una persona a quien hemos ayudado nos perjudique, en lugar de enfadarnos, debemos considerarla como nuestro Guía Espiritual y mostrarle nuestra gratitud. Esta estrofa solo menciona de manera explícita a las personas que hemos ayudado con la esperanza de que se beneficien tanto ellos como los demás, pero de manera implícita incluye a todos aquellos que nos perjudican. Existen varios razonamientos para cultivar este reconocimiento especial, como, por ejemplo, el siguiente:

La razón de que los demás me perjudiquen es que he creado la causa para ello al cometer acciones indebidas en el pasado. Estas personas me enseñan la ley del karma. Al decepcionarme y responder a mi bondad con ingratitud, me están recordando que, en el pasado, las engañé y perjudiqué. Me traicionan porque yo hice lo mismo con ellas en vidas anteriores. En realidad, me están animando a que purifique mi karma negativo y me abstenga de cometer acciones perju-

diciales. ¡Qué bondadosas son! Probablemente, son mis Guías Espirituales, emanados por Buda Amitabha.

Al pensar de este modo, transformamos una situación que normalmente nos causaría enfado y frustración, en una enseñanza sobre la necesidad de purificar nuestras acciones perjudiciales y adiestrarnos en la disciplina moral.

También podemos pensar del siguiente modo:

Esta experiencia me enseña que no hay nada duradero en el samsara y que todo cambia. Los amigos se convierten en enemigos, y viceversa. ¿Por qué? Porque en la existencia cíclica todos los seres están dominados por sus engaños y nadie tiene libertad. Esta situación me enseña que debo abandonar los renacimientos en el samsara y, en lugar de enfadarme y sentir frustración, generar la mente gozosa de renuncia, el deseo sincero de alcanzar la paz permanente de la liberación. ¡Que yo y todos los seres podamos alcanzar la liberación del samsara!

Gracias a esta reflexión, consideraremos que la persona que nos perjudica es un Guía Espiritual que nos anima a abandonar el samsara y a experimentar la felicidad pura. De esta manera podemos solucionar nuestros problemas transformándolos en una oportunidad para progresar en el camino espiritual. Puesto que la persona que nos perjudica nos está impartiendo una profunda enseñanza sobre la naturaleza del samsara y produce un efecto beneficioso en nuestra mente, es muy bondadosa.

Otro razonamiento sería el siguiente:

La persona que me perjudica, en realidad, me está animando a practicar la paciencia y, puesto que es imposible progresar en el camino espiritual sin cultivar esta virtud, es muy bondadosa conmigo.

La paciencia es la mente que, motivada por una intención virtuosa, acepta las dificultades y el daño que nos causan los demás. Una persona sin paciencia tiene una mente inestable y se enfada ante cualquier dificultad o crítica. En cambio, si cultivamos esta virtud, nuestra mente será inamovible como una montaña e imperturbable como el fondo del mar. Con una mente tan serena y poderosa, nos resultará fácil alcanzar las realizaciones espirituales del amor universal, la gran compasión y la bodhichita.

Si nos adiestramos de esta manera, incluso podremos considerar como maestros espirituales a los que nos perjudican o engañan. Es importante que entendamos esto, porque implica que cualquier persona puede ser nuestro maestro. El que alguien sea un maestro espiritual o un obstáculo para nosotros depende por completo de nuestra mente. En realidad, las personas que nos perjudican son las más bondadosas porque contradicen nuestra percepción de que el samsara es un jardín de placeres y, al igual que un poderoso Guía Espiritual, nos animan a continuar la práctica espiritual. Si pensamos de este modo, podremos transformar las dificultades en el camino espiritual y, en lugar de deprimirnos, estimar incluso a aquellos que nos perjudican. En particular, hemos de adoptar esta actitud con nuestros familiares y amigos. Puesto que compartimos la mayor parte de nuestro tiempo con ellos, es muy beneficioso que los consideremos nuestros maestros espirituales.

Por lo general, tenemos grandes expectativas con respecto a nuestros amigos y esperamos que sean una fuente de verdadera felicidad, pero en el samsara esto es imposible. Aunque no tengan la intención de causarnos problemas, es inevitable que lo hagan de vez en cuando. Pensamos que si buscamos lo suficiente, encontraremos al amigo perfecto que nunca nos decepcionará, pero las relaciones en el samsara son engañosas por naturaleza. Esperamos mantener una relación de pareja armoniosa, satisfactoria y permanente, pero esto nunca ocurre. No debemos culpar a nuestro cónyuge de no satisfacer nuestras expectativas, porque esto es lo normal en la existencia cíclica. Por el mero hecho de haber renacido en el samsara, nuestras relaciones serán insatisfactorias, puesto que es imposible encontrar amigos puros en un mundo impuro. Si deseamos disfrutar de relaciones armoniosas, hemos de abandonar la existencia cíclica. Por lo tanto, cuando nuestros amigos nos decepcionen, no debemos enfadarnos con ellos, sino considerarlos como maestros espirituales que nos muestran las desventajas del samsara.

Los lugares del samsara también son engañosos por naturaleza. Pensamos que si nos mudamos de casa, nos vamos a vivir al campo o viajamos a otro país, encontraremos un lugar en que nos sintamos cómodos, pero mientras permanezcamos en el samsara, nunca lo conseguiremos. Por muchas veces que nos mudemos, seguiremos insatisfechos. Cuando visitamos por primera vez un lugar, nos parece agradable y pensamos que si viviéramos allí, nuestros problemas se solucionarían; pero en cuanto nos trasladamos, empiezan a surgir las dificultades. No hay un solo lugar en el mundo donde no vayamos a tener problemas. Si deseamos vivir en un lugar puro donde nos encontremos siempre a gusto, debemos purificar nuestra mente cultivando el amor y la compasión universales.

Aunque nos pasemos la vida buscando la felicidad en el samsara, cambiando de amigos y de lugar de residencia, nunca la encontraremos. Somos como el ladrón que entró una noche en la cueva de Milarepa buscando algún objeto de valor. Al oírlo, Milarepa se rió y le dijo: «Si durante el día yo no encuentro nada, ¿qué piensas descubrir tú de noche?». ¿Cómo podemos hallar la felicidad en la cueva vacía del samsara ofuscados por la oscuridad de nuestros engaños, cuando los Budas no han podido hacerlo con la luz de su sabiduría omnisciente? El samsara es una prisión de la que debemos escapar, en lugar de perder el tiempo buscando la felicidad en él.

Si pensamos de esta manera, podremos transformar las condiciones adversas en oportunidades para el crecimiento espiritual. Hay dos modos de hacerlo: por medio del método y por medio de la sabiduría. Todos tenemos la semilla de la Budeidad, pero para convertirla en el cuerpo y mente puros de un Buda, hemos de alimentarla y eliminar los obstáculos que impiden su desarrollo. Las prácticas que contribuyen a que germine nuestra semilla de Buda, como la renuncia, la compasión y la bodhichita, se denominan *prácticas del método*, y las que la liberan de obstáculos, *prácticas de la sabiduría*. Cuando utilizamos las condiciones adversas para intensificar la renuncia, el amor, etcétera, estamos transformándolas en el camino por medio del método, y cuando las empleamos para profundizar en nuestra realización de la vacuidad, lo hacemos por medio de la sabiduría. Para una mayor información sobre este tema, véase *Compasión universal*.

Transformar las condiciones adversas en el camino es imprescindible en estos tiempos de degeneración, porque estamos rodeados de dificultades, como la llama de una vela expuesta al viento. Aunque es imposible evitar las situaciones difíciles, si cambiamos nuestra actitud hacia ellas, no se convertirán en un problema. En lugar de permitir que las adversidades nos desanimen y nos hagan sentir desdichados, podemos utilizarlas para mejorar nuestra experiencia de las etapas del camino espiritual y, de esta manera, mantener una mente apacible en todo momento.

En *La rueda de las armas afiladas*, Dharmarakshita dice que todas nuestras dificultades son el resultado de las acciones perjudiciales que hemos cometido en esta vida o en otras anteriores. Si nos resulta difícil satisfacer nuestros deseos, es porque en el pasado hemos impedido que otras personas colmasen los suyos. Tener que separarnos de nuestros amigos es el resultado de haber interferido en las relaciones de los demás, y no encontrar amigos en quien confiar lo es de haber engañado a otros en el pasado. Si tenemos mala salud es porque hemos maltratado a los demás, y si no resultamos agradables es porque nos hemos enfadado con ellos.

La pobreza es el resultado de haber robado, y una vida corta lo es de haber matado. Dharmarakshita menciona numerosos ejemplos de acciones perjudiciales y los efectos que producen, que Buda reveló en sutras como el *Sutra de las cien acciones* y los *Sutras del vinaya*. Si leemos estos sutras, comprenderemos la analogía de que nuestras dificultades diarias son como una rueda de armas afiladas que gira sobre nosotros devolviéndonos el daño que hemos causado.

Es importante comprender la relación entre las acciones y sus efectos. Nuestra primera reacción cuando tenemos un problema es echar la culpa a los demás, pero si analizamos la situación con sabiduría, comprenderemos que fuimos nosotros quienes creamos la causa al haber cometido acciones perjudiciales. La causa principal de nuestras dificultades es necesariamente una acción física, verbal o mental perjudicial que hemos cometido en el pasado. Las acciones de los demás no son más que condiciones secundarias que contribuyen a la maduración de nuestro karma negativo. Aunque ellos no proporcionaran estas condiciones, cualquier otra persona lo haría, porque una vez que se ha creado la causa principal, a menos que la purifiquemos, es imposible impedir que se produzca su efecto. En lugar de culpar a los demás de nuestros problemas, debemos utilizar estos últimos para mejorar nuestra comprensión del karma.

Si aprendemos a extraer lecciones de Dharma de nuestras experiencias diarias, podremos considerar que todos los objetos y las personas son nuestros maestros espirituales, y así podremos beneficiarnos de cualquier situación, aunque sea adversa. De este modo, no desperdiciaremos ninguna experiencia. Por lo general, no tenemos mucho tiempo para escuchar o leer enseñanzas budistas, pero si aprendemos las lecciones de Dharma que nos imparte la vida diaria, estaremos siempre ante la presencia de nuestro Guía Espiritual. Milarepa dijo:

«No necesito leer libros, todo lo que aparece en mi mente contiene un mensaje de Dharma. Todas mis experiencias confirman la verdad de las enseñanzas de Buda y aumentan mis realizaciones espirituales».

Debido a que Milarepa lo percibía todo como su Guía Espiritual, progresó con rapidez en el camino espiritual y alcanzó la iluminación en esa misma vida.

En las enseñanzas del Lamrim se afirma que la función de un Buda es revelar el Dharma sagrado y concedernos sus bendiciones. Debido a que el Guía Espiritual realiza estas funciones, desde nuestro punto de vista, es un Buda. Del mismo modo, para el practicante cualificado de Loyong, los seres sintientes son maestros espirituales, y las circunstancias de la vida, lecciones de Dharma. Si recordamos esto en todo momento, no tendremos obstáculos en la práctica espiritual porque las experiencias diarias nos ayudarán a aumentar nuestras buenas cualidades.

Si practicamos con destreza, recibiremos enseñanzas sobre la ley del karma de cualquier persona que veamos. Cuando nos encontremos con personas pobres u oigamos hablar de ellas, recordaremos que la pobreza es el resultado de la falta de generosidad, y esto nos animará a cultivar esta virtud. Cuando veamos animales, podemos pensar que tienen un renacimiento inferior porque no practicaron la disciplina moral en vidas pasadas. Del mismo modo, los que se enfadan con facilidad nos recuerdan la importancia de tener paciencia, y los que están atrapados en la prisión del samsara nos animan a esforzarnos por alcanzar la liberación y ayudar a los demás a conseguir esta misma meta. Si pensamos de este modo, recibiremos de todos los seres sintientes el regalo sublime de las enseñanzas de Dharma. En lugar de despreciar a los que sufren, aprenderemos a respetarlos y a considerarlos como nuestros Guías Espirituales.

Yhampel Gyatso

Aceptar la derrota y ofrecer la victoria

Cuando alguien, por celos,
me cause daño o insulte,
he de aceptar la derrota
y ofrecerle la victoria.

La sexta estrofa nos indica que tras haber adquirido cierta experiencia en generar amor y compasión hacia todos los seres sintientes, debemos mantener estos buenos sentimientos en la vida diaria. Por ejemplo, cuando alguien se enfade con nosotros y nos perjudique o insulte, hemos de aceptarlo con amor y compasión, sin intentar vengarnos: en esto consiste aceptar la derrota y ofrecer la victoria a los demás. Con esta práctica evitamos el desánimo y la infelicidad. La intención principal del Bodhisatva Langri Tangpa al componer esta estrofa es animarnos a cultivar la paciencia. La práctica sincera de esta virtud es la base para la realización de tomar y dar que se describe en el próximo capítulo.

Si otras personas o incluso objetos inanimados nos causan problemas y, a pesar de hacer todo lo posible para solucionarlos, no lo conseguimos, no nos queda más remedio que aceptar este sufrimiento con paciencia. Cuando maduran los efectos de nuestras acciones perjudiciales, ni siquiera un Buda puede evitar que los padezcamos. Lo único que podemos hacer es tener paciencia y aceptar las dificultades. De este modo, por muy desfavorables que sean las circunstancias externas, nuestra mente permanecerá en un estado apacible y equilibrado. Por ejemplo, si practicamos la paciencia cuando estamos enfermos, podremos mantener la serenidad, y si lo hacemos cuando alguien nos perjudica, tendremos la claridad y paz mentales necesarias para responder de manera constructiva, sin enfadarnos ni deprimirnos. Cuando nos encontremos en una situación difícil o dolorosa, debemos pensar lo siguiente:

Esta situación es el resultado de mi karma negativo. Puesto que el efecto ya ha madurado, no puedo purificarlo. Lo único que puedo hacer es aceptar esta situación con paciencia y alegría. Yo mismo he creado este problema y, por lo tanto, he de aceptar las consecuencias. Si yo no experimento los resultados de mis acciones perjudiciales, ¿quién lo va a hacer?

Aunque la paciencia de aceptar voluntariamente el sufrimiento no forma parte de la práctica de tomar, si somos capaces de aceptar nuestro sufrimiento, nos resultará fácil tomar el de los demás. Los que practican esta paciencia tienen una mente muy poderosa. Son como héroes, no se desaniman ante los sufrimientos del samsara y no permiten que nada perturbe su paz mental. Dharmarakshita dice:

«La persona que busca los disfrutes del samsara
  pero no acepta el sufrimiento
tendrá muchos problemas,
mientras que el Bodhisatva que lo acepta con coraje
será siempre feliz».

Aquellos que desean disfrutar de la felicidad del samsara pero no aceptan el sufrimiento, no hacen más que aumentar sus problemas. Sufrimos porque hemos renacido en el samsara. Este es una creación de nuestro aferramiento propio y, por lo tanto, su naturaleza es sufrimiento. Mientras tengamos la causa, la mente ignorante de aferramiento propio, seguiremos experimentando su efecto, el samsara con todos sus sufrimientos. Esperar liberarnos de ellos sin eliminar el aferramiento propio revela una carencia de sabiduría. Debido a nuestra ignorancia, hemos intentado, vida tras vida, evitar las penas, dolores y aflicciones manipulando el mundo del samsara, pero nunca nos hemos esforzado por purificar nuestra mente. Ahora, en lugar de seguir cometiendo el mismo error, hemos de adoptar la actitud valiente del Bodhisatva y considerar el sufrimiento como un estímulo en nuestra práctica espiritual.

La razón de que nos resulte difícil aceptar el sufrimiento es que nuestra estimación propia exagera la importancia de nuestra felicidad. En realidad, cuando somos felices, solo una persona lo es, y cuando sufrimos, también es solo una la que sufre. En comparación con el sufrimiento de los innumerables seres sintientes, el nuestro es insignificante. Aunque, sin lugar a dudas, cada persona en particular es importante, si alguien nos preguntara quién lo es más, si una persona o diez, es evidente que estas últimas lo son más. Este razonamiento nos ayudará a aceptar la derrota con facilidad.

Sin embargo, es importante que realicemos esta práctica con sabiduría. Si aceptar la derrota y ofrecer la victoria supone un obstáculo para alcanzar los objetivos de nuestra bodhichita, perjudicará de manera indirecta a innumerables seres, incluida la persona a quien ofrecemos la victoria. Si carecemos de sabiduría, es posible que no nos opongamos cuando alguien intente hacernos perder la preciosa oportunidad de progresar en el camino hacia la iluminación y de beneficiar a todos los seres sintientes. Esta compasión no es beneficiosa y nos hace practicar de manera incorrecta. Por ejemplo, si una practicante de Loyong llamada María, que actúa en todo momento por el beneficio de los demás, se dejase matar sin defenderse para complacer a su atacante, su compasión sería absurda. No es suficiente con sentir compasión, también necesitamos sabiduría, puesto que sin ella cometeremos numerosos errores.

En cierta ocasión, un hombre encontró un gran pez que se había caído de la cesta de un pescador, y como aún estaba vivo, lo recogió con cuidado y lo echó en un estanque para salvarle la vida. Al poco tiempo, las personas que vivían cerca del estanque descubrieron que los peces pequeños habían desaparecido y que solo el pez grande seguía vivo. Cuando se dieron cuenta de que este se había comido al resto de los peces, lo mataron. Con su acción compasiva, el hombre no solo causó la muerte de todos los peces del estanque, sino también la del pez grande que en un principio había intentado salvar. Este relato nos enseña que si deseamos ayudar a los demás, además de buenas intenciones, necesitamos sabiduría. Sin esta, nuestros esfuerzos por ayudar pueden resultar contraproducentes. En el budismo se dice que la compasión y la sabiduría son complementarias, y ambas son imprescindibles para ayudar a los demás de manera eficaz.

Imaginemos que hemos eliminado nuestra estimación propia y que alguien nos pide que nos dejemos matar. Es posible que seamos capaces de ofrecer nuestra vida sin sentimiento de pérdida, pero antes de hacerlo hemos de analizar si esta acción va a ayudar realmente a los demás. En ciertos casos, puede ser beneficioso, como en el caso del rey tibetano Yeshe O, que sacrificó su vida para invitar al gran erudito indio Dhipamkara Shriyhana a enseñar el Dharma en el Tíbet. Este maestro quedó tan impresionado por su admirable acto de generosidad, que aceptó la invitación. Durante muchos años, enseñó el Dharma kadam a los indisciplinados tibetanos, que respondieron con gran afecto y aprecio. En señal de respeto, le dieron el nombre de Atisha, que significa 'Paz', y el Budadharma puro se difundió por todo el Tíbet y otros países. A partir de entonces, innumerables seres han recibido enormes beneficios gracias al sacrificio de Yeshe O. Para una descripción más detallada de este relato, véase *El camino gozoso de buena fortuna*.

No obstante, en otras ocasiones, ofrecer nuestra vida puede que complazca a una persona, pero nos impedirá ayudar a otras. Si pensamos que podemos beneficiar a más seres salvando nuestra vida, no debemos ofrecerla. Además, si alguien se enfada y nos amenaza de muerte, podemos incluso luchar contra él para defendernos por el beneficio de los demás. Buda dijo que sería un grave error dar nuestro cuerpo por pequeños motivos o poner en peligro nuestra salud de manera innecesaria, porque estas acciones obstaculizarían nuestro progreso en la práctica espiritual.

Por lo general, hemos de esforzarnos por complacer los deseos de los demás y aceptar sus críticas y los problemas que nos causen, pero en algunos casos sería incorrecto hacerlo, como cuando lo que desean es perjudicial y va a ocasionar sufrimiento. Por ejemplo, si alguien nos pide que robemos un banco o nuestro hijo quiere que le compremos un arma o una caña de pescar, no debemos hacerlo. Hemos de utilizar siempre la sabiduría y no asentir a ciegas a las peticiones de los demás.

También puede ocurrir que al esforzarnos por satisfacer los deseos de los demás, no nos quede tiempo para estudiar el Dharma, contemplarlo y meditar en él. Además, hay personas con malas intenciones que intentarían abusar de nuestra bondad. Si no dedicamos cierto tiempo cada día a meditar, nos resultará difícil mantener una mente apacible y virtuosa en la vida diaria, y nuestra práctica espiritual degenerará. Puesto que el verdadero propósito de la meditación es aumentar nuestra capacidad de ayudar a los demás, dedicarle tiempo no es ser egoísta. Debemos organizarnos la vida de manera que podamos beneficiar a los demás, y para hacerlo de manera eficaz, hemos de recuperar fuerzas y ordenar nuestros pensamientos.

Cuando los practicantes de Loyong experimentan sufrimiento, lo aceptan con paciencia, pero esto no significa que no se protejan cuando alguien intenta perjudicarlos. Es un error pensar que porque practicamos la paciencia y nos esforzamos por eliminar la estimación propia, debemos permitir que los demás nos perjudiquen. En realidad, nuestra práctica consiste también en protegernos, porque si alguien nos hace daño, creará la causa para sufrir en el futuro. Los Bodhisatvas aplican cualquier método, ya sea pacífico o colérico, para impedir que otros seres los dañen, pero lo hacen con la única motivación de beneficiar a los demás. Aunque externamente parezca que estén actuando por interés propio, en realidad, protegen su vida por compasión a todos los seres sintientes.

En cierta ocasión, un meditador fue a visitar a su maestro para hacerle una pregunta sobre su práctica del Lamrim. Cuando volvía a su cueva, lo atacó un perro salvaje. El meditador, que por lo general cuidaba con respeto sus libros de Dharma, se defendió del perro pegándole con uno de ellos. ¿Es incorrecto utilizar un libro sagrado de este modo? Por lo general, hemos de tratar los libros de Dharma como si fueran verdaderas Joyas del Dharma, pero en esta ocasión, si el meditador no se hubiera defendido, podría haber perdido la vida, lo que habría interrumpido su práctica espiritual y, de manera indirecta, perjudicado a numerosos seres. Puesto que su motivación era pura, el meditador no cometió ninguna acción indebida. Del mismo modo, el Bodhisatva puede incluso luchar para defender la vida de otros seres sintientes. Es difícil juzgar las acciones externas de una persona, porque no sabemos si está practicando el Dharma o no. Si vivimos con alguien durante algún tiempo, puede que descubramos su verdadera motivación, pero, por lo general, no es posible conocer las intenciones de una persona basándonos únicamente en sus acciones externas.

Tampoco tiene sentido soportar sufrimientos innecesarios, como los que padeceríamos al rechazar asistencia médica cuando estamos enfermos. Tal vez pensemos que, al ser practicantes de Loyong, podemos solucionar los problemas solo con nuestra fuerza interior, pero si no aceptamos la ayuda de los demás, romperemos el compromiso de Loyong que nos aconseja permanecer naturales mientras cambiamos nuestra aspiración. Según la tradición kadam de Yhe Tsongkhapa, aunque poseamos elevadas realizaciones, hemos de respetar las costumbres de la sociedad donde vivamos. Puesto que lo normal es aceptar tratamiento médico cuando estamos enfermos, no es necesario atraer la atención negándonos a ser atendidos, aunque tengamos la suficiente fortaleza mental para soportar el dolor sin recibir ayuda. En la tradición de Yhe Tsongkhapa se enseña que debemos comportarnos como una persona corriente, pero cultivar mentes especiales.

Es posible que pensemos que si aceptamos la derrota, no podremos soportar el sufrimiento, pero, en realidad, lo cierto es lo contrario, porque al practicar la paciencia, no añadimos malestar interior a nuestras dificultades. Puesto que las preocupaciones, la depresión y el dolor son sensaciones, no son más que estados mentales y, por lo tanto, solo existen en nuestra mente. Si afrontamos las condiciones adversas con paciencia y una mente estable, no tendremos ningún problema. Aunque nos encontremos con situaciones difíciles o caigamos enfermos, no sufriremos. Si controlamos la mente de este modo, reduciremos el dolor, las preocupaciones y la depresión, y sentiremos verdadera paz interior. Además, si mantenemos una mente apacible, encontraremos soluciones a nuestros problemas con facilidad. La práctica budista no requiere una vida ascética ni sacrificios, sino que consiste sobre todo en controlar y transformar la mente. Cuando hayamos aprendido a hacerlo, comprenderemos el verdadero significado de las enseñanzas de Buda.

En el Tíbet conocí a numerosos practicantes que, aunque no eran famosos, practicaban aceptar la derrota y ofrecer la victoria en la vida diaria. Uno de ellos era un monje llamado Kachen Sangye, al que se le reconocía como un Bodhisatva. Cuando alguien le decía algo desagradable, lo aceptaba de inmediato, y si se le pedía algo, lo entregaba sin avaricia. Si en alguna tienda le cobraban más de la cuenta, pagaba sin rechistar, y si el tendero era pobre, le ofrecía incluso más. La posesión más valiosa de Kachen Sangye era una vasija de bronce. Un día, mientras estaba ausente de su habitación, un ladrón entró en ella y le robó la vasija. Cuando el ladrón salió a la calle, se encontró cara a cara con Kachen Sangye.

Puesto que el monje lo conocía, el ladrón, avergonzado, dejó caer la vasija al suelo y se escapó corriendo. No obstante, Kachen Sangye sintió un intenso deseo de regalársela, por lo que fue a la casa del ladrón y le dijo: «No es necesario que corras, puedes tomar lo que quieras de mi habitación». La gente solía decir que si alguien le hubiera pedido que ofreciera su vida, lo habría hecho con alegría. En el pasado se dieron numerosos ejemplos de practicantes como este, y no hay razón para pensar que no vaya a haber otros en el futuro. Aquellos que son capaces de pensar y actuar de este modo, no tienen problemas porque aceptan cualquier situación que se les presente.

En resumen, si deseamos ayudar a los demás de manera eficaz, debemos aceptar los problemas sin enfadarnos ni deprimirnos. Ayudar a los demás no es siempre fácil, porque a menudo implica soportar dificultades y contradecir los deseos de nuestra estimación propia. Si no somos capaces de hacerlo, nuestro compromiso de beneficiar a los demás será débil e inestable. Sin embargo, cuando hayamos adquirido la habilidad de aceptar los problemas con paciencia, tendremos suficiente fortaleza mental para tomar el sufrimiento de los demás y darles felicidad. Poco a poco, alcanzaremos la realización interna de aceptar la derrota y ofrecer la victoria, y nada podrá impedir que realicemos actividades virtuosas.

Tomar y dar

En resumen, que directa o indirectamente
ofrezca mi ayuda y felicidad a los maternales seres,
y tome en secreto
todas sus desdichas y sufrimientos.

En la séptima estrofa, el Bodhisatva Langri Tangpa nos enseña la práctica de tomar con compasión y dar con amor como conclusión a las estrofas anteriores. *En resumen*, en esta estrofa, significa 'para concluir'.

La presentación de las enseñanzas de Loyong del Bodhisatva Langri Tangpa es de excepcional belleza. En la primera estrofa, nos muestra cómo estimar a los demás; en la segunda, cómo mejorar la mente que estima a los demás; y en la tercera, cómo eliminar la estimación propia y otros obstáculos que nos impiden cultivar el amor que estima a los demás. Las dos primeras estrofas revelan la práctica de igualarnos con los demás, y la tercera, la de cambiarnos por los demás. En la cuarta estrofa, Langri Tangpa nos muestra cómo aumentar nuestra compasión, y en la quinta, cómo mejorar nuestro amor. A medida que crezcan nuestro amor y compasión, y disminuya nuestra estimación propia, nos resultará más fácil aceptar el sufrimiento y realizar la práctica de tomar y dar. En la sexta estrofa, Langri Tangpa nos enseña cómo cultivar la paciencia de aceptar voluntariamente el sufrimiento, requisito indispensable para realizar la práctica de tomar. Ahora, en la séptima estrofa, nos muestra la práctica de tomar y dar, con la que podemos seguir mejorando nuestras mentes de amor y compasión.

Con este adiestramiento cultivaremos una bodhichita muy especial, con la que podremos practicar con éxito las seis perfecciones, el camino en sí que nos conduce a la Budeidad.

Cuando meditamos por primera vez en tomar y dar, en realidad no somos capaces de tomar el sufrimiento de los demás ni de ofrecerles nuestra felicidad, pero al imaginar que lo hacemos, estamos adiestrándonos para poder hacerlo en el futuro. La palabra *directamente* se refiere a tomar el sufrimiento de los demás gracias al poder de la concentración, e *indirectamente*, gracias al de la imaginación. Al comenzar la práctica de tomar y dar, no debemos preguntarnos si realmente es posible aliviar el sufrimiento de los demás gracias al poder de nuestra mente, sino solo realizar la práctica con buena motivación, teniendo en cuenta que es el método supremo para acumular méritos y mejorar la concentración. Con esta práctica también purificamos nuestras acciones perjudiciales y engaños, como la estimación propia, y aumentamos las mentes de amor y compasión. Si nos adiestramos con perseverancia, nuestra meditación de tomar y dar se volverá muy poderosa, y adquiriremos la habilidad de tomar realmente el sufrimiento de los demás y de ofrecerles felicidad.

Existen numerosos ejemplos de yoguis realizados que gracias a su concentración tomaron el sufrimiento de aquellos con quienes tenían una relación kármica especial. Había un meditador llamado Maitriyogui que al tomar el sufrimiento de un perro al que habían estado a punto de matar a palos, recibió sus heridas y estas aparecieron en su cuerpo. El gran yogui tibetano Milarepa también dominaba la práctica de tomar y dar. En cierta ocasión, tomó el sufrimiento de un hombre enfermo, pero este no creyó que se hubiera curado gracias a él. Entonces, para demostrárselo, Milarepa le devolvió los dolores, y cuando estos se hicieron insoportables, los transfirió a una puerta, que empezó a temblar. Los budistas sinceros creen que cuando su Guía Espiritual está enfermo es porque está tomando el sufrimiento de los demás. Algunos cristianos también creen que Jesús se dejó crucificar para tomar el sufrimiento de los demás. Es posible que Jesús estuviese realizando esta práctica cuando estaba en la cruz.

Quizá nos preguntemos: ¿Por qué hay todavía tantos seres sufriendo si los Budas y los Bodhisatvas con elevadas realizaciones pueden realmente tomar el sufrimiento de los demás y concederles la felicidad? Los Budas bendicen a los seres de manera constante. Gracias a estas bendiciones, todos y cada uno de ellos, incluidos los animales y los seres de los infiernos, disfrutan de vez en cuando de mentes apacibles, y en esas ocasiones experimentan cierto grado de felicidad. No obstante, el único modo de que los seres sintientes puedan alcanzar la liberación del samsara es poniendo en práctica las enseñanzas de Buda. Al igual que un médico no puede curar a su paciente a menos que este tome el medicamento que se le ha prescrito, los Budas tampoco pueden sanarnos de la enfermedad interna de los engaños si no tomamos la medicina del Dharma. En los sutras se dice:

«Los Budas no pueden extraer el sufrimiento de los
  seres sintientes con sus manos
ni lavar con agua la suciedad de sus mentes
o regalarles realizaciones,
pero al revelarles la verdad última, pueden
  conducirlos hacia la liberación».

Si tenemos las ventanas de nuestra casa cerradas, aunque sea de día y brille el sol, la luz no entrará en ella, y permanecerá fría y oscura; pero si abrimos los postigos de las ventanas, los cálidos rayos del sol la iluminarán. Del mismo modo, aunque el sol de las bendiciones de Buda brilla en todo momento, mientras nuestra mente esté cerrada por la falta de fe, sus bendiciones no podrán entrar en ella y permaneceremos en la oscuridad de la ignorancia; pero si generamos fe sincera, nuestra mente se abrirá y recibiremos las bendiciones de los Budas. La fe es la energía que impulsa la práctica espiritual. Si no tenemos fe en las enseñanzas de Buda, no desearemos ponerlas en práctica.

TOMAR CON COMPASIÓN

Los seres no humanos, como los animales e incluso los dioses, no pueden aprender de su sufrimiento y este solo les causa malestar e infelicidad. En cambio, los seres humanos que conocen el Budadharma sí pueden hacerlo. Para nosotros, el sufrimiento puede convertirse en un estímulo para cultivar renuncia, compasión y bodhichita, y realizar prácticas de purificación.

Cuando Yhe Gampopa era joven, se casó con una mujer hermosa y era feliz, pero al poco tiempo esta enfermó y falleció. Debido al apego que sentía por ella, Gampopa sintió una gran tristeza, pero esta pérdida le hizo comprender que la naturaleza del samsara es muerte e impermanencia, y gracias a ello tomó la decisión de alcanzar la liberación y de practicar el Dharma con sinceridad. Primero recibió enseñanzas de numerosos gueshes kadampas y se adiestró en el Lamrim, y luego conoció a Milarepa, que le transmitió las instrucciones del Mahamudra. Gracias a que puso en práctica con sinceridad todas estas enseñanzas, se convirtió en un gran maestro y condujo a innumerables seres por el camino espiritual. Esto demuestra que para el practicante de Dharma cualificado, el sufrimiento tiene buenas cualidades. Para ellos, los sufrimientos del samsara son como el Guía Espiritual que los conduce hacia la iluminación.

Shantideva dice:

«El sufrimiento posee buenas cualidades.
Cuando estamos sometidos a él desaparece nuestra arrogancia,
sentimos compasión por los que están atrapados en el samsara,
nos apartamos del mal y disfrutamos practicando la virtud».

Si comprendemos las buenas cualidades del sufrimiento, nos alegraremos de tener la oportunidad de tomar con compasión.

Tomar nuestro propio sufrimiento

Como preparación para la práctica de tomar el sufrimiento de los demás, podemos tomar nuestro propio sufrimiento futuro. Esta meditación es un poderoso método para purificar nuestro karma negativo, la causa principal de nuestro sufrimiento futuro. Si eliminamos esta causa, no tendremos que experimentar su efecto. Es más importante liberarnos del sufrimiento futuro que del presente, puesto que el primero es infinito, mientras que el segundo solo lo experimentaremos en esta vida de corta duración. Por lo tanto, mientras tengamos la oportunidad de purificar las causas de nuestras aflicciones futuras, hemos de adiestrarnos en tomar estas últimas. Con esta práctica también podemos reducir la estimación propia, la causa principal de que nos resulte tan difícil soportar las adversidades, y aumentar la paciencia. Cuando podamos aceptar con paciencia el sufrimiento, nos resultará más fácil tomar el de los demás. De este modo, adquiriremos la habilidad de eliminar nuestro sufrimiento y de beneficiar a los demás. Por lo tanto, debemos tomar la determinación de purificar nuestras acciones perjudiciales tomando sus efectos.

Para realizar esta práctica, imaginamos que los sufrimientos futuros que tendremos que experimentar cuando renazcamos como un ser humano, un dios, un semidiós, un animal, un espíritu ávido o en los infiernos, se acumulan bajo el aspecto de humo negro, y que este se disuelve en nuestra mente raíz, que se encuentra en el corazón. Pensamos con convicción que, de este modo, purificamos los potenciales perjudiciales de nuestra mente, las causas de nuestro sufrimiento futuro. Entonces, generamos un sentimiento de gozo y meditamos en él durante tanto tiempo

Khedrubyhe

como podamos. Repetimos esta meditación de tomar nuestro sufrimiento futuro varias veces, hasta que recibamos señales de que hemos purificado nuestro karma negativo. El gozo que experimentamos al realizar esta meditación nos anima a tomar el sufrimiento de los demás con compasión.

También podemos prepararnos para tomar el sufrimiento de los demás recitando oraciones, y si lo hacemos con sinceridad y concentración, resultarán muy poderosas. Por ejemplo, podemos recitar la siguiente oración pensando en su significado:

Por lo tanto, ¡oh Compasivo y venerable Guru!, ruego tus bendiciones
para que todo el sufrimiento, faltas y obstrucciones de los maternales seres sintientes
maduren ahora mismo en mí
y que, al ofrecer mi dicha y virtudes a los demás,
todos los seres migratorios disfruten de felicidad.

Al pensar que tomamos el sufrimiento de todos los seres sintientes, debemos sentir un gozo especial y mantenerlo durante tanto tiempo como podamos. Si repetimos esta oración día y noche, aumentaremos nuestro deseo de tomar el sufrimiento de los demás y finalmente podremos realizar esta práctica. A continuación, realizamos la práctica en sí de tomar.

Beneficios de tomar el sufrimiento de los demás

Las palabras *los maternales seres* de la séptima estrofa del texto raíz se refieren a todos los seres sintientes. Con su mente omnisciente, los Budas pueden percibir que no hay ni un solo ser que no haya sido nuestra madre en el pasado, y todos ellos han sido muy bondadosos con nosotros. Puesto que no recordamos nuestras vidas pasadas y el aspecto de nuestras madres cambia de vida en vida, no las reconocemos ni recordamos su bondad; pero esto no cambia el hecho de que todos los seres sintientes son, en esencia, nuestras bondadosas madres. Si consideramos a todos los seres de este modo, nos resultará más fácil sentir amor y compasión por ellos, evitaremos enfadarnos y sentir celos, y los ayudaremos tanto como podamos. Puesto que este reconocimiento está basado en la sabiduría de todos los Budas y nos conduce hacia la iluminación, hemos de adoptarlo sin albergar dudas. En lugar de pensar en los defectos de los demás, es más beneficioso recordar su bondad.

Aunque quizá nos resulte difícil aceptar que todos los seres sintientes son nuestras madres, debemos hacerlo porque nos proporcionará enormes beneficios. Hemos de comprender que, en realidad, no hay nada cierto excepto la vacuidad. Los objetos convencionales, como las personas, los árboles, los átomos y los planetas, tienen una realidad relativa, que los distingue de los objetos inexistentes, como, por ejemplo, un unicornio o un círculo cuadrado. Sin embargo, solo la naturaleza última o vacuidad de los fenómenos es cierta porque es el único fenómeno que existe del modo en que aparece. Los objetos existen en relación con la mente que los percibe. Puesto que su naturaleza y características dependen de la mente, podemos transformar el mundo cambiando la manera en que lo percibimos. Por lo tanto, es mejor elegir una percepción beneficiosa de nosotros mismos, de los demás y de nuestro entorno. Con la práctica iremos purificando nuestra percepción del mundo hasta convertirlo en una tierra pura.

La práctica de tomar el sufrimiento de todos los seres sintientes nos proporciona los cuatro beneficios siguientes: 1) purificaremos nuestro karma negativo, 2) acumularemos gran cantidad de méritos, 3) nuestra compasión aumentará, 4) tendremos una mente estable con la que podremos afrontar las adversidades con valentía y 5) nuestra compasión terminará convirtiéndose en la compasión universal de un Buda.

De momento, nuestra mente es como una herida abierta y nos deprimimos ante la menor dificultad. Con una mente tan débil, incluso las pequeñas dificultades obstaculizan nuestra práctica de Dharma. No obstante, si nos adiestramos en tomar, podemos fortalecer nuestra mente hasta que sea imperturbable. Los gueshes kadampas rezaban para tener una mente tan firme como el yunque de un herrero, que no se rompe por mucho que se golpee. Necesitamos una mente poderosa y estable que no se perturbe por las dificultades de la vida. Con ella avanzaremos como un héroe sin encontrar obstáculos en nuestro camino hacia la iluminación.

Aquellos que tienen una experiencia profunda de la práctica de tomar pueden colmar con facilidad tanto sus deseos como los de los demás. ¿Por qué? Porque poseen méritos en abundancia y sus deseos son puros y compasivos. Gracias al poder de la oración o de declarar la verdad logran satisfacer sus deseos. Cuando Yhe Monlam Palgua ocupaba el trono de Yhe Tsongkhapa en el monasterio de Ganden, hubo una gran inundación que arrasó los campos de los alrededores, derribó numerosas casas y amenazaba con afectar a una aldea cercana. Cuando los habitantes del lugar pidieron a Yhe Monlam Palgua que los ayudase, este escribió en un papel lo siguiente: «Si es cierto que poseo la mente de bodhichita, que el agua se retire de inmediato», y les dijo que lo pusieran donde se estaba desbordando el agua. Así lo hicieron, y al cabo de unos minutos el agua se retiró y cesó la inundación.

Existen numerosos relatos de Bodhisatvas que realizaron milagros similares gracias al poder de declarar la verdad. Estas declaraciones son muy poderosas porque están motivadas por la bodhichita, que a su vez procede de la compasión. Recuerdo que en mi infancia, cuando vivía en el monasterio de Yhampa Ling, en el oeste del Tíbet, estuve enfermo durante unos meses. Cuando el dolor era casi insoportable, mi maestro Gueshe Palden vino a visitarme. Tenía un mala que él aseguraba que estaba bendecido, pero nosotros pensábamos que bromeaba. Sin embargo, en esta ocasión, el lama se sentó en mi cama y me dijo: «Si es verdad que mi mala ha sido bendecido por el Buda de la Sabiduría, Manyhushri, que te cures con rapidez», y lo puso sobre mi cabeza. Al cabo de unos días comencé a sentirme mejor y finalmente me recuperé por completo.

Gueshe Palden era la reencarnación del meditador Lama Guelong, que había vivido en un pequeño monasterio llamado Deshar Rito, cerca de Yhampa Ling. Lama Guelong solía realizar retiros de ayuno con una práctica de Avalokiteshvara, el Buda de la Compasión, llamada *nyungne*. Este lama podía curar ciertas enfermedades causadas por los espíritus *nagas*, que no pueden tratarse con métodos convencionales. Sobre su altar tenía una hermosa estatua de Buda Avalokiteshvara que aumentaba de tamaño, por lo que tuvo que construir un altar más grande. Esto era una indicación de que estaba alcanzando realizaciones y, gracias a ello, innumerables personas generaron fe profunda en él.

Meditación en sí de tomar

Existen dos maneras de adiestrarnos en tomar con compasión. La primera consiste en imaginar que tomamos el sufrimiento de todos los seres en general, y la segunda, que tomamos el de un individuo en particular o el de un grupo específico de seres.

Para practicar el primer método, imaginamos que estamos rodeados de todos los maternales seres sintientes. Como señal de buen augurio y para ayudarnos a identificarnos con ellos, los visualizamos con aspecto humano, pero hemos de recordar que padecen los sufrimientos característicos del reino donde hayan renacido. No es necesario visualizarlos con claridad, basta con tener una imagen aproximada de ellos.

A continuación, para generar compasión por todos los seres sintientes, recordamos los sufrimientos que han de experimentar. Por ejemplo, los seres humanos han de padecer el nacimiento, las enfermedades, la vejez, la muerte, la pobreza, el hambre y la sed, encontrarse con condiciones adversas, no ver complacidos sus deseos, tener que separarse de sus seres queridos, etcétera. Los animales experimentan los mismos sufrimientos, pero de manera más intensa. Además, sufren de una profunda ignorancia, son utilizados para el provecho de los seres humanos y viven con el miedo constante de ser atacados por otros animales. Los espíritus ávidos padecen intensas hambre y sed, y los seres de los infiernos, calor y frío insoportables. Incluso los dioses, que disfrutan durante casi toda su vida de los placeres del samsara, tampoco están libres del sufrimiento. Sus cuerpos, entorno y disfrutes están contaminados y su naturaleza es sufrimiento, y sienten una terrible ansiedad al morir. Debido a que también están dominados por sus perturbaciones mentales, han de renacer en el samsara y experimentar incesantes penas y dolores vida tras vida.

Recordamos a todos los seres sintientes de los seis reinos, contemplamos su sufrimiento y pensamos lo siguiente:

Estos seres son mis madres y han sido muy bondadosos conmigo. Están ahogándose en el océano del samsara, experimentando terribles sufrimientos vida tras vida. ¡Qué maravilloso sería si todos se liberaran del sufrimiento! Que sean liberados. Yo mismo voy a liberarlos.

Con esta motivación compasiva, rezamos:

Que el karma negativo y el sufrimiento de todos los seres sintientes maduren en mí, y que se liberen del sufrimiento y de sus causas.

Recitamos esta oración con sinceridad e imaginamos que el sufrimiento, los temores, el karma negativo y las perturbaciones mentales de los seres humanos, dioses, semidioses, animales, espíritus ávidos y seres de los infiernos, se reúnen y adquieren el aspecto de humo negro, que se disuelve en nuestro corazón. Entonces, pensamos que hemos eliminado nuestra estimación propia y que todos los seres han alcanzado la liberación permanente del sufrimiento. Sentimos gozo y meditamos en él durante tanto tiempo como podamos. Debemos recordar los cinco beneficios de tomar el sufrimiento de los demás y realizar esta meditación una y otra vez hasta que adquiramos una profunda experiencia de esta práctica.

Tal vez pensemos que aunque imaginamos que liberamos a todos los seres sintientes del sufrimiento, en realidad, no lo hacemos. Es cierto que al principio no podremos tomar realmente el sufrimiento de los demás, pero si seguimos meditando con la convicción de que lo hacemos, poco a poco lo lograremos. Esto es similar a la práctica tántrica de traer el resultado al camino, en la que imaginamos que somos un Buda y, como resultado de este adiestramiento, finalmente alcanzamos la iluminación. Si ni siquiera somos capaces de imaginar que esto ocurre, ¿cómo vamos a conseguirlo? Las palabras *y tome en secreto* indican que, en este sentido, la práctica de Loyong es similar al tantra o mantra secreto.

¿Cómo es posible que algo que existe solo en nuestra imaginación se convierta en realidad? La mente ejerce la extraordinaria función de imaginar objetos que luego pueden convertirse en realidad. Si lo pensamos con detenimiento, nos daremos cuenta de que todo tiene su origen en la mente. Por ejemplo, la casa en que vivimos apareció primero en la mente de un arquitecto, y luego este la dibujó en un plano para que los albañiles pudieran construirla. Si nadie hubiera imaginado nuestra casa, ahora no existiría. En realidad, nuestra mente es la única creadora del mundo en que vivimos. Todos los objetos fabricados por el hombre, como el dinero, los coches y los ordenadores, existen porque alguien los inventó. Del mismo modo, las realizaciones de Dharma, incluyendo la liberación y la iluminación, se alcanzan gracias a la imaginación. Así pues, tanto en el caso de las realizaciones espirituales como en el de los logros mundanos, la imaginación es de gran importancia.

Si imaginamos un objeto que en teoría podría existir y luego nos familiarizamos con él durante cierto tiempo, terminará por aparecer en nuestra mente de manera directa, primero en nuestra percepción mental y luego en las sensoriales. Mientras el objeto sea imaginado, la mente que lo aprehende será una mera creencia. Si el objeto es beneficioso, la creencia será correcta, pero si estimula nuestros engaños, será errónea. La creencia es una mente conceptual que aprehende su objeto por medio de una imagen genérica. Si meditamos en una creencia correcta con regularidad, la imagen genérica irá desapareciendo hasta que finalmente percibamos el objeto de manera directa. En ese momento, el objeto imaginado se convertirá en real. Si meditamos en la creencia beneficiosa de que hemos liberado a todos los seres sintientes y eliminado nuestra estimación propia, finalmente lo lograremos y nuestra creencia correcta se habrá transformado en un conocedor válido.

El segundo método de adiestrarnos en tomar con compasión consiste en tomar los sufrimientos de ciertas personas o grupos de seres en particular que habitan en los infinitos universos. Por ejemplo, dirigimos nuestra atención hacia todos los seres sintientes que están enfermos y pensamos con compasión: «¡Qué maravilloso sería si estos seres se liberaran del sufrimiento para siempre!». Entonces, rezamos: «Que sean liberados del sufrimiento», y tomamos la siguiente determinación: «Yo mismo voy a liberarlos». Imaginamos que su sufrimiento se reúne bajo el aspecto de humo negro y se disuelve en nuestro corazón. Pensamos con convicción que hemos destruido nuestra estimación propia y que ningún ser vuelve a sufrir enfermedades nunca más. Sentimos gozo y meditamos en él durante tanto tiempo como podamos.

Del mismo modo, podemos dirigir nuestra atención hacia todos los seres de los infinitos universos que están padeciendo los sufrimientos de la vejez, la muerte, la pobreza o la falta de libertad, o que han perdido a sus familiares o amigos. Rezamos por ellos con compasión y realizamos la meditación de tomar su sufrimiento. También podemos hacer lo mismo con una persona en particular.

Cuando tengamos un problema determinado, como una enfermedad, carencia de recursos económicos o perturbaciones mentales, podemos pensar en los innumerables seres que también los padecen, e imaginar con compasión que tomamos su sufrimiento. Esto nos ayudará a solucionar nuestro problema, ya que purificaremos el karma negativo que lo perpetúa. Si, por ejemplo, sufrimos de un intenso apego, podemos pensar en las personas que padecen este engaño, sentir compasión por ellas e imaginar que tomamos su apego y el sufrimiento que causa. Este es un método muy poderoso para eliminar nuestro apego.

Tomar con compasión es una mente pura que no está contaminada por la estimación propia. Por lo tanto, si meditamos en tomar el sufrimiento de los demás en el momento de nuestra muerte, renaceremos en un reino superior, en una tierra pura o como un ser humano con todas las condiciones necesarias para continuar la práctica espiritual.

Para terminar la sesión de meditación, dedicamos nuestros méritos para que todos los seres sintientes se liberen de su sufrimiento y haya paz en el mundo.

DAR CON AMOR

Dirigimos nuestra atención hacia todos los seres sintientes y pensamos:

Estos seres, mis madres, buscan la felicidad vida tras vida. Desean ser felices, pero en ningún lugar del samsara existe la felicidad verdadera. Por lo tanto, voy a ofrecerles la felicidad suprema de la paz interior permanente ahora mismo.

Meditamos en este amor que desea la felicidad de los demás durante cierto tiempo, y luego imaginamos que gracias a este sentimiento puro y a nuestra gran acumulación de méritos, nuestro cuerpo se transforma en una joya que colma todos los deseos de los seres sintientes. De él irradiamos infinitos rayos de luz que iluminan todo el universo y alcanzan a todos los seres, proporcionándoles la felicidad suprema de la paz interior permanente. Pensamos con convicción que todos los seres sintientes experimentan esta paz, sentimos gozo y meditamos en él durante tanto tiempo como podamos.

Si deseamos realizar la meditación de dar con amor de manera más extensa, podemos imaginar que estos rayos de luz colman los deseos particulares de todos y cada uno de los seres en los seis reinos. Los seres humanos encuentran amistades, casas acogedoras, trabajos bien remunerados, deliciosos manjares, bonitas prendas de vestir, etcétera. Los animales reciben comida y refugio, y sus temores desaparecen; los espíritus ávidos reciben bebida y alimentos; los seres de los infiernos calientes, una brisa refrescante, y los de los infiernos fríos, cálidos rayos de sol. Los dioses logran una felicidad no contaminada y sus vidas se llenan de significado. Al disfrutar de estos objetos de deseo, todos los seres sintientes quedan plenamente satisfechos y experimentan un gozo no contaminado. Con la convicción de que hemos proporcionado verdadera felicidad a todos los seres, sentimos gozo y nos concentramos en él.

Aunque esta práctica consiste en familiarizamos con el deseo de dar, también podemos tomar y dar de manera práctica cuando se nos presente la oportunidad. Al principio, nuestra concentración no será lo suficientemente poderosa como para tomar realmente el sufrimiento de los demás, pero podemos beneficiarlos de manera práctica, por ejemplo, ayudándolos en sus tareas, realizando los trabajos que no les agradan o cuidándolos cuando estén enfermos. Aceptar las dificultades que surgen al ayudar a los demás es también una manera de dar. Además, podemos ofrecerles nuestro trabajo, nuestras habilidades, enseñanzas de Dharma, buenos consejos u objetos de valor. Cuando nos encontremos con personas que están deprimidas, podemos animarlas dedicándoles nuestro tiempo y amor.

También podemos ayudar a los animales, rescatando insectos que se estén ahogando o retirando de un camino los gusanos que corran el riesgo de morir aplastados. Incluso dejar a un ratoncillo rebuscar en la papelera de nuestra habitación sin enfadarnos es también una forma de dar. Los animales desean ser felices, igual que nosotros, pero necesitan nuestra ayuda incluso más que los humanos. Por lo general, las personas tienen capacidad para ayudarse a sí mismas, pero los animales están tan ofuscados por la ignorancia, que no pueden mejorar su situación. Los animales han renacido en un estado de existencia inferior al nuestro, pero no por ello debemos pensar que son menos importantes. Los Budas y Bodhisatvas tienen completa ecuanimidad y estiman por igual a los seres humanos y a los animales.

Para terminar la meditación de dar, dedicamos nuestros méritos para que todos los seres sintientes logren la felicidad verdadera. También podemos hacer dedicaciones especiales, como rezar para que los enfermos recuperen la salud, los pobres reciban dinero, los parados encuentren trabajo, los que no tiene éxito lo consigan, los que sufren ansiedad se tranquilicen, etcétera. Gracias al poder de nuestra motivación y de las bendiciones del Budadharma, no hay duda de que podemos ayudar a los demás con nuestras oraciones de dedicación, sobre todo si tenemos una relación kármica con ellos. Dedicar nuestros méritos por el beneficio de los demás es también una forma de dar. Además, podemos practicar la generosidad mentalmente en nuestra vida diaria. Cuando veamos a personas enfermas, pobres, atemorizadas, fracasadas o deprimidas, u oigamos hablar de ellas, debemos aumentar nuestro amor desiderativo y dedicar nuestros méritos para que sean felices y se liberen del sufrimiento.

MONTAR LA PRÁCTICA DE TOMAR Y DAR SOBRE LA RESPIRACIÓN

Cuando nos hayamos familiarizado con la práctica de tomar y dar, podemos combinarla con la respiración. Para ello, comenzamos generando amor y compasión hacia todos los seres sintientes y tomamos la firme determinación de tomar su sufrimiento y darles felicidad pura. Entonces, imaginamos que aspiramos por los orificios nasales el sufrimiento, los engaños y las acciones perjudiciales de todos los seres sintientes en forma de humo negro, que se disuelve en nuestro corazón y elimina por completo nuestra estimación propia. Luego, exhalamos luz de sabiduría, cuya naturaleza es felicidad pura no contaminada, que ilumina todo el universo, y gracias a ella todos los seres sintientes colman sus deseos y reciben la felicidad suprema de la paz interna permanente. Debemos practicar este ejercicio de respiración día y noche, tomando el sufrimiento de todos los seres sintientes y dándoles felicidad pura con la respiración, hasta que logremos una experiencia profunda de esta práctica.

Tomar y dar con la respiración es muy poderoso porque esta última tiene una estrecha relación con la mente. La respiración está relacionada con los aires de energía que fluyen por los canales de nuestro cuerpo y sirven como vehículos o monturas para las diferentes clases de mentes. Si utilizamos la respiración para fines virtuosos, purificaremos nuestros aires de energía internos, y cuando estos aires puros fluyan por nuestros canales, tendremos mentes puras de manera natural.

Numerosos practicantes meditan en la respiración, pero, por lo general, solo se concentran en la sensación que esta produce al entrar y salir por los orificios nasales. Aunque esto nos ayuda a calmar la mente de manera temporal y a reducir las distracciones, no tiene el poder de transformarla de manera profunda y duradera. No obstante, si combinamos la meditación en la respiración con la práctica de tomar y dar, podemos transformar nuestra mente egoísta y depresiva en la mente gozosa y altruista de un Bodhisatva. Con esta práctica mejoramos nuestra concentración, aumentamos nuestro amor y compasión, y acumulamos méritos en abundancia. De este modo, podemos transformar el simple acto de respirar en una poderosa práctica espiritual. Al principio, realizamos esta práctica solo en meditación, pero cuando nos familiaricemos con ella, podremos hacerlo en todo momento y terminaremos adquiriendo la compasión de un Buda.

Meditar en tomar y dar es también muy eficaz para curarnos de enfermedades. Si tomamos las dolencias y el sufrimiento de los demás con compasión, purificamos el karma negativo que es la causa de que nuestra enfermedad continúe. Aunque siempre es recomendable seguir los consejos del médico cuando estamos enfermos, en ciertas ocasiones, no podrá ayudarnos. En el Tíbet existen numerosas historias de personas que se sanaron ellas mismas de enfermedades incurables. Había un meditador llamado Kharak Gomchen que contrajo una enfermedad que los médicos no podían curar. Pensando que iba a morir, primero entregó todas sus posesiones como ofrendas a Buda Avalokiteshvara, y luego decidió retirarse a un cementerio para meditar en tomar y dar hasta el momento de su muerte. Sin embargo, al realizar esta práctica purificó el karma que producía su enfermedad y, ante la sorpresa de todos, regresó a su casa completamente sano.

Si purificamos nuestro karma negativo, podemos curar hasta las enfermedades más graves. Mi madre me contó la historia de un monje que había contraído la lepra. Con la esperanza de curarse, hizo una peregrinación al monte Kailash, montaña sagrada que se encuentra en el oeste del Tíbet. Los tibetanos creen que el monte Kailash es la tierra pura de Buda Heruka. El monje era muy pobre, y mi madre, al encontrárselo por el camino, le ofreció comida y alojamiento.

Mi madre fue muy bondadosa con él, puesto que la mayoría evitaba el contacto con los leprosos por miedo al contagio. Durante seis meses vivió en las cercanías de la montaña, dando vueltas a su alrededor y haciendo postraciones como práctica de purificación. Después de cierto tiempo, cuando dormía cerca de un lago, soñó que miles de gusanos salían de su cuerpo y se sumergían en el agua. Cuando despertó, sus dolores habían desaparecido y descubrió que se había curado por completo. De regreso a su casa, visitó a mi madre y le contó lo que le había ocurrido.

Debemos recordar que desde tiempo sin principio hemos renacido innumerables veces, pero hemos desperdiciado estas vidas en actividades sin sentido. Ahora tenemos la oportunidad de llenar nuestra vida de significado practicando el camino de la compasión y la sabiduría. ¡Qué beneficioso sería para el mundo si los budistas de hoy día pudieran practicar como los meditadores de Loyong de antaño y se convirtieran en verdaderos Bodhisatvas!

La preciosa mente de bodhichita

El propósito principal de adiestrarnos en las prácticas que se revelan en las siete primeras estrofas del texto raíz, desde cultivar la mente que estima a los demás hasta la práctica de tomar y dar, es alcanzar la realización especial de bodhichita. Esta preciosa mente nace de la gran compasión, que a su vez surge del amor que estima a los demás. Este amor se puede comparar con un campo, la compasión, con las semillas, tomar y dar, con el abono, y la bodhichita, con la cosecha. El amor que estima a los demás que se adquiere con la práctica de cambiarnos por los demás es más profundo que el obtenido con otros métodos y, por lo tanto, la compasión y la bodhichita resultantes son también más profundas.

En sánscrito, *bodhi* significa 'iluminación', y *chita*, 'mente'; por lo tanto, la palabra *bodhichita* significa 'mente de la iluminación', y se define como «la mente primaria que, motivada por la gran compasión, desea de manera espontánea alcanzar la iluminación por el beneficio de todos los seres sintientes». Si nos adiestramos en las siete primeras estrofas, generaremos la gran compasión, el deseo de proteger a todos los seres sintientes del sufrimiento. Si tenemos gran compasión, sobre todo la que se genera con la práctica de cambiarse uno por los demás, la bodhichita surgirá de manera natural. Por esta razón, en el *Adiestramiento de la mente en ocho estrofas*, el Bodhisatva Langri Tangpa nos revela cómo generar la gran compasión, pero no menciona la bodhichita de manera explícita. En realidad, la intensidad de nuestra bodhichita depende por completo de la de nuestra gran compasión.

De todas las realizaciones de Dharma, la bodhichita es la suprema. Esta mente compasiva constituye la esencia misma del Budadharma. Si generamos la mente de bodhichita, aumentarán nuestras virtudes, solucionaremos nuestros problemas, colmaremos los deseos de los demás y adquiriremos la capacidad de ayudarlos del modo más apropiado. La bodhichita es nuestro mejor amigo y la cualidad más elevada. Por lo general, consideramos que aquellos que son amables y bondadosos con sus amigos, cuidan de sus padres y practican la generosidad, son buenas personas; pero, ¡cuánto más merecedor de alabanzas es aquel que dedica su vida a aliviar el sufrimiento de todos los seres sintientes! De los numerosos maestros que tenía Atisha, Guru Serlingpa era por el que sentía mayor devoción. Solo con oír su nombre, se postraba. Cuando los discípulos de Atisha le preguntaron por qué respetaba más a Serlingpa que a sus otros maestros, respondió: «Gracias a la bondad de Guru Serlingpa he generado la preciosa mente de bodhichita». Debido a su bodhichita, Atisha transmitía gran gozo y felicidad a los demás, y sus acciones eran siempre beneficiosas.

¿Cómo nos ayuda la bodhichita a solucionar nuestros problemas y a colmar nuestros deseos? Como ya se ha mencionado, los problemas no existen fuera de la mente, sino que es nuestra propia actitud la que convierte una situación en un problema o en una oportunidad para el crecimiento espiritual. Si tenemos bodhichita, las perturbaciones mentales, como el apego, el odio y los celos, no podrán dominarnos, y aunque no encontremos un buen trabajo, una casa agradable o buenos amigos, no nos preocupará, sino que pensaremos: «Mi deseo principal es alcanzar la iluminación. No importa si no puedo lograr estos disfrutes mundanos que, en realidad, me atan al samsara». Con esta mente pura no habrá motivo para deprimirnos ni culpar a los demás, y nada podrá impedir que avancemos hacia la iluminación. Además, con la mente altruista de bodhichita, acumularemos méritos en abundancia porque realizaremos todas las acciones por el beneficio de los demás. Con esta acumulación de méritos, colmaremos nuestros deseos con facilidad, adquiriremos la capacidad de beneficiar a los demás y tendremos éxito en nuestras prácticas.

Debemos contemplar los beneficios de la preciosa mente de bodhichita hasta que generemos el deseo de cultivarla. Para una descripción más extensa de estos beneficios, véanse *El camino gozoso de buena fortuna* y *Tesoro de contemplación*. No obstante, si queremos alcanzar una realización profunda, debemos reunir las cuatro condiciones siguientes: méritos en abundancia, sabiduría, bendiciones de nuestro Guía Espiritual y esfuerzo constante en nuestra práctica.

Ahora tenemos la gran oportunidad de generar la mente de bodhichita. Sin embargo, no sabemos cuánto tiempo durará, y si no la aprovechamos, no la volveremos a encontrar. Si perdiéramos la oportunidad de ganar dinero, conseguir un buen trabajo o una pareja atractiva, sin lugar a dudas lo lamentaríamos, pero, en realidad, no habríamos sufrido una gran pérdida. Estas circunstancias no resultan difíciles de encontrar, y aunque disfrutemos de ellas, no nos proporcionan verdadera felicidad. En cambio, si desperdiciamos la preciosa oportunidad de cultivar la bodhichita, nuestra pérdida será irreparable. Los seres humanos disponen de las mejores condiciones para el crecimiento espiritual, y de las diferentes clases de renacimiento que podríamos haber obtenido, hemos renacido como humanos. En la actualidad, muy pocas personas tienen interés en el desarrollo espiritual, y de estas, la mayoría no han encontrado el Budadharma. Si lo pensamos con detenimiento, comprenderemos lo afortunados que somos al tener la preciosa oportunidad de alcanzar la felicidad suprema de la Budeidad.

CÓMO CULTIVAR LA BODHICHITA

Aunque hayamos generado la mente superior de gran compasión, el deseo espontáneo de tomar el sufrimiento de todos los seres sintientes, de momento no tenemos la capacidad de hacerlo. Al igual que una persona que se está ahogando no puede salvar a otra en su misma situación, nosotros tampoco podemos ayudar a los demás hasta que no nos hayamos liberado del sufrimiento y de las limitaciones de nuestra mente. Si nos preguntamos quién tiene la capacidad de proteger a todos los seres sintientes, nos daremos cuenta de que solo un Buda puede hacerlo. Solo un ser iluminado ha superado sus limitaciones, posee sabiduría omnisciente y la capacidad de ayudar a todos los seres según sus necesidades e inclinaciones. Solo un Buda ha alcanzado la iluminación y puede liberar a todos los maternales seres del océano del samsara. Si reflexionamos de este modo, la bodhichita surgirá de manera espontánea en nuestra mente. Para ello, realizamos la siguiente contemplación:

Deseo liberar a todos los seres sintientes del sufrimiento, pero en este momento no tengo la capacidad de hacerlo. Puesto que solo un Buda posee esta capacidad, he de alcanzar la Budeidad lo antes posible.

Tomamos esta determinación una y otra vez hasta que surja en nosotros de manera espontánea.

Cuando queremos beber una taza de té, nuestro deseo principal es tomar esta bebida, pero para poder hacerlo, primero hemos de encontrar una taza. Del mismo modo, el deseo principal de aquellos que tienen gran compasión es proteger a todos los seres sintientes del sufrimiento, pero para lograrlo tienen que alcanzar primero la iluminación y, por lo tanto, de manera natural desean conseguirla. Al igual que para beber té es necesario encontrar una taza, para beneficiar a todos los seres sintientes debemos alcanzar la iluminación.

Al principio, nuestra bodhichita es artificial y surge solo cuando nos esforzamos por cultivarla. Para poder convertirla en una realización espontánea, debemos familiarizarnos con ella perseverando en nuestra práctica. Puesto que la mayor parte del tiempo lo pasamos en el descanso de la meditación, es importante que nos acostumbremos a generar la mente de bodhichita en las actividades diarias. Las sesiones de meditación formal y los descansos deben complementarse. Durante las sesiones de meditación cultivamos mentes apacibles y tomamos determinaciones virtuosas, pero si las olvidamos en cuanto dejamos de meditar, no solucionaremos los problemas que nos causan el odio, el apego y la ignorancia, ni progresaremos en nuestro adiestramiento espiritual. Hemos de integrar la práctica espiritual en las actividades diarias, y mantener en todo momento, día y noche, los estados mentales apacibles que cultivamos durante la meditación.

De momento, nuestra meditación y nuestras actividades diarias van en direcciones opuestas. Cuando intentamos generar mentes virtuosas en la sesión de meditación, nos distraemos con facilidad porque nuestra concentración es débil. Además, nuestras mentes virtuosas desaparecen con rapidez al emprender nuestras actividades diarias, y regresamos a nuestra meditación cansados, tensos y con la mente llena de distracciones. Para solucionar este problema, debemos transformar nuestras actividades diarias en el camino espiritual cultivando en todo momento pensamientos virtuosos. Actividades como cocinar, trabajar, conversar y relajarnos solo son mundanas si las realizamos con una mente mundana. Si lo hacemos con una motivación espiritual, se convertirán en prácticas espirituales. Por ejemplo, cuando hablamos con nuestros amigos, nuestra motivación está, por lo general, mezclada con la estimación propia, y decimos lo primero que se nos ocurre aunque sea perjudicial. Hemos de dejar de hacer esto y, en cambio, animarlos a cultivar mentes virtuosas y evitar ofenderlos. En lugar de esforzarnos por impresionar a los demás, debemos pensar en cómo ayudarlos, recordando que están atrapados en el samsara y carecen de felicidad. De este modo, hablar con nuestros amigos se convertirá en un método para mejorar nuestras mentes de amor, compasión y otras realizaciones mahayanas. Si podemos transformar nuestras actividades diarias, en lugar de estar cansados cuando llegue el momento de meditar, nos sentiremos inspirados y nos resultará fácil concentrarnos.

La mente de gran compasión es la semilla de la bodhichita, es decir, su causa principal o sustancial. Para que esta semilla brote, debemos reunir las condiciones favorables de acumular méritos, purificar el karma negativo y recibir bendiciones de los Budas y Bodhisatvas. Si reunimos estas causas y condiciones, nos resultará fácil generar la bodhichita.

CÓMO AUMENTAR LA BODHICHITA

Cuando deseemos con sinceridad liberar a todos los seres sintientes de la prisión del samsara, nos resultará fácil generar el deseo de alcanzar la iluminación para poder lograr este objetivo. Sin embargo, mantener y aumentar este deseo hasta convertirlo en la bodhichita espontánea es más difícil porque al terminar la sesión de meditación, nos distraemos con las actividades diarias y olvidamos las intenciones virtuosas que hemos cultivado. Para mantener la experiencia de bodhichita en las actividades diarias, debemos tomar los preceptos de la bodhichita aspirante. Para ello, generamos la bodhichita artificial o la espontánea, y luego, en presencia de nuestro Guía Espiritual, ante la imagen de un Buda o una asamblea de Budas visualizada, recitamos la siguiente oración:

¡Oh Budas y demás seres sagrados!,
por favor, escuchad lo que os voy a decir:
Desde este momento hasta que me convierta en un Buda

voy a guardar, aunque me cueste la vida,
la mente que desea alcanzar la iluminación completa
para poder liberar a todos los seres de los temores del
  samsara y de la paz solitaria.

Después de hacer esta promesa, debemos intentar no romperla y abstenernos de cometer acciones que degeneren nuestra bodhichita. Los ocho preceptos de la bodhichita aspirante, el método supremo para mantener y aumentar la bodhichita, son:

1) Recordar los beneficios de la bodhichita seis veces al día.
2) Generar la bodhichita seis veces al día.
3) No abandonar a ningún ser sintiente.
4) Acumular méritos y sabiduría.
5) No mentir ni engañar a nuestros maestros o Guías Espirituales.
6) No criticar a aquellos que han entrado en el mahayana.
7) No hacer que los demás se arrepientan de sus acciones virtuosas.
8) No fingir que poseemos buenas cualidades ni ocultar nuestros defectos sin una intención pura y especial.

Para guardar los preceptos, podemos dividir el día en seis períodos de cuatro horas, tres durante el día y tres durante la noche. Al comenzar cada período hemos de recordar nuestros preceptos, refugiarnos en las Tres Joyas y generar bodhichita. Si nos resulta difícil despertarnos por la noche, en lugar de dividir en seis períodos las veinticuatro horas, podemos dividir el tiempo en que estemos despiertos. Por ejemplo, si normalmente dormimos seis horas por la noche, podemos dividir el día en seis períodos de tres horas. Nuestra bodhichita artificial es como un reloj al que hay que darle cuerda para que siga funcionando. Si recordamos los beneficios de la bodhichita y la generamos cada tres o cuatro horas, permanecerá siempre en nuestra mente. Este método nos ayudará a familiarizarnos con la bodhichita.

Debemos adiestrarnos en el Dharma con destreza. Es inevitable que en ciertas ocasiones nuestra meditación no dé resultados y nos desanimemos pensando que no estamos preparados para la práctica de Dharma. No obstante, esta no se limita a las sesiones de meditación. Existen numerosas prácticas que podemos realizar durante los descansos, y debemos aprovechar cualquier situación de la vida diaria para incrementar nuestras mentes virtuosas. Por ejemplo, cuando nos encontremos con alguien que esté sufriendo, debemos recordar que la única manera de eliminar nuestro sufrimiento y el de los demás es alcanzando la Budeidad, y que el camino que nos conduce a ella es la bodhichita. Hemos de recordar los innumerables beneficios de la bodhichita y generarla a lo largo de todo el día.

El tercer precepto, no abandonar a ningún ser sintiente, significa que debemos estar dispuestos a ayudar a cualquier persona, aunque nos haya perjudicado. Después de generar el deseo de convertirnos en un Buda por el beneficio de todos los seres sintientes, no podemos excluir a los que nos odian ni a los que nos han perjudicado, puesto que sería contrario a la mente de bodhichita y la haría degenerar.

El cuarto precepto consiste en esforzarnos por acumular méritos y adquirir sabiduría. Una manera sencilla de acumular méritos es hacer ofrendas a los seres sagrados. Cada día podemos hacer ofrendas de agua, incluso los cien boles tradicionales si lo deseamos, imaginando que es néctar puro. También podemos hacer ofrendas visualizadas, llenando el espacio de objetos de deseo que deleitan a los seres sagrados. Un método profundo para acumular méritos es el ofrecimiento del mandala, en el que imaginamos que el universo, los seres que habitan en él y sus disfrutes, se convierten en tierras puras, seres puros y disfrutes puros, y los ofrecemos a los Budas y Bodhisatvas. También es importante hacer pos-

Kyabyhe Phabongkha Rimpoché

traciones todos los días. Otra manera de acumular méritos es dedicar nuestras actividades para que florezca el sagrado Dharma. Estas y otras prácticas para acumular méritos se describen con detalle en *El camino gozoso de buena fortuna*. Para mejorar nuestra sabiduría, hemos de escuchar, leer y contemplar las enseñanzas de Dharma.

Los cuatro primeros preceptos son métodos para impedir que nuestra bodhichita degenere en esta vida, y los restantes cuatro, para que lo haga en vidas futuras.

El quinto precepto es *no mentir ni engañar a nuestros maestros o Guías Espirituales*. Engañar a nuestro Guía Espiritual es una acción tan perjudicial, que al hacerlo, aunque hayamos generado la bodhichita en esta vida y observado los cuatro primeros preceptos, crearemos obstrucciones kármicas que nos impedirán mantener nuestra bodhichita en la próxima vida.

El sexto precepto es *no criticar a aquellos que han entrado en el mahayana*. Si criticamos las enseñanzas mahayanas o a los maestros, comunidades o practicantes de este vehículo porque no estamos de acuerdo con este camino, cometemos la acción perjudicial de abandonar el Dharma. Por esta razón, en vidas futuras no encontraremos maestros ni enseñanzas mahayanas, y no podremos practicar este vehículo.

El séptimo precepto es *no hacer que los demás se arrepientan de sus acciones virtuosas*. Puesto que los Bodhisatvas desean que todos los seres sean felices, se alegran cuando estos practican la virtud, la causa de su felicidad futura. Si hacemos que alguien se arrepienta de haber realizado una acción virtuosa, diciéndole que ha sido innecesaria o incorrecta, actuamos en contra de los deseos del Bodhisatva y, por lo tanto, nuestra bodhichita degenerará.

El octavo precepto es *no fingir que poseemos buenas cualidades ni ocultar nuestros defectos sin una intención pura y especial*. Si por beneficio propio engañamos a los demás haciéndoles creer que poseemos buenas cualidades, realizaciones o conocimientos, no estamos actuando con amor y compasión.

Si amamos de verdad a los seres sintientes, ¿cómo podemos engañarlos? La razón de que una madre nunca engañe con mala intención a sus hijos es que los ama. Si no somos honrados con los demás, nuestro amor y compasión se debilitarán, nuestra bodhichita degenerará y no podremos mantenerla en la próxima vida. Además, si engañamos a los demás, dejarán de confiar en nosotros y nos resultará difícil enseñarles el Dharma o darles buenos consejos. Por lo tanto, el Bodhisatva nunca engaña a los demás.

Aunque no debemos ocultar nuestros defectos motivados por el orgullo o el deseo de engañar a los demás, tampoco es apropiado proclamarlos en público. Por mucho que intentemos controlar nuestra mente y llevar una vida virtuosa, no siempre lo conseguiremos. Sin embargo, si proclamamos nuestros fracasos, desanimaremos a aquellos que nos consideran un buen ejemplo. Por lo tanto, hemos de respetar las costumbres de la sociedad en que vivimos y mantener una actitud humilde, sin llamar la atención con confesiones públicas. Si alguien señala uno de nuestros defectos, debemos reconocerlo con sinceridad, pero no es necesario que los demás conozcan todas nuestras virtudes ni todos nuestros defectos. En lugar de declarar estos últimos en público, debemos confesarlos en presencia de los Budas y Bodhisatvas.

Si guardamos estos ocho preceptos con sinceridad, impediremos que nuestro deseo de alcanzar la iluminación por el beneficio de todos los seres degenere en esta vida y en las futuras. Nuestra bodhichita artificial será cada vez más estable, y finalmente surgirá de manera espontánea. Con esta preciosa mente, todas nuestras acciones nos acercarán a la iluminación.

Para satisfacer el deseo de nuestra bodhichita, hemos de tomar los votos del Bodhisatva y llevar el modo de vida de este gran ser, es decir, practicar las seis perfecciones, de la generosidad, la disciplina moral, la paciencia, el esfuerzo, la concentración y la sabiduría. Se denominan *perfecciones* porque están motivadas por la bodhichita. La bodhichita asociada a las seis perfecciones es el método propiamente dicho para convertirnos en un Buda y el camino principal que hemos de recorrer para alcanzar la iluminación.

Cuando ponemos en práctica las instrucciones contenidas en el *Adiestramiento de la mente en ocho estrofas*, estamos practicando también la generosidad, la disciplina moral, la paciencia y las demás perfecciones. Cuando cultivamos el amor que estima a los demás, estamos practicando la generosidad al darles amor; cuando intentamos abandonar la estimación propia, los demás engaños y las acciones perjudiciales, nos adiestramos en la disciplina moral; cuando aceptamos la derrota y ofrecemos la victoria, cultivamos la paciencia, y cuando nos esforzamos por meditar, contemplar las enseñanzas, etcétera, practicamos el esfuerzo; cuando nos adiestramos en la meditación estabilizada, practicamos la concentración, y cuando contemplamos la vacuidad y meditamos en ella, la sabiduría. Si estas acciones están motivadas por la bodhichita, se convierten en perfecciones. Para una descripción más detallada de la práctica de las seis perfecciones, véanse *El voto del Bodhisatva* y *Tesoro de contemplación*.

Todas las actividades en las que cultivamos las seis perfecciones, incluyendo las prácticas tántricas pertenecientes a las etapas de generación y de consumación, en realidad, forman parte del adiestramiento en la bodhichita porque son métodos para satisfacer los deseos de esta preciosa mente. La bodhichita es el cuerpo principal del camino del Bodhisatva, y las demás realizaciones, sus miembros. El logro de la iluminación depende de nuestra práctica de la bodhichita. Esto se describe en los *Sutras de la perfección de la sabiduría*, en los que Buda presenta veintidós clases de bodhichita:

1) La bodhichita similar a la tierra.
2) La bodhichita similar al oro.

3) La bodhichita similar a la luna nueva.
4) La bodhichita similar al fuego.
5) La bodhichita similar a un tesoro.
6) La bodhichita similar a una mina de joyas.
7) La bodhichita similar a un océano.
8) La bodhichita similar a un vajra.
9) La bodhichita similar a una montaña.
10) La bodhichita similar a una medicina.
11) La bodhichita similar a un Guía Espiritual.
12) La bodhichita similar a la gema que colma todos los deseo.
13) La bodhichita similar al sol.
14) La bodhichita similar a una canción de Dharma.
15) La bodhichita similar a un rey.
16) La bodhichita similar a un cofre lleno de tesoros.
17) La bodhichita similar a un camino.
18) La bodhichita similar a un vehículo.
19) La bodhichita similar a una fuente.
20) La bodhichita similar a un sonido melodioso.
21) La bodhichita similar a un río.
22) La bodhichita similar a una nube.

1) La bodhichita similar a la tierra

La primera bodhichita que generamos es la mera aspiración de convertirnos en un Buda por el beneficio de todos los seres sintientes. Esta bodhichita aspirante se denomina *bodhichita similar a la tierra* porque al igual que la tierra es el soporte para el crecimiento de los árboles, las plantas, las cosechas, etcétera, esta preciosa mente es la base para las demás realizaciones mahayanas. Esta bodhichita es como un brote que crece de la semilla de la compasión, y debemos apreciarla y alimentarla reconociendo que es una preciosa Joya del Dharma, y que es frágil y puede morir con facilidad si la descuidamos.

2) La bodhichita similar al oro

Después de generar la bodhichita similar a la tierra, el Bodhisatva la estabiliza tomando los votos del Bodhisatva y llevando el modo de vida de este gran ser. Esta bodhichita comprometida se denomina *bodhichita similar al oro* porque al igual que el oro no pierde el brillo, su bodhichita no degenerará a partir de este momento. La bodhichita aspirante equivale a tomar la decisión de ir a un determinado lugar, y la comprometida, a emprender el viaje.

3) La bodhichita similar a la luna nueva

Después de generar la bodhichita similar al oro, el Bodhisatva hace hincapié en la práctica de las seis perfecciones, en particular la de la concentración. De ese modo alcanza la concentración del continuo del Dharma, y gracias a esta realización puede recordar todas las enseñanzas espirituales que haya recibido y percibir a los Budas de manera directa. La bodhichita asociada a la concentración del continuo del Dharma se denomina *bodhichita similar a la luna nueva* porque al igual que la luna nueva va creciendo cada noche hasta convertirse en luna llena, esta mente altruista también aumenta a cada momento.

4) La bodhichita similar al fuego

Después de generar la bodhichita similar a la luna nueva, el Bodhisatva hace hincapié en la práctica de la perfección de la sabiduría hasta que alcanza la sabiduría de la visión superior que observa la vacuidad. La bodhichita asociada a esta sabiduría se denomina *bodhichita similar al fuego* porque consume el aferramiento propio manifiesto, y también los engaños y acciones perjudiciales que nos hacen renacer en los reinos inferiores. Para una descripción de la sabiduría de la visión superior que observa la vacuidad, véanse *Corazón de la sabiduría* y *El camino gozoso de buena fortuna*.

5) La bodhichita similar a un tesoro

Cuando el Bodhisatva comprende la vacuidad de manera directa, alcanza el primero de los diez planos del Bodhisatva Superior y la realización insuperable de la perfección de la generosidad. La bodhichita asociada a esta perfección de la generosidad se denomina *bodhichita similar a un tesoro* porque colma los deseos de innumerables seres sintientes.

6) La bodhichita similar a una mina de joyas

El Bodhisatva continúa practicando la perfección de la sabiduría hasta que llega al segundo plano del Bodhisatva Superior y alcanza la realización insuperable de la perfección de la disciplina moral. La bodhichita asociada a esta perfección de la disciplina moral se denomina *bodhichita similar a una mina de joyas* porque es el origen de las cualidades virtuosas de innumerables seres sintientes.

7) La bodhichita similar a un océano

La bodhichita del Bodhisatva en el tercer plano está asociada a la realización insuperable de la perfección de la paciencia. Gracias a esta paciencia, ninguna circunstancia, ya sea favorable o desfavorable, puede alterar la mente de este Bodhisatva, por lo que se dice que su bodhichita es *similar al fondo del océano*, donde las aguas permanecen siempre imperturbables.

8) La bodhichita similar a un vajra

La bodhichita del Bodhisatva en el cuarto plano está asociada a la realización insuperable de la perfección del esfuerzo. Gracias a esta virtud, ninguna circunstancia puede debilitar sus realizaciones y, por lo tanto, su bodhichita es indestructible y se denomina *bodhichita similar a un vajra*.

9) *La bodhichita similar a una montaña*

La bodhichita del Bodhisatva en el quinto plano está asociada a la realización insuperable de la perfección de la concentración. Como esta concentración es inamovible como una montaña, la bodhichita asociada a ella se llama *bodhichita similar a una montaña*.

10) *La bodhichita similar a una medicina*

La bodhichita del Bodhisatva en el sexto plano está asociada a la realización insuperable de la perfección de la sabiduría. Debido a que esta bodhichita es muy eficaz para curar las enfermedades de los engaños, se denomina *bodhichita similar a una medicina*.

11) *La bodhichita similar a un Guía Espiritual*

La bodhichita del Bodhisatva en el séptimo plano está asociada a la realización insuperable de la perfección de la destreza. Debido a que esta bodhichita permite al Bodhisatva conducir a todos los seres sintientes por los caminos espirituales, se la compara con un Guía Espiritual.

12) *La bodhichita similar a la gema que colma todos los deseos*

La bodhichita del Bodhisatva en el octavo plano está asociada a la realización insuperable de la perfección de la oración. En este nivel, el Bodhisatva puede hacer que sus oraciones se cumplan, y de este modo beneficiar a los demás. Por lo tanto, su bodhichita es similar a una gema que colma todos los deseos, puesto que puede satisfacer los deseos de innumerables seres sintientes.

13) La bodhichita similar al sol

La bodhichita del Bodhisatva en el noveno plano está asociada a la realización insuperable de la perfección de la fuerza. Esta perfección es una realización mahayana con la que el Bodhisatva puede superar todas las circunstancias desfavorables. Por lo tanto, nada puede obstaculizar sus actividades virtuosas. Al igual que el sol tiene la propiedad de hacer crecer las cosechas, la bodhichita similar al sol puede hacer madurar el continuo mental de innumerables seres sintientes.

14) La bodhichita similar a una canción de Dharma

La bodhichita del Bodhisatva en el décimo plano está asociada a la realización insuperable de la perfección de la sabiduría excelsa. Mientras que la sexta perfección observa principalmente la verdad última, la décima observa sobre todo la verdad convencional. Debido a que esta perfección proporciona al Bodhisatva una inmensa habilidad para ayudar a los demás proclamando el sonido melodioso del Dharma, la bodhichita del décimo plano se denomina *bodhichita similar a una canción de Dharma*.

15) La bodhichita similar a un rey
16) La bodhichita similar a un cofre lleno de tesoros
17) La bodhichita similar a un camino
18) La bodhichita similar a un vehículo
19) La bodhichita similar a una fuente
20) La bodhichita similar a un sonido melodioso
21) La bodhichita similar a un río

Estas siete clases de bodhichita forman parte de la bodhichita del Bodhisatva en el décimo plano, puesto que son diferentes funciones de la misma realización. Podríamos decir que la bodhichita del décimo plano es como el cuerpo, y estas siete, como sus miembros.

El primer miembro se denomina *bodhichita similar a un rey* porque es el camino más elevado del Bodhisatva. El segundo miembro se denomina *bodhichita similar a un cofre lleno de tesoros* porque el Bodhisatva adquiere una abundante acumulación de méritos y sabiduría con la que puede conceder una gran riqueza de virtudes a innumerables seres sintientes. El tercero se denomina *bodhichita similar a un camino* porque tiene el gran poder de conducir a incontables seres sintientes por el camino de la Budeidad. El cuarto se denomina *bodhichita similar a un vehículo* porque es el vehículo superior que conduce al Bodhisatva directamente al plano de la Budeidad. El quinto se denomina *bodhichita similar a una fuente* porque permite al Bodhisatva impartir enseñanzas sin que se agoten, como una fuente de la que mana agua sin cesar. El sexto se denomina *bodhichita similar a un sonido melodioso* porque el Bodhisatva beneficia realmente a innumerables seres sintientes proclamando el sonido melodioso del Dharma. Y el séptimo se denomina *bodhichita similar a un río* porque se puede comparar a un río que desemboca en el mar, ya que en la etapa siguiente, la bodhichita del Bodhisatva en el décimo plano desembocará en el océano de la compasión de un Buda.

22) La bodhichita similar a una nube

El Bodhisatva en el décimo plano mejora las siete clases de bodhichita anteriores y, cuando las completa, se convierte en un Buda. Al mismo tiempo, su bodhichita se transforma en la compasión de un Buda, que tiene la verdadera capacidad de beneficiar a todos los seres sintientes, sin excepción. Al igual que la lluvia cae de las nubes y el agua riega los cultivos por todo el mundo, de las nubes de la compasión de un Buda cae la lluvia del Dharma sagrado sobre innumerables seres, haciendo crecer las cosechas de la paz y la virtud en sus mentes. Por esta razón, la compasión de un Buda se denomina *bodhichita similar a una nube*.

Existen diferentes opiniones sobre si un Buda posee bodhichita o no. Algunos eruditos afirman que los Budas carecen de bodhichita porque esta es el deseo de alcanzar la iluminación, y los Budas ya la han logrado. Para estos eruditos, la bodhichita similar a una nube se refiere a la del décimo plano. No obstante, otros aseguran que la compasión de un Buda no es solo compasión, sino también bodhichita, sabiduría y bodhichitas convencional y última. Estas son las cualidades extraordinarias de un Buda.

La bodhichita última

Además, que gracias a estas prácticas del método,
junto con una mente que reconoce que todos los fenómenos
son ilusorios
y limpia de las manchas de las concepciones de los ocho
extremos,
me libere de la prisión de las apariencias y concepciones
erróneas.

Las dos prácticas principales del adiestramiento de la mente son las dos bodhichitas: la convencional y la última. Las siete primeras estrofas nos muestran cómo adiestrarnos en la bodhichita convencional, y la última, cómo cultivar la bodhichita última.

Como se mencionó en capítulos anteriores, la bodhichita convencional es el deseo de alcanzar la iluminación por el beneficio de todos los seres sintientes. La bodhichita última es la realización directa de la verdad última o vacuidad, motivada por la bodhichita convencional. Es una sabiduría de meditación estabilizada que está mezclada por completo con la vacuidad, y se denomina *bodhichita última* porque es una causa principal de la iluminación y se enfoca en la verdad última. La diferencia principal entre las dos bodhichitas es que el objeto observado de la bodhichita convencional es una verdad convencional, y el de la última, una verdad última. La bodhichita convencional es la entrada al camino mahayana en general y la poseen todos los Bodhisatvas, y la bodhichita última es la entrada a los caminos mahayanas superiores y solo la poseen los Seres Superiores.

Un camino superior es una realización espiritual de un Ser Superior, el practicante que ha logrado una comprensión directa de la vacuidad.

Las bodhichitas convencional y última son como las dos alas de un pájaro. Al igual que los pájaros necesitan dos alas para volar, es necesario cultivar las dos bodhichitas para alcanzar la iluminación. La bodhichita convencional es la realización principal del camino del método, su función es acumular méritos y es la causa principal para alcanzar el Cuerpo de la Forma de un Buda. La bodhichita última es la realización principal del camino de la sabiduría, su función es liberar la mente de la ignorancia y sus impresiones, y es la causa principal para alcanzar el Cuerpo de la Verdad de un Buda.

La vacuidad es un tema difícil y, por lo tanto, debemos leer el siguiente comentario con atención y reflexionar sobre su significado. El primer verso de la octava estrofa indica que las prácticas del camino del método que se exponen en las siete estrofas anteriores han de practicarse con una comprensión de la vacuidad, la naturaleza verdadera de todos los fenómenos. El segundo verso describe la práctica de la bodhichita última durante los descansos de la meditación, el tercero durante la sesión de meditación, y el cuarto, el objetivo de meditar en la bodhichita última.

El primer verso *Además, que gracias a estos métodos y prácticas*, indica también que la bodhichita última no es un logro espiritual aislado, sino que depende de las realizaciones del camino del método que se exponen en las siete primeras estrofas. Para que una comprensión directa de la vacuidad sea una bodhichita última, debe estar motivada por la bodhichita convencional, y para generar esta preciosa mente hemos de alcanzar las realizaciones de estimar a los demás, la gran compasión, etcétera. Además, para que nuestro estudio y meditación de la vacuidad causen una profunda impresión en nuestra mente, deben estar motivados al menos por la renuncia, el deseo de alcanzar la liberación del samsara abandonando las perturbaciones mentales. Si estudiamos la vacuidad solo por curiosidad intelectual, lo único que conseguiremos será adquirir un entendimiento superficial, pero no lograremos una experiencia profunda y liberadora.

Debido a que no hemos realizado la verdad última, tenemos problemas sin cesar. La razón de que permanezcamos en el samsara es que seguimos cometiendo acciones contaminadas inducidas por nuestras perturbaciones mentales, que surgen de la ignorancia del aferramiento propio. Esta ignorancia es la causa de todos nuestros problemas, y la única manera de eliminarla es realizando la vacuidad, la verdad última. Aunque nos resulte difícil comprender la vacuidad, debemos hacer un esfuerzo. De este modo, finalmente seremos recompensados con la cesación permanente del sufrimiento y el gozo sublime de la iluminación total.

¿Qué es la verdad última? Es la verdadera forma en que existen los fenómenos, contraria al modo en que los percibimos. De manera natural creemos que los objetos que nos rodean, como las mesas, las sillas, las casas, etcétera, son verdades últimas porque pensamos que existen del modo en que aparecen. No obstante, la manera en que nuestros sentidos perciben los fenómenos es engañosa y contraria al modo en que existen en realidad. Los objetos parecen existir por su propio lado, sin depender de nuestra mente. Este libro, por ejemplo, parece tener su propia existencia independiente y objetiva. Parece estar «fuera», mientras que nuestra mente parece estar «dentro». Creemos que el libro puede existir sin que nuestra mente lo perciba y que esta última no tiene ninguna relación con su existencia. Para referirnos a esta existencia independiente de la mente, se utilizan los términos *existencia verdadera*, *existencia inherente*, *existencia propia* y *existencia por su propio lado*.

Aunque nuestros sentidos perciben los fenómenos como si existieran de manera inherente, en realidad son vacíos o carentes de existencia verdadera. Este libro, nuestro cuerpo, nuestros amigos, nosotros mismos y todo el universo somos, en realidad, apariencias que surgen en la mente, al igual que los objetos que percibimos en un sueño. Si soñamos con un elefante, este aparece de forma vívida y podemos verlo, oírlo, olerlo y hasta tocarlo; pero cuando nos despertamos, nos damos cuenta de que no era más que una apariencia en nuestra mente. No nos preguntamos dónde está el elefante porque sabemos que, en realidad, no existe fuera de nuestra mente. Cuando la percepción onírica que aprehende el elefante cesa, este no se va a ningún lugar, sino que simplemente desaparece. Buda dijo que lo mismo ocurre con todos los demás fenómenos, no son más que apariencias que surgen en nuestra mente y dependen por completo de la mente que los percibe.

El mundo del estado de vigilia y el mundo onírico son similares, ambos son meras apariencias en la mente, que surgen como resultado de nuestro karma. Por lo tanto, si afirmamos que el mundo onírico es falso, debemos concluir que el mundo del estado de vigilia también lo es, y si decimos que este último es verdadero, el onírico también ha de serlo. La única diferencia entre ellos es que el mundo onírico es una apariencia que surge en nuestra mente sutil, mientras que el del estado de vigilia lo hace en nuestra mente burda. El mundo onírico solo existe mientras se manifiesten las mentes del sueño en las que aparece, y el del estado de vigilia solo existe mientras se manifiesten las de este estado. Cuando morimos, nuestras mentes burdas del estado de vigilia se disuelven en nuestra mente muy sutil y el mundo que percibimos cuando estamos vivos desaparece. El mundo que los demás perciben continúa, pero el nuestro personal desaparece por completo al igual que lo hizo el sueño que tuvimos la noche pasada.

Buda dijo que todos los fenómenos son como ilusiones. Existen diferentes clases de ilusiones, como las causadas por las drogas, los espejismos o los arco iris. En el pasado, había magos que a partir de un objeto cualquiera, como un trozo de madera, hechizaban a la audiencia, haciéndole ver, por ejemplo, un tigre. En este caso, los afectados por el hechizo veían un tigre y sentían miedo, pero aquellos que llegaban después solo veían un trozo de madera. La característica principal de las ilusiones es que no se corresponden con la realidad. Buda comparó todos los fenómenos con ilusiones, puesto que debido al poder de las impresiones del aferramiento propio que hemos acumulado desde tiempo sin principio, cualquier objeto que percibimos parece existir por su propio lado y de modo instintivo creemos que es una apariencia verdadera, cuando en realidad todo es vacío de existencia inherente. Al igual que un espejismo parece ser agua, pero, en realidad, no lo es, todos los fenómenos aparecen de manera engañosa. Sin entender su naturaleza verdadera, nos dejamos engañar por las apariencias y nos aferramos a los objetos, como los libros, las mesas, los cuerpos y los mundos, como si tuvieran existencia inherente. El resultado de aferrarnos a los fenómenos de este modo es que generamos estimación propia, apego, odio, celos y otras perturbaciones mentales, nuestra mente se altera y perdemos la paz interior. Es como si estuviéramos en un desierto corriendo detrás de un espejismo, o como si confundiéramos la sombra de los árboles al anochecer con criminales o animales salvajes que van a atacarnos.

LA VACUIDAD DE NUESTRO CUERPO

Para comprender que los fenómenos son vacíos de existencia inherente, debemos empezar analizando nuestro propio cuerpo. Cuando nos hayamos convencido de la ausencia de existencia inherente de nuestro cuerpo, podemos aplicar los mismos razonamientos a los demás fenómenos.

En la *Guía de las obras del Bodhisatva*, Shantideva dice:

«Por lo tanto, no hay cuerpo, pero por ignorancia
pensamos: 'Mi cuerpo' al percibir nuestras manos,
  etcétera;
es como confundir un montón de piedras
con un hombre».

Aunque conocemos bien nuestro cuerpo, sabemos cuándo está sano y cuándo está enfermo, si es atractivo o desagradable, etcétera, nunca lo examinamos con detenimiento ni nos preguntamos: «¿Qué es en realidad nuestro cuerpo?, ¿dónde está?, ¿cuál es su naturaleza verdadera?». Si analizamos nuestro cuerpo de este modo, en lugar de encontrarlo, desaparecerá. El significado de la primera parte del verso de Shantideva *Por lo tanto, no hay cuerpo* es que si buscamos un cuerpo verdadero, no lo encontraremos. Nuestro cuerpo solo existe mientras no busquemos un cuerpo verdadero detrás de su mera apariencia.

Existen dos maneras de buscar un objeto. Un ejemplo de la primera, que podemos denominar *búsqueda convencional*, sería buscar nuestro coche en un garaje. El resultado de esta clase de búsqueda sería encontrarlo al localizar el objeto que todos aceptan que es nuestro coche. Sin embargo, después de haberlo encontrado, es posible que no estemos satisfechos con su mera apariencia y decidamos averiguar con exactitud qué es. Entonces, emprenderemos lo que podemos denominar una *búsqueda última*, con la que intentamos encontrar algo en este objeto que podamos identificar como el coche. Para ello, nos preguntamos: «¿Es el coche alguna de sus partes individuales?, ¿son las ruedas el coche?, ¿es el motor?, ¿es el chasis?», etcétera. Cuando realizamos una búsqueda última de nuestro coche, no nos conformamos con señalar el capó, las ruedas, etcétera, y decir: «Coche», sino que queremos saber qué es en realidad. En lugar de utilizar solo la palabra *coche* como solemos hacer, queremos saber a qué se refiere y separar mentalmente el coche de todo lo que no lo es para poder decir: «Esto es el coche de verdad, que tiene existencia inherente».

Para comprender la afirmación de Shantideva de que en realidad no hay cuerpo, hemos de realizar una búsqueda última de este mismo. Si somos seres ordinarios, todos los fenómenos, incluido nuestro cuerpo, parecen existir de manera inherente. Como ya se ha mencionado, los objetos parecen ser independientes de nuestra mente y de otros fenómenos. El universo parece consistir en diferentes objetos que tienen existencia propia y se manifiestan como estrellas, planetas, montañas, personas, etcétera, esperando a ser percibidos por los seres conscientes. Por lo general, no se nos ocurre pensar que participamos de algún modo en la existencia de estos fenómenos. Por ejemplo, sentimos que nuestro cuerpo existe por sí mismo y que su existencia no depende ni de nuestra mente ni de la de ninguna otra persona. No obstante, si nuestro cuerpo existiera de la manera en que lo percibimos de manera instintiva, como un objeto externo en lugar de como una mera aparición en la mente, deberíamos poder señalarlo sin apuntar a ningún otro fenómeno y ser capaces de encontrarlo entre sus partes o fuera de ellas. Puesto que no existe una tercera posibilidad, si no podemos hacerlo, debemos concluir que no existe como una entidad objetiva.

Resulta fácil comprender que las partes individuales de nuestro cuerpo no son nuestro cuerpo, puesto que sería absurdo afirmar que nuestra espalda, nuestras piernas o nuestra cabeza son nuestro cuerpo. Si una de sus partes, por ejemplo, la espalda, fuera nuestro cuerpo, las demás partes también deberían serlo y, por lo tanto, se deduciría que tenemos numerosos cuerpos. Además, nuestra espalda, nuestras piernas, etcétera, no pueden ser nuestro cuerpo porque son sus partes. El cuerpo es el poseedor de sus partes, y la espalda, las piernas, etcétera, son las partes que posee; y el poseedor y lo poseído no pueden ser lo mismo.

Algunas personas, entre las que se encuentran los seguidores de ciertas escuelas de filosofía budista, creen que aunque ninguna de las partes individuales del cuerpo es el cuerpo, el conjunto de todas ellas sí que lo es. Según estas escuelas, es posible encontrar nuestro cuerpo buscándolo de manera analítica porque es el conjunto de todas sus partes. Sin embargo, los seguidores de la escuela de filosofía budista más elevada, la madhyamika-prasanguika, refutan esta afirmación con numerosos argumentos. Aunque es posible que no comprendamos estos últimos de inmediato, si los contemplamos con detenimiento y una mente receptiva, nos daremos cuenta de su validez.

Puesto que nuestro cuerpo no es ninguna de sus partes individuales, ¿cómo es posible que el conjunto de ellas lo sea? Por ejemplo, un grupo de perros no puede ser un ser humano porque ninguno de ellos lo es. Puesto que cada miembro individual es un no humano, ¿cómo es posible que un conjunto de no humanos se convierta, de repente, en un humano? Del mismo modo, puesto que el conjunto de las partes de nuestro cuerpo es un conjunto de fenómenos que no son nuestro cuerpo, no puede ser nuestro cuerpo. Al igual que un grupo de perros siguen siendo solo perros, el conjunto de las partes de nuestro cuerpo siguen siendo solo partes; no pueden convertirse por arte de magia en su poseedor, nuestro cuerpo.

Es posible que nos resulte difícil comprender este razonamiento, pero si reflexionamos sobre él con detenimiento y calma, y lo analizamos con otros practicantes que tengan más experiencia, poco a poco se irá aclarando. También podemos consultar libros autorizados sobre el tema, como *Corazón de la sabiduría*.

Hay otra manera de comprender que nuestro cuerpo no es el conjunto de sus partes. Si pudiéramos señalar el conjunto de las partes de nuestro cuerpo y decir que es nuestro cuerpo, este conjunto sería independiente de los demás fenómenos que no son nuestro cuerpo. De ello se deduciría que el conjunto de las partes de nuestro cuerpo existiría independiente de sus partes. No obstante, esto es absurdo, porque entonces, aunque eliminásemos las partes de nuestro cuerpo, el conjunto seguiría existiendo. Por lo tanto, podemos concluir que nuestro cuerpo no es el conjunto de sus partes.

Puesto que no podemos encontrar el cuerpo en ninguna de sus partes ni en el conjunto de ellas, la única posibilidad que queda es que sea algo separado de sus partes. En este caso, debería ser posible eliminar sus partes física o mentalmente y que el cuerpo siguiera existiendo. Sin embargo, si eliminamos los brazos, las piernas, la cabeza, el tronco, etcétera, no quedará ningún cuerpo. Esto demuestra que no existe ningún cuerpo separado de sus partes. Cuando apuntamos a nuestro cuerpo, lo hacemos solo a una de sus partes.

Hemos agotado todas las posibilidades y no hemos podido encontrar nuestro cuerpo ni entre sus partes ni en ningún otro lugar. No podemos encontrar ningún fenómeno que se corresponda con el cuerpo que normalmente percibimos de forma tan vívida. No nos queda más remedio que darle la razón a Shantideva cuando dice que aunque busquemos nuestro cuerpo, no lo encontraremos. Esto indica con claridad que nuestro cuerpo no existe por su propio lado, como un fenómeno independiente de la mente. Es casi como si no existiera. En realidad, solo podemos decir que nuestro cuerpo existe si estamos satisfechos con su mero nombre *cuerpo* sin esperar encontrar uno verdadero más allá de esta designación. Por mucho que intentemos encontrar un cuerpo verdadero o señalar el objeto al que el nombre *cuerpo* se refiere, no lo conseguiremos. En lugar de encontrar un cuerpo con existencia inherente, percibiremos su inexistencia o vacuidad. Comprenderemos que el cuerpo que normalmente percibimos, al que nos aferramos y estimamos, no existe. Esta inexistencia es la naturaleza verdadera o última de nuestro cuerpo.

El término *naturaleza verdadera* encierra un gran significado. Insatisfechos con la mera apariencia de nuestro cuerpo y con su nombre *cuerpo*, hemos examinado nuestro cuerpo para descubrir su naturaleza verdadera. El resultado de este análisis es que no es posible encontrarlo. Donde esperábamos encontrar un cuerpo con existencia inherente, descubrimos su total ausencia. Esta ausencia o vacuidad es la naturaleza verdadera de nuestro cuerpo. Además de la mera ausencia de un cuerpo con existencia inherente, nuestro cuerpo no tiene otra naturaleza verdadera, sus otras características forman parte de su naturaleza ilusoria. Por lo tanto, ¿por qué dedicamos tanto tiempo a cuidar de la naturaleza ilusoria de nuestro cuerpo? Hasta ahora, hemos ignorado la naturaleza verdadera de nuestro cuerpo y de los demás fenómenos, y nos hemos concentrado solo en su naturaleza ilusoria. Como resultado, sufrimos perturbaciones mentales y continuamos atrapados en el samsara. Si deseamos disfrutar de paz duradera, debemos familiarizar nuestra mente con la verdad. En lugar de desperdiciar nuestras energías en objetos ilusorios y sin sentido, hemos de concentrarnos en la naturaleza verdadera de los fenómenos.

Aunque es imposible encontrar nuestro cuerpo buscándolo mediante una investigación, cuando no lo analizamos, aparece con claridad. ¿Por qué? Shantideva dice que debido a nuestra ignorancia, al ver las manos y otras partes del cuerpo percibimos un cuerpo con existencia inherente. Es la ignorancia, y no la sabiduría, la que nos hace percibir un cuerpo con existencia inherente entre sus partes, pero, en realidad, este no existe. Al igual que podríamos confundir un montón de piedras con un hombre al anochecer, nuestra ignorancia percibe un cuerpo con existencia inherente en los brazos, las piernas, etcétera, aunque este no exista. Este cuerpo con existencia inherente no es más que una alucinación de nuestra mente ignorante. No obstante, al no darnos cuenta de ello, nos aferramos a él con intensidad, lo estimamos y nos esforzamos por protegerlo de cualquier incomodidad.

Para familiarizarnos con la naturaleza verdadera de nuestro cuerpo, debemos aplicar el razonamiento descrito para buscar este último en todos los lugares posibles. Luego, al no poder encontrarlo, hemos de concentrarnos en la vacuidad, semejante al espacio, que es la mera ausencia del cuerpo con existencia inherente. Esta es la naturaleza verdadera de nuestro cuerpo. Aunque es similar a un espacio vacío, esta vacuidad tiene un gran significado: la total ausencia del cuerpo con existencia inherente al que nos aferramos con tanta intensidad y que hemos estimado durante toda la vida.

Si nos familiarizamos con la experiencia de la naturaleza última, semejante al espacio, de nuestro cuerpo, reduciremos el aferramiento que sentimos hacia él. Como resultado, experimentaremos menos sufrimiento, ansiedad y frustración en relación con nuestro cuerpo. Disminuirá nuestro estrés, mejorará nuestra salud, y aunque caigamos enfermos, el malestar físico no alterará nuestra mente. Aquellos que poseen una experiencia directa de la vacuidad no sienten dolor aunque los golpeen o reciban un disparo. Puesto que comprenden que la naturaleza verdadera de su cuerpo es como el espacio, si alguien los golpea o dispara, es como si lo hicieran al espacio. Además, las circunstancias externas, ya sean favorables o desfavorables, no los alteran porque comprenden que son como el hechizo de un mago y no existen por sí mismas fuera de su mente. En lugar de ser dominados por las circunstancias, como marionetas, mantienen en todo momento la serenidad al comprender la naturaleza última e invariable que comparten todos los fenómenos. De este modo, la persona que realiza directamente la naturaleza verdadera de los fenómenos disfruta de paz mental día y noche, vida tras vida.

Los budistas distinguen entre el cuerpo que existe de manera convencional y el que lo hace de forma inherente, que no existe; pero no debemos dejarnos engañar por las palabras y pensar que el cuerpo que existe de manera convencional es algo más que una mera apariencia en la mente. Quizá nos resulte más fácil de comprender si decimos que para la mente que percibe la vacuidad, el cuerpo no existe. Este solo existe para la mente en que aparece.

Shantideva nos aconseja que no analicemos en la vida diaria las verdades convencionales, como nuestro cuerpo, posesiones y amigos, sino que nos sintamos satisfechos con sus meros nombres, como lo hacen las personas corrientes.

Cuando una persona corriente conoce el nombre de un objeto y su función, se siente satisfecha y no hace ninguna otra investigación. Nosotros debemos hacer lo mismo, a menos que queramos meditar en la vacuidad, en cuyo caso debemos recordar que si examinamos cualquier fenómeno con detenimiento, no lo encontraremos, puesto que desaparecerá como lo hace un espejismo al acercarnos a él.

Podemos aplicar a los demás fenómenos el mismo razonamiento que hemos utilizado para demostrar la ausencia de existencia inherente de nuestro cuerpo. Este libro, por ejemplo, parece existir por su propio lado, en algún lugar entre sus partes; pero cuando lo analizamos con detenimiento, descubrimos que ni sus páginas ni el conjunto de ellas es el libro, aunque sin ellas tampoco podría existir. En lugar de encontrar un libro con existencia inherente, percibimos la ausencia o vacuidad del libro que antes creíamos que existía. Debido a nuestra ignorancia, el libro parece existir separado de nuestra mente, como si esta estuviera dentro de nosotros, y el libro, fuera, pero después de analizar este último, descubrimos que esta apariencia es completamente falsa. No existe ningún libro fuera de la mente ni entre sus páginas. La única manera en que existe el libro es como una mera apariencia en la mente.

Todos los fenómenos existen por convención, nada existe de manera inherente. Lo mismo ocurre con la mente, con Buda e incluso con la vacuidad misma. Todo es una mera designación de la mente. Todos los fenómenos tienen partes: los físicos tienen partes físicas, y los inmateriales, atributos que la mente puede distinguir. Si utilizamos el razonamiento anterior, comprenderemos que ningún objeto puede encontrarse entre sus partes ni fuera de ellas, y que tampoco es el conjunto de sus partes, y de este modo podremos realizar la vacuidad de todos los fenómenos.

Resulta útil meditar en la vacuidad de los objetos que estimulan nuestras perturbaciones mentales, como el odio o el apego. Por medio de un análisis correcto comprenderemos que ni los objetos agradables ni los desagradables existen por su propio lado. Su belleza o fealdad, e incluso su existencia misma, son designadas por la mente. Si pensamos de esta manera, descubriremos que no hay ningún motivo para sentir odio o apego.

LA VACUIDAD DE NUESTRA MENTE

En el *Adiestramiento de la mente en siete puntos*, después de enseñarnos cómo realizar la meditación analítica sobre la vacuidad de la existencia inherente de los fenómenos externos, como nuestro cuerpo, Gueshe Chekhaua nos aconseja que analicemos nuestra propia mente para comprender que también carece de existencia inherente.

Nuestra mente no es una entidad independiente, sino un continuo transitorio que depende de numerosos factores, como sus momentos anteriores, los objetos que percibe y los aires de energía sobre los que monta. Al igual que los demás fenómenos, nuestra mente es designada sobre un conjunto de partes y, por lo tanto, carece de existencia inherente. Por ejemplo, la mente primaria posee cinco partes o factores mentales: la sensación, el discernimiento, la intención, el contacto y la atención. Sin embargo, aunque no existe separada de ellos, ni estos factores mentales ni el conjunto de ellos constituyen la mente primaria, porque son partes de ella. La mente primaria no es más que una mera designación sobre los factores mentales que son sus bases de designación y, por lo tanto, no existe por su propio lado.

Según las enseñanzas del Mahamudra, primero hemos de comprender con claridad la naturaleza y las funciones de la mente. Cuando conozcamos la naturaleza convencional de nuestra mente, es decir, que es claridad y conoce, debemos buscarla entre sus partes hasta que comprendamos que no es posible encontrarla. Esta imposibilidad de encontrar nuestra mente es su vacuidad o naturaleza última,

Kyabyhe Triyhang Rimpoché

y debemos meditar en ella. Es más poderoso meditar en la vacuidad de nuestra mente que en la de nuestro cuerpo. Poco a poco iremos profundizando en la experiencia de la vacuidad de nuestra mente, y finalmente alcanzaremos la sabiduría que realiza esta vacuidad de manera directa.

LA VACUIDAD DE NUESTRO YO

El objeto al que nos aferramos con más intensidad es el yo. Debido a las impresiones de la ignorancia del aferramiento propio que hemos acumulado desde tiempo sin principio, nuestro yo aparece ante nosotros como si tuviera existencia inherente, y nuestra mente de aferramiento propio lo aprehende de este modo. Aunque nos aferramos en todo momento al yo como si tuviera existencia inherente, incluso cuando dormimos, resulta difícil reconocer cómo aparece en nuestra mente. Para identificarlo, lo provocamos para que se manifieste con intensidad, contemplando situaciones en las que tenemos un sentido más fuerte del yo, como cuando nos sentimos avergonzados, turbados, atemorizados o indignados. Recordamos o imaginamos estas situaciones sin analizarlas ni juzgarlas, e intentamos percibir con claridad la imagen mental de este yo que aparece de manera espontánea y natural. Hemos de tener paciencia, puesto que es posible que necesitemos varias sesiones de meditación antes de conseguir percibirlo con claridad. Llegará un momento en que nos daremos cuenta de que el yo parece ser algo concreto y real, que existe por su propio lado sin depender del cuerpo ni de la mente. Este yo que aparece tan vívido es el yo con existencia inherente al que tanto queremos. Es el yo que defendemos cuando nos critican y del cual nos enorgullecemos cuando nos alaban.

Después de imaginar cómo surge el yo en situaciones difíciles, intentamos identificar el modo en que se manifiesta normalmente. Por ejemplo, podemos observar cómo aparece en la mente el yo que está leyendo este libro. Comprobaremos que aunque en circunstancias normales no sentimos el yo de manera tan intensa, aún lo percibimos como si existiera de forma inherente, por su propio lado y sin depender del cuerpo ni de la mente. Cuando tengamos la imagen de este yo inherente, nos concentramos en él durante cierto tiempo. A continuación, seguimos con la segunda etapa de la meditación, que consiste en demostrar por medio de razonamientos lógicos que el yo con existencia inherente al que nos aferramos, en realidad, no existe.

Si el yo existe de la manera en que aparece, ha de hacerlo de una de las cuatro formas siguientes: siendo el cuerpo, la mente, el conjunto del cuerpo y de la mente o algo separado de estos dos. No existe ninguna otra posibilidad. Reflexionamos sobre ello con detenimiento hasta que nos hayamos convencido de que es así. Entonces, examinamos cada una de estas cuatro posibilidades:

1. Si el yo fuera el cuerpo, no tendría sentido decir: «Mi cuerpo» porque el poseedor y lo poseído serían lo mismo.

    Si el yo fuera el cuerpo, no habría renacimientos porque dejaría de existir cuando este pereciese.

    Si el yo y el cuerpo fueran lo mismo, puesto que podemos tener fe, soñar, resolver problemas matemáticos, etcétera, se deduciría que nuestra carne, sangre y huesos también podrían hacerlo.

    Puesto que ninguna de estas hipótesis es cierta, queda claro que el yo no es el cuerpo.

2. Si el yo fuera la mente, no tendría sentido decir: «Mi mente» porque el poseedor y lo poseído serían lo mismo; pero, por lo general, cuando pensamos en nuestra mente, decimos: «Mi mente», lo cual indica con claridad que el yo no es la mente.

    Si el yo fuera la mente, puesto que cada persona tiene numerosos tipos de mentes, como las seis consciencias, mentes conceptuales y no conceptuales, etcétera, podría deducirse que cada persona posee tantos yoes como mentes; pero como esto es absurdo, podemos concluir que el yo no es la mente.

3. Puesto que ni el cuerpo ni la mente es el yo, el conjunto del cuerpo y la mente tampoco puede serlo. Si el conjunto del cuerpo y la mente es un conglomerado de objetos que no son el yo, ¿cómo puede este conjunto ser el yo? Por ejemplo, en un rebaño de ovejas no hay ningún animal que sea una vaca y, por consiguiente, el rebaño en sí no puede ser una vaca. De la misma manera, ninguno de los dos elementos que forman el conjunto del cuerpo y la mente es el yo, por lo que el conjunto en sí tampoco puede serlo.

4. Si el yo no es el cuerpo ni la mente ni el conjunto de los dos, la única posibilidad que queda es que sea algo separado del cuerpo y de la mente. En ese caso, deberíamos ser capaces de aprehender el yo sin percibir el cuerpo o la mente; pero si imaginamos que estos dos desaparecen, no quedaría nada que pudiera denominarse *yo*. Por lo tanto, se deduce que el yo no es algo que exista separado del cuerpo y de la mente.

Imaginemos que nuestro cuerpo se disuelve de manera gradual en el aire. Luego nuestra mente se desvanece, los pensamientos se los lleva el viento, y nuestros sentimientos, deseos y consciencia también desaparecen. ¿Queda algo que sea el yo? Nada en absoluto. De este modo, reconocemos que el yo no es algo que exista separado del cuerpo y de la mente.

Tras haber examinado las cuatro posibilidades, no hemos conseguido encontrar el yo. Anteriormente decidimos que no había una quinta posibilidad y, por lo tanto, concluimos que el yo con existencia inherente, que por lo general aparece tan vívido, no existe. Allí donde antes percibíamos el yo con existencia inherente, ahora solo encontramos su ausencia. Esta es su vacuidad, la falta de existencia inherente del yo.

Realizamos esta contemplación hasta que en nuestra mente aparezca la imagen de la ausencia del yo con existencia inherente. Esta imagen es nuestro objeto de meditación. Para familiarizarnos con él, nos concentramos en esta imagen sin distracciones.

Debido a que desde tiempo sin principio nos hemos aferrado a este yo inherente y lo hemos querido y protegido más que a ninguna otra cosa, la experiencia de no poder encontrarlo en meditación puede resultarnos desconcertante. Algunas personas se asustan creyendo que dejan de existir por completo y otras se alegran al comprobar que la causa de sus problemas desaparece. Ambas reacciones son señales de que nuestra meditación va por buen camino. Al cabo de cierto tiempo, estas reacciones iniciales disminuirán y nuestra meditación será más estable. Entonces, podremos meditar en la vacuidad con calma y control.

Debemos dejar que la mente se absorba en el espacio infinito de la vacuidad durante tanto tiempo como podamos. Es importante recordar que el objeto de concentración es la vacuidad, la ausencia de un yo inherente, y no un mero vacío. De vez en cuando, hemos de vigilar nuestra meditación. Si nuestra mente se desvía hacia otro objeto u olvidamos el significado de la vacuidad y nos concentramos en una mera nada, debemos repetir las contemplaciones anteriores para percibir la vacuidad con claridad.

Podemos pensar: «Si el yo con existencia inherente no existe, entonces, ¿quién está meditando?, ¿quién se va, al terminar esta sesión de meditación, a hablar con otras personas?, ¿quién contesta cuando pronuncian mi nombre?». El hecho de que no hay nada en el cuerpo o en la mente, o fuera de ellos, que sea el yo, no significa que este no exista en absoluto. Aunque el yo no existe de ninguna de las cuatro maneras mencionadas, sí lo hace convencionalmente. El yo no es más que una mera designación que la mente conceptual asigna al conjunto del cuerpo y la mente. Mientras estemos satisfechos con la mera designación *yo*, no hay ningún problema, y podemos pensar: «Yo existo», «Me voy a dar un paseo», etcétera. El problema surge cuando buscamos un yo distinto de su mera designación conceptual. La mente de autoaferramiento se aferra a un yo con existencia última, independiente de la designación conceptual, como si hubiera un verdadero yo encerrado en tal denominación. Si este existiera, deberíamos de poder encontrarlo, pero aunque lo hemos intentado aplicando un análisis correcto, no lo hemos conseguido. La conclusión de esta búsqueda es que no es posible encontrar ese yo. Esta imposibilidad de encontrar el yo es su vacuidad o naturaleza última, y el yo que existe como una mera designación, su naturaleza convencional.

LOS OCHO EXTREMOS

El segundo verso de la octava estrofa, *con una mente que reconoce que todos los fenómenos son ilusorios*, se refiere a la sabiduría de meditación estabilizada que realiza la vacuidad de manera directa. Cuando realizamos por primera vez la vacuidad, lo hacemos de manera conceptual, por medio de una imagen genérica. Si seguimos meditando en la vacuidad repetidas veces, la imagen genérica se irá desvaneciendo hasta desaparecer por completo, y entonces percibiremos la vacuidad directamente. Esta realización directa de la vacuidad será nuestra primera percepción inequívoca o mente no contaminada. Hasta que realicemos la vacuidad de manera directa, todas nuestras mentes serán percepciones incorrectas porque debido a las impresiones del aferramiento propio, todos los fenómenos aparecerán como si tuvieran existencia inherente. Langri Tangpa se refiere a estas impresiones como *manchas de las concepciones de los ocho extremos*. Estos ocho extremos son:

1. El extremo de los fenómenos producidos.
2. El extremo de la cesación.
3. El extremo de los fenómenos impermanentes.
4. El extremo de los fenómenos permanentes.
5. El extremo del ir.
6. El extremo del venir.
7. El extremo de la singularidad.
8. El extremo de la pluralidad.

El extremo de los fenómenos producidos se refiere a los fenómenos producidos con existencia inherente; el de la cesación, a la cesación con existencia inherente; etcétera.

Por lo general, hay dos extremos: el de la existencia y el de la inexistencia. Todos los fenómenos que existen están libres de estos dos extremos. Este libro, por ejemplo, está libre del extremo de la existencia porque no existe de manera inherente, y lo está también del de la inexistencia porque existe de modo convencional. Si comprendemos las dos verdades, entenderemos también el camino medio, que está libre de los dos extremos. La mayoría de las personas se inclinan hacia el extremo de la existencia, y piensan que si algo existe, debe de hacerlo de manera inherente. De este modo, exageran el modo en que existen los objetos, sin sentirse satisfechos con sus meros nombres. Otras se inclinan hacia el extremo de la inexistencia, pensando que si los fenómenos no existen de manera inherente, no lo hacen en absoluto, y así exageran su ausencia de existencia inherente. Debemos comprender que aunque los fenómenos carecen por completo de existencia propia, existen de manera convencional, como meras apariencias que surgen en una mente válida.

En realidad, ninguno de los ocho extremos existe, y las mentes conceptuales que se aferran a ellos son percepciones erróneas y una clase de ignorancia de aferramiento propio. Todas las concepciones que se aferran a la existencia inherente de los fenómenos están contenidas en las concepciones que se aferran a los ocho extremos. Cada una de estas ocho clases de aferramiento pueden ser adquiridas intelectualmente o innatas. La sabiduría que realiza la vacuidad de manera directa, que no está contaminada por la apariencia de existencia inherente o verdadera, elimina todas las concepciones erróneas que se aferran a los ocho extremos.

Con respecto al segundo verso de la octava estrofa, algunas personas piensan que con las palabras *ocho fenómenos*, Langri Tangpa se refiere a las ocho preocupaciones mundanas, pero si esta fuera su intención, las habría descrito en estrofas anteriores donde revela las prácticas del camino del método. No existe ninguna relación entre el tema tratado en esta estrofa y las ocho preocupaciones mundanas. Al llegar a este apartado de su *Adiestramiento de la mente en siete puntos*, comentario al *Adiestramiento de la mente en ocho estrofas*, Gueshe Chekhaua revela la práctica de la sabiduría, es decir, la sabiduría que comprende la ausencia de los extremos de los ocho fenómenos. Yhe Tsongkhapa también es muy claro en este sentido. Compartiendo el punto de vista de Yhe Tsongkhapa y de Gueshe Chekhaua, Changkya Ngauang Chogden escribió un comentario al *Adiestramiento de la mente en ocho estrofas* en el que señala de manera explícita que las palabras *ocho fenómenos* se refieren a los extremos de los ocho fenómenos. Estas enseñanzas sobre la sabiduría provienen originalmente de los *Sutras de la perfección de la sabiduría* y del texto de Nagaryhuna *Sabiduría fundamental*.

Es importante comprender que Gueshe Langri Tangpa no afirma que todos los pensamientos conceptuales sean percepciones erróneas y que, por lo tanto, hemos de abandonarlos. Son solo las concepciones erróneas, como los pensamientos conceptuales que se aferran a los extremos de los ocho fenómenos, las que hemos de abandonar, porque son la raíz de nuestro sufrimiento. Existen numerosas mentes conceptuales correctas que resultan útiles en la vida diaria, como las que recuerdan lo que hemos hecho el día anterior o las que saben cómo preparar una taza de té. También hay numerosas mentes que debemos cultivar en el camino espiritual. Por ejemplo, la bodhichita convencional en el continuo mental de un Bodhisatva es una mente conceptual porque aprehende su objeto, la gran iluminación, por medio de una imagen genérica. Además, para realizar la vacuidad de manera directa con una mente no conceptual, primero hemos de hacerlo por medio de un conocedor inferencial, el cual es una mente conceptual. Si contemplamos los razonamientos que refutan la existencia inherente, aparecerá en nuestra mente la imagen genérica de la ausencia o vacuidad de esta clase de existencia. Este es el único modo de lograr que la vacuidad aparezca en nuestra mente por primera vez. Luego, debemos meditar en esta imagen con una concentración cada vez más poderosa hasta que finalmente alcancemos una realización directa de la vacuidad.

Algunas personas piensan que meditar en la vacuidad consiste solo en vaciar la mente de pensamientos conceptuales, y afirman que al igual que las nubes blancas oscurecen el sol tanto como las negras, los pensamientos conceptuales virtuosos oscurecen la mente tanto como los perjudiciales. Este razonamiento es incorrecto porque a pesar de que intentemos eliminar los pensamientos conceptuales, si no nos esforzamos por comprender la vacuidad de manera intelectual, esta nunca aparecerá en nuestra mente. Es posible que logremos una experiencia vívida de un espacio vacío, pero esto no es la vacuidad, la naturaleza verdadera de los fenómenos. La meditación en este espacio vacío puede calmarnos de manera temporal, pero nunca eliminará las perturbaciones mentales ni nos liberará del samsara.

El extremo de los fenómenos producidos

Todo lo que surge de causas y condiciones es un fenómeno producido. Los fenómenos físicos, como nuestro cuerpo o una montaña, surgen de causas físicas; y los fenómenos mentales, como los pensamientos y sensaciones, lo hacen de causas internas que los inducen, como el momento previo de una percepción determinada. Debido a nuestra familiaridad con la ignorancia del aferramiento propio, cuando percibimos un fenómeno producido, de manera instintiva nos aferramos a él como si tuviera existencia inherente. Este es el modo en que nos aferramos al extremo de los fenómenos producidos. Por ejemplo, sabemos que una casa no surge de la nada, sino que ha sido construida por albañiles con ladrillos, cemento, madera, etcétera, lo que nos hace pensar que no es una mera apariencia en la mente, sino que existe de manera inherente. Para nosotros, el hecho de que algo sea producido parece demostrarnos que tiene existencia inherente, pero, en realidad, es justo lo contrario. Si un fenómeno tuviera existencia inherente, existiría por su propio lado, sin depender de ningún otro, pero los objetos producidos dependen de causas y condiciones y, por lo tanto, carecen de esta clase de existencia.

Cuando se reúnen las causas y condiciones atmosféricas apropiadas, aparecen las nubes, y sin ellas no pueden formarse. Las nubes dependen por completo de ciertas causas y condiciones, sin las cuales no se pueden formar. Lo mismo ocurre con las montañas, los planetas, los cuerpos, las mentes y todos los demás fenómenos producidos. Debido a que dependen de factores externos a ellos para existir, son vacíos de existencia inherente o independiente, y no son más que meras designaciones de la mente.

Para comprenderlo mejor, podemos recordar las enseñanzas sobre el karma. ¿De dónde proceden nuestras experiencias, tanto agradables como desagradables? Según el budismo, son respectivamente el resultado del karma positivo o negativo que hayamos creado en el pasado. Como resultado de nuestro karma positivo, conocemos a personas amables y atractivas, disponemos de buenas condiciones materiales y vivimos en un lugar acogedor, pero debido a nuestro karma negativo, nos encontramos con personas y situaciones desagradables. Este mundo es el resultado del karma colectivo de los seres que lo habitan. Debido a que el karma tiene su origen en la mente, en particular, en nuestras intenciones, podemos deducir que el mundo surge de ella. Esto es similar al modo en que aparecen los sueños. Todos los objetos que percibimos en un sueño son el resultado de la maduración de impresiones kármicas en nuestra mente y no existen fuera de ella. Cuando nuestra mente está serena y maduran impresiones virtuosas, tenemos apariencias agradables en los sueños, pero cuando está agitada y se activan las perjudiciales, tenemos pesadillas. Del mismo modo, las apariencias que surgen mientras estamos despiertos no son más que la maduración de impresiones virtuosas, perjudiciales o neutras en nuestra mente.

Cuando hayamos comprendido que los objetos surgen a partir de causas y condiciones externas o internas, y que carecen de existencia independiente, con solo percibir la producción de un objeto o pensar en ella, recordaremos su vacuidad. Entonces, en lugar de aumentar nuestra sensación de solidez y objetividad de los fenómenos, comenzaremos a percibirlos como manifestaciones de su vacuidad, con una existencia tan poco concreta como la de un arco iris en el cielo.

El extremo de la cesación

Al igual que aprehendemos los fenómenos como si tuvieran existencia inherente, también nos aferramos a su cesación del mismo modo. Sin embargo, la desaparición de los objetos también depende de causas y condiciones y, por lo tanto, tampoco tiene existencia inherente. Por ejemplo, si se incendiara nuestro coche, nos enfadaríamos porque nos aferramos tanto a él como a su cesación como si tuvieran existencia inherente; pero si comprendemos que nuestro coche no es más que una mera apariencia en la mente, como el coche que aparece en un sueño, su desaparición no nos afectará. Lo mismo ocurre con todos los objetos de apego: si comprendemos que tanto estos objetos como sus cesaciones carecen de existencia inherente, no habrá motivos para enfadarnos cuando nos separemos de ellos.

El extremo de los fenómenos impermanentes

Un fenómeno impermanente es aquel que cambia momento a momento. Todos los fenómenos producidos son impermanentes. Existen tres clases de fenómenos impermanentes: las formas, es decir, lo que percibimos con los cinco sentidos; las mentes, que incluyen las consciencias sensoriales, las mentales y todos los factores mentales virtuosos, perjudiciales y neutros; y los fenómenos compuestos no asociados, que son todos los demás objetos impermanentes, como las personas y los potenciales kármicos. Todos estos fenómenos son impermanentes porque cambian momento a momento, es decir, dejan de existir en un segundo momento. Por ejemplo, el libro que leemos en este momento no es el mismo que el que leíamos hace un momento, y existe gracias a que este último ha cesado. Cuando comprendamos que las formas, las mentes, etcétera, dejan de existir en un segundo momento, nos resultará más fácil entender que son vacíos de existencia inherente.

El extremo de los fenómenos permanentes

Aunque comprendamos que los fenómenos impermanentes carecen de existencia inherente, es posible que pensemos que los permanentes sí que existen de este modo porque no cambian ni surgen de causas y condiciones. No obstante, incluso los fenómenos permanentes, como la vacuidad y el espacio no producido o mera ausencia de obstrucción física, son objetos dependientes relacionados porque dependen de sus partes, de sus bases de designación y de las mentes que los designan y, por lo tanto, no existen de manera inherente. Aunque la vacuidad es una verdad última, no tiene existencia inherente o independiente porque también depende de sus partes, de sus bases de designación y de las mentes que la designan. Al igual que una moneda de oro no existe separada del metal del que está hecha, la vacuidad de nuestro cuerpo tampoco existe separada de él porque es su ausencia de existencia inherente.

El extremo del ir y el extremo del venir

Cuando vamos a algún lugar, pensamos: «Voy», y nos aferramos a la acción de ir como si tuviera existencia inherente. El objeto concebido de este pensamiento es el quinto extremo, el del ir con existencia inherente. Del mismo modo, cuando alguien nos visita, pensamos: «Viene», y nos aferramos a la acción de venir como si tuviera existencia inherente. El objeto concebido de este pensamiento es el sexto extremo, el del venir con existencia inherente. Estas dos concepciones son formas de aferramiento propio, y también percepciones erróneas.

Cuando alguien se marcha, sentimos que una persona con existencia inherente se va, y cuando vuelve, pensamos que una persona con existencia inherente vuelve. Sin embargo, el ir y el venir de las personas es similar a la aparición y desaparición de un arco iris en el cielo. Cuando se producen las causas y condiciones para que aparezca un arco iris, este aparece, y cuando se producen las causas y condiciones para que desaparezca, desaparece; no obstante, el arco iris no viene de ningún sitio ni se va a ningún lugar.

El extremo de la singularidad y el extremo de la pluralidad

Cuando observamos un objeto, como nuestro yo, sentimos que es una entidad singular e indivisible, y que su singularidad tiene existencia inherente. Sin embargo, en realidad, nuestro yo tiene numerosas partes, como las que leen, escuchan, hablan o piensan, o las que son, por ejemplo, un maestro, una madre, una hija o una esposa. Nuestro yo es designado sobre el conjunto de estas partes. Al igual que los demás fenómenos, es una singularidad, pero no es más que una mera designación, al igual que un ejército es meramente designado a partir de un grupo de soldados o un bosque lo es a partir de un grupo de árboles.

Cuando percibimos varios objetos, pensamos que su pluralidad también tiene existencia inherente. No obstante, al igual que la singularidad de cada uno de ellos, su pluralidad no es más que una mera designación de la mente y tampoco existe por su propio lado. Por ejemplo, en lugar de percibir varios soldados o árboles individuales, podemos considerarlos como un ejército o un bosque, es decir, un grupo singular, en cuyo caso estaríamos percibiendo una singularidad en lugar de una pluralidad.

En resumen, la singularidad no existe por su propio lado porque no es más que una mera designación sobre una pluralidad, sus diferentes partes. De igual modo, la pluralidad no existe por su propio lado porque no es más que una mera designación sobre una singularidad, el conjunto de sus partes. Por lo tanto, la singularidad y la pluralidad no son más que meras designaciones de la mente conceptual y carecen de existencia inherente. Si comprendemos esto con claridad, no tendremos motivos para sentir odio ni apego hacia los objetos, ya sean singulares o plurales.

Normalmente, tendremos a generalizar los defectos o cualidades de ciertas personas para justificar nuestro odio o apego hacia colectivos más amplios sobre la base de, por ejemplo, la raza, la religión o la nacionalidad. Contemplar la vacuidad de la singularidad y de la pluralidad nos puede servir de ayuda para reducir este tipo de odio y apego.

Aunque la producción, la cesación, etcétera, existen, no lo hacen de manera inherente, y las mentes conceptuales que se aferran a ellas como si existieran de este modo son ejemplos de ignorancia del aferramiento propio. Estas concepciones que se aferran a los ocho extremos son la raíz de las perturbaciones mentales, y como estas nos inducen a cometer acciones contaminadas que nos mantienen atrapados en el samsara, son también la raíz del samsara.

El tema de los ocho extremos es muy profundo y requiere un amplio estudio. Buda lo expone con detalle en los *Sutras de la perfección de la sabiduría*. Además, Nagaryhuna, en su comentario a estos sutras titulado *Sabiduría fundamental*, utiliza numerosos razonamientos para demostrar que los fenómenos carecen de existencia inherente. Al analizar las verdades convencionales, establece su naturaleza última y muestra la necesidad de comprender tanto la naturaleza convencional como la última de un fenómeno para comprenderlo por completo.

LAS VERDADES CONVENCIONALES Y ÚLTIMAS

Todos los fenómenos que existen son o una verdad convencional, o una verdad última, y puesto que la verdad última se refiere solo a la vacuidad de existencia inherente, todos los demás objetos son verdades convencionales. Los objetos que percibimos, como las casas, los coches y las mesas, son verdades convencionales. La *verdad convencional* se define como «el objeto principal de un conocedor válido que aprehende un objeto falso». Esta definición parece complicada, pero cuando la comprendamos, tendremos una idea más clara de lo que significa la *ausencia de existencia inherente*.

Todos los fenómenos excepto la vacuidad son falsos porque la manera en que aparecen no se corresponde con la realidad. Si una persona se muestra amable con nosotros, pero su verdadera intención es ganarse nuestra confianza para robarnos, diríamos que es falsa porque es muy distinta de lo que aparenta. Del mismo modo, los fenómenos, como las formas y los sonidos, son falsos porque aparecen como si tuvieran existencia inherente, pero carecen por completo de ella. Debido a que el modo en que aparecen no se corresponde con la realidad, se dice que las verdades convencionales son *fenómenos falsos* o *engañosos*. Una taza, por ejemplo, parece existir independiente de sus partes, de sus causas y de la mente que la aprehende, pero, en realidad, depende por completo de todas ellas. Debido a que la manera en que aparece en nuestra mente no se corresponde con el modo en que existe, la taza es un objeto falso.

En la definición de *verdad convencional*, para distinguir las verdades convencionales de los objetos que no existen en absoluto, como un círculo cuadrado o el agua de un espejismo, se dice que es el objeto de un conocedor válido, el cual es una mente fidedigna. La consciencia visual que percibe de manera directa una taza sobre una mesa es un conocedor válido porque no nos engaña, ya que si nos acercamos para tocarla, la encontraremos en el lugar donde la vemos. De este modo, la consciencia visual que percibe una taza sobre una mesa es diferente de la que confunde el reflejo de una taza en un espejo con una real o la que ve agua en un espejismo. Aunque la taza es un objeto falso, en la práctica, la consciencia visual que la percibe es una mente válida y fidedigna. Sin embargo, aunque es válida, es incorrecta porque el objeto aparece ante ella como si tuviera existencia inherente. Es válida con respecto a las características convencionales de la taza, su posición, tamaño, color, etcétera, pero incorrecta con respecto a su naturaleza última.

En resumen, los objetos convencionales son falsos porque aunque aparecen como si existieran por su propio lado, en realidad, no son más que meras apariencias en la mente, como los objetos que percibimos en sueños. No obstante, cuando soñamos, los objetos oníricos tienen una existencia relativa, y esto los distingue de los que no existen en absoluto. Supongamos que en un sueño robamos un diamante y luego alguien nos pregunta si fuimos nosotros quienes lo hicimos. Aunque el sueño no es más que una creación de nuestra mente, si lo negamos, estaremos mintiendo. Del mismo modo, aunque, en realidad, todo el universo no es más que una apariencia en la mente, de acuerdo con las experiencias de los seres ordinarios, podemos distinguir entre verdades relativas y falsedades relativas.

Las verdades convencionales pueden ser burdas o sutiles. Tomemos el ejemplo de un coche para comprender que todos los fenómenos poseen estos dos niveles de verdad convencional. El coche propiamente dicho, el que depende de sus causas y el que lo hace de sus partes son verdades convencionales burdas del coche. Se dice que son *burdas* porque pueden comprenderse con cierta facilidad. El coche que depende de sus bases de designación es más sutil y resulta más difícil de comprender, pero sigue siendo una verdad convencional burda. Las bases de designación del coche son sus partes. Para aprehender un coche, sus partes han de aparecer en nuestra mente o, de lo contrario, no podríamos pensar: «Coche». Por esta razón, las partes constituyen las bases de designación del coche. Decimos: «Veo un coche», pero, en realidad, solo vemos sus partes. Sin embargo, cuando esto ocurre, pensamos: «Coche» y lo percibimos. No podemos percibir ningún coche, ningún cuerpo ni ningún otro fenómeno sin percibir sus partes. El coche que existe como una mera designación de la mente es la verdad convencional sutil del coche. Para comprenderlo, primero hemos de saber que el coche no es más que una mera designación de una mente válida. No podemos entender las verdades convencionales sutiles sin conocer antes la vacuidad. Cuando comprendamos por completo la verdad convencional sutil, habremos realizado las dos verdades, la convencional y la última.

La *verdad última* se define como «el objeto principal de un conocedor válido que aprehende una verdad». En este contexto, *verdad*, *verdad última* y *vacuidad* son términos sinónimos. Las verdades convencionales no son verdades reales, sino objetos falsos. Son verdad para la mente de aquellos que no han realizado la vacuidad, pero solo la vacuidad es cierta porque es el único fenómeno que existe del modo en que aparece. Cuando la mente de un ser sintiente percibe de manera directa verdades convencionales, como las formas, aparecen como si existieran por su propio lado. No obstante, cuando la mente de un Ser Superior percibe directamente la vacuidad, solo esta última aparece; su mente está mezclada por completo con la mera ausencia de existencia inherente. La manera en que la vacuidad aparece en la mente de un perceptor directo no conceptual se corresponde exactamente con el modo en que existe.

Es importante señalar que aunque la vacuidad es una verdad última, tampoco existe de manera inherente. La vacuidad no es un fenómeno separado que existe detrás de las apariencias convencionales, sino la naturaleza verdadera de estas últimas. No podemos hablar de la vacuidad de manera aislada porque es la mera ausencia de existencia inherente de algún fenómeno. Por ejemplo, la vacuidad de nuestro cuerpo es la ausencia de existencia inherente de nuestro cuerpo, y sin este último como base, no podría existir. Debido a que la vacuidad depende de una base, carece de existencia inherente.

En su *Guía de las obras del Bodhisatva*, Shantideva define la *verdad última* como «el fenómeno que es verdad para la mente no contaminada de un Ser Superior». La mente no contaminada es la que realiza la vacuidad de manera directa. Esta mente es la única percepción inequívoca y solo los Seres Superiores la poseen. Debido a que las mentes no contaminadas son inequívocas, todo lo que perciben de manera directa como verdad es necesariamente una verdad última. En cambio, lo que un ser ordinario percibe como verdad nunca puede ser una verdad última porque sus mentes son incorrectas y no pueden percibir la verdad de manera directa.

El Bodhisatva Langri Tangpa afirma que la sabiduría de meditación estabilizada que realiza la vacuidad de manera directa no está contaminada por las impresiones de los pensamientos conceptuales que se aferran a los ocho extremos. Debido a estas impresiones, todo lo que aparece en la mente de los seres ordinarios lo hace como si tuviera existencia inherente. Solo la sabiduría que realiza la vacuidad de manera directa carece de apariencias incorrectas.

Cuando un Bodhisatva Superior medita en la vacuidad, su mente se mezcla por completo con ella, sin apariencia alguna de existencia inherente. Con esta meditación, adquiere una sabiduría no contaminada, completamente pura, llamada *bodhichita última*. Sin embargo, cuando surge de la meditación estabilizada, debido a las impresiones del aferramiento propio, los fenómenos convencionales aparecen de nuevo en su mente como si tuvieran existencia verdadera, y su sabiduría no contaminada deja de manifestarse de manera temporal. Solo un Buda puede manifestar su sabiduría no contaminada al mismo tiempo que percibe de manera directa las verdades convencionales. Una característica de los Budas es que su mente realiza en todo momento las dos verdades, la convencional y la última, de manera directa y simultánea. La bodhichita última tiene diferentes niveles. Por ejemplo, la que se alcanza con la práctica tántrica es más profunda que la que se logra en el camino del sutra, y la de un Buda es la suprema.

Cuando por medio de razonamientos correctos comprendamos la vacuidad del primer extremo, el de los fenómenos producidos, nos resultará fácil entender la de los otros siete. Cuando comprendamos la vacuidad de los ocho extremos, habremos entendido la de todos los fenómenos. Después de alcanzar esta realización, hemos de continuar contemplando la vacuidad de los fenómenos producidos, de la cesación, etcétera, y meditar en ella. Cuando logremos una meditación profunda, sentiremos como si todos los objetos se hubieran disuelto en ella. Entonces, podremos mantener una concentración convergente en la vacuidad de todos los fenómenos.

Para meditar en la vacuidad de los fenómenos producidos, podemos pensar lo siguiente:

Existe un yo o entidad propia de la persona que renace una y otra vez en el samsara. Este yo es un fenómeno producido porque su existencia depende de causas y condiciones, como su continuo previo y su karma y, por lo tanto, carece de existencia inherente. Si busco un yo entre mi cuerpo y mente o fuera de ellos, no puedo encontrarlo. En lugar de aparecer en mi mente un yo con existencia inherente, lo hace una vacuidad, semejante al espacio.

Entonces, sentimos que nuestra mente entra en esta vacuidad, semejante al espacio, y permanece en ella de manera convergente. De este modo, intentamos mantener la apariencia de la vacuidad de la existencia inherente del yo. Aunque en nuestra mente solo aparezca una vacuidad, semejante al espacio, sabemos que es la ausencia del yo con existencia inherente. Debemos mantener la apariencia de la vacuidad y recordar su significado especial. Esta meditación se denomina *meditación estabilizada en la vacuidad semejante al espacio*.

Al igual que las águilas vuelan majestuosamente por el cielo sin encontrar obstáculos, los meditadores avanzados pueden concentrarse en la vacuidad, semejante al espacio, con poco esfuerzo y sin distracciones. Debemos meditar en la vacuidad al igual que lo hacen estos meditadores. Cuando hayamos encontrado el objeto de meditación, la mera ausencia del yo con existencia inherente, hemos de abandonar nuestro análisis y dejar que la mente permanezca en la experiencia de esta vacuidad. De vez en cuando, debemos comprobar que no hemos perdido la apariencia clara de la vacuidad ni su significado, pero hemos de hacerlo con cuidado para no interrumpir la concentración. Nuestra meditación no debe ser como el vuelo de un pequeño pájaro, que mueve sus alas con rapidez y cambia de dirección sin cesar, sino como el de un águila, que mantiene el vuelo con solo agitar las alas de vez en cuando. Si meditamos de este modo, sentiremos que nuestra mente se disuelve en la vacuidad y se mezcla con ella.

Si meditamos correctamente, el aferramiento propio dejará de manifestarse durante la meditación, pero si hacemos demasiado hincapié en el análisis, no dejaremos que nuestra mente permanezca en el espacio de la vacuidad y, en consecuencia, nuestra meditación no tendrá poder para reducir nuestro aferramiento propio.

Por lo general, hemos de mejorar nuestra comprensión de la vacuidad con un amplio estudio y aplicando diversos razonamientos. También es importante familiarizarnos con una determinada meditación sobre la vacuidad, contemplándola repetidas veces y aplicando razonamientos que nos conduzcan a tener una experiencia de esta última. Cuando lo logremos, nos concentramos en la vacuidad de manera convergente e intentamos que nuestra mente se mezcle con ella, como agua vertida en agua.

LA UNIÓN DE LAS DOS VERDADES

La unión de las dos verdades significa que la naturaleza de las verdades convencionales, como nuestro cuerpo, y la de las últimas, como la vacuidad de nuestro cuerpo, es la misma. El propósito principal de comprender esta unión y de meditar en ella es evitar las apariencias duales, es decir, las apariencias de existencia inherente que pueden surgir en la mente que medita en la vacuidad, y permitir, por lo tanto, que nuestra mente se disuelva en este objeto. Cuando lo consigamos, con nuestra meditación en la vacuidad podremos eliminar las perturbaciones mentales. Si identificamos de manera correcta el cuerpo con existencia inherente, lo negamos y meditamos en su mera ausencia con profunda concentración, este se disolverá en la vacuidad. Entonces, comprenderemos que la naturaleza verdadera de nuestro cuerpo es su vacuidad y que este no es más que una manifestación de ella.

La vacuidad se puede comparar con el cielo, y nuestro cuerpo, con su color azul. Al igual que el color azul del cielo es una manifestación de este último y no puede separarse de él, nuestro cuerpo no es más que una manifestación de su vacuidad y no puede separarse de ella. Si comprendemos esto, cuando meditemos en la vacuidad de nuestro cuerpo, sentiremos como si este se disolviera en su naturaleza última. De este modo, podremos eliminar con facilidad la apariencia convencional de nuestro cuerpo durante la meditación y nuestra mente se mezclará con la vacuidad de manera natural.

En el *Sutra del corazón*, Avalokiteshvara dice: «La forma no es otra que la vacuidad». Esto significa que los fenómenos convencionales, como nuestro cuerpo, no existen separados de su vacuidad. Si meditamos en la vacuidad de nuestro cuerpo con este entendimiento, sabremos que la vacuidad que aparece en nuestra mente es la naturaleza de nuestro cuerpo, y que además de ella, este no existe. Al meditar de este modo, reduciremos el aferramiento propio. Si adquirimos la firme convicción de que la naturaleza de nuestro cuerpo y la de su vacuidad es la misma, nuestro aferramiento propio se debilitará.

Aunque podemos dividir la vacuidad desde el punto de vista de sus bases y hablar de la vacuidad del cuerpo, de la del yo, etcétera, en realidad, la naturaleza de todas las vacuidades es la misma. Si reunimos diez botellas, podremos distinguir diez espacios diferentes dentro de cada una de ellas, pero, en realidad, la naturaleza de todos ellos es la misma. No obstante, si rompemos las botellas, los espacios de cada una de ellas no se podrán distinguir. Del mismo modo, aunque podemos hablar de la vacuidad del cuerpo, de la mente, del yo, etcétera, su naturaleza es la misma y no se pueden distinguir. La única manera de hacerlo es desde el punto de vista de sus bases convencionales.

Al comprender que la naturaleza de todas las vacuidades es la misma, obtendremos dos beneficios: durante las sesiones de meditación nuestra mente se mezclará con la vacuidad con mayor facilidad, y en los descansos percibiremos todas las apariencias como manifestaciones de la vacuidad.

Mientras sintamos que nuestra mente y la vacuidad están separadas, que nuestra mente está «aquí» y la vacuidad «allí», no conseguiremos que se mezclen. Si comprendemos que la naturaleza de todas las vacuidades es la misma, podremos reducir esta distancia. En la vida diaria experimentamos objetos agradables, desagradables y neutros, y reaccionamos ante ellos de distinta manera. Debido a que pensamos que las diferencias entre ellos existen por su propio lado, nuestra mente no es ecuánime y sentimos apego hacia los objetos agradables, aversión hacia los que nos resultan desagradables e indiferencia hacia los neutros. Resulta difícil mezclar una mente tan desequilibrada con la vacuidad. Por lo tanto, debemos comprender que aunque los fenómenos aparecen con diversos aspectos, en esencia, son todos vacíos. Sus diferencias no son más que percepciones de las mentes incorrectas; desde el punto de vista de la verdad última, todos los fenómenos son iguales en la vacuidad. Para un meditador cualificado que se concentra de manera convergente en la vacuidad, no hay diferencia entre la producción y la cesación, la permanencia y la impermanencia, el ir y el venir, la singularidad y la pluralidad, todo es igual en la vacuidad, y los problemas causados por el apego, el odio y la ignorancia del aferramiento propio desaparecen. Para aquel que disfruta de esta experiencia, todo es apacible, equilibrado y gozoso. No hay calor ni frío, alto ni bajo, aquí ni allí, yo ni los demás, y tampoco hay samsara, todo es igual en la paz de la vacuidad. Esta realización se denomina *yoga de igualar el samsara y el nirvana*, y se describe con detalle tanto en los sutras como en los tantras.

Puesto que la naturaleza de todas las vacuidades es la misma, la naturaleza última de la mente que medita en la vacuidad es la misma que la de su objeto. Al principio, cuando meditamos en la vacuidad, esta aparece como un fenómeno separado de nuestra mente, pero cuando comprendemos que la naturaleza de todas las vacuidades es la misma, sabemos que esta separación no es más que la experiencia de una mente incorrecta. En último término, nuestra mente y la vacuidad tienen el mismo sabor. Si aplicamos este conocimiento en nuestras meditaciones, nos resultará más fácil eliminar la apariencia de la naturaleza convencional de nuestra mente y disolver esta última en la vacuidad.

Cuando surgimos de la meditación en la que mezclamos nuestra mente con la vacuidad, percibimos todos los fenómenos por igual como manifestaciones de su vacuidad. En lugar de pensar que los objetos agradables, desagradables y neutros tienen diferencias inherentes, comprendemos que su naturaleza es la misma. Al igual que las olas del mar están todas compuestas de agua sin importar su altura, las formas atractivas y repulsivas son todas manifestaciones de la vacuidad. Cuando lo comprendamos, disfrutaremos de una mente ecuánime y apacible. Consideraremos todas las apariencias convencionales como un juego mágico de la mente y no nos aferraremos a sus aparentes diferencias con tanta intensidad.

En cierta ocasión, Milarepa impartió enseñanzas sobre la vacuidad a una mujer comparando la verdad última con el cielo y las verdades convencionales con las nubes, y le dijo que meditase en el cielo. La mujer siguió sus instrucciones, pero le surgió un problema: cuando meditaba en el cielo de la vacuidad, todo desaparecía y no podía establecer la existencia convencional de los fenómenos. Entonces, le dijo a Milarepa: «Me resulta fácil meditar en el cielo, pero no consigo establecer las nubes, enséñame a meditar en ellas». Milarepa respondió: «Si puedes meditar en el cielo de manera correcta, las nubes no serán un problema, puesto que estas simplemente aparecen en el cielo, de él surgen y en él se disuelven. A medida que mejores tu experiencia del cielo, irás comprendiendo las nubes de manera natural».

En tibetano, la palabra *namkha* significa 'cielo' y también 'espacio', aunque estos dos términos sean distintos. Existen dos clases de espacio: producido y no producido. El espacio producido es aquel que podemos ver, por ejemplo, en una habitación o en el cielo. Este espacio es oscuro por la noche y luminoso durante el día, y puesto que cambia de este modo, es un fenómeno impermanente. La característica principal del espacio producido es que no es obstruido por otros fenómenos, es decir, que si hay espacio en una habitación, podemos colocar objetos en ella sin obstrucción. Del mismo modo, los pájaros pueden volar por el cielo debido a la carencia de obstrucción del espacio, mientras que no pueden hacerlo a través de una montaña. Por lo tanto, el espacio producido carece o es vacío de contacto obstructor, y esta mera ausencia o vacuidad de contacto obstructor es el espacio no producido.

Debido a que el espacio no producido es la mera ausencia de contacto obstructor, no cambia momento a momento y, por lo tanto, es un fenómeno permanente. Mientras el espacio producido es visible y resulta fácil de comprender, el no producido no es más que una mera ausencia de contacto obstructor y es más sutil. Sin embargo, comprender el espacio no producido nos ayudará a entender la vacuidad.

La única diferencia entre el espacio no producido y la vacuidad es su objeto de negación. El objeto de negación del espacio no producido es el contacto obstructor, mientras que el de la vacuidad es la existencia inherente. Puesto que el espacio no producido es un fenómeno similar a la vacuidad, se utiliza a menudo en los sutras y en otras escrituras como analogía. El espacio no producido es un fenómeno negativo no afirmante, es decir, un fenómeno que se comprende al eliminar de manera explícita su objeto de negación sin implicar la existencia de otro fenómeno positivo. No obstante, el espacio producido es un fenómeno positivo, es decir, un fenómeno que la mente comprende sin necesidad de eliminar de manera explícita un objeto de negación.

Para una descripción más detallada de estos dos fenómenos, véase *Océano de néctar*.

LA PRÁCTICA DE LA VACUIDAD DURANTE LOS DESCANSOS DE LA MEDITACIÓN

El segundo verso de la presente estrofa, *con una mente que reconoce que todos los fenómenos son ilusorios*, nos enseña que durante los descansos de la meditación debemos considerar que todas las apariencias son ilusorias. Aunque percibamos todos los objetos como si tuvieran existencia inherente, hemos de recordar que estas apariencias son engañosas y que todos los fenómenos carecen de existencia inherente. Cuando un mago hace aparecer un tigre ilusorio, este surge con claridad en su mente, pero el mago sabe que no es más que una ilusión. La misma apariencia del tigre le recuerda que, en realidad, este no existe. Del mismo modo, cuando tengamos familiaridad con la vacuidad, el hecho de que los objetos parezcan tener existencia propia nos recordará que no existen de esta manera. Por lo tanto, hemos de reconocer que todo lo que percibimos en la vida diaria es como una ilusión y carece de existencia inherente. De este modo, nuestra sabiduría aumentará día a día y nuestra ignorancia del aferramiento propio y demás perturbaciones mentales irán disminuyendo de manera natural.

Durante los descansos de la meditación debemos ser como un actor. Cuando un actor interpreta el papel de un rey, se viste, habla y actúa como un rey, pero sabe que, en realidad, no lo es. Del mismo modo, hemos de vivir y actuar en el mundo convencional, pero recordando que tanto nosotros mismos como las personas que nos rodean y nuestro entorno no son las entidades con existencia inherente que parecen ser. No son más que meras proyecciones de nuestra mente y su naturaleza verdadera es la vacuidad.

Si pensamos de este modo, podremos vivir en el mundo convencional sin aferrarnos a él. Tendremos flexibilidad mental para responder ante todas las situaciones de manera constructiva. Si reconocemos que todo lo que percibimos es una mera apariencia, cuando percibamos objetos atractivos, no nos aferraremos a ellos ni sentiremos apego, y cuando percibamos objetos desagradables, tampoco nos aferraremos a ellos ni sentiremos odio o aversión.

En el texto *Adiestramiento de la mente en siete puntos*, Gueshe Chekhaua dice: «Considera que todos los fenómenos son como sueños». Algunos de los objetos que percibimos en sueños son agradables, y otros, desagradables, pero todos son meras apariencias en nuestra mente del sueño. No existen por su propio lado y carecen de existencia inherente. Lo mismo ocurre con los objetos que percibimos cuando estamos despiertos, también son meras apariencias en la mente y carecen de existencia propia.

Todos los fenómenos carecen de existencia inherente. Cuando vemos un arco iris, parece ocupar un determinado lugar en el espacio y pensamos que si nos acercáramos a él, podríamos llegar a tocarlo. Sin embargo, sabemos que por mucho que busquemos uno de sus extremos, no lo encontraremos, puesto que cuando lleguemos al lugar donde creemos que llega al suelo, habrá desaparecido. Si no buscamos el arco iris, este aparece con claridad, pero cuando lo hacemos, no podemos encontrarlo. Todos los fenómenos son así. Si no los analizamos, aparecen con claridad, pero cuando los buscamos de manera analítica e intentamos aislarlos de los demás, desaparecen.

Si un fenómeno existiera de manera inherente, al analizarlo e intentar separarlo de los demás, deberíamos de poder encontrarlo. No obstante, todos los fenómenos son como el arco iris, si los buscamos, no podemos encontrarlos. Al principio, esta idea nos parecerá desconcertante, pero si nos familiarizamos con ella, llegaremos a entenderla.

Es importante saber que la vacuidad no es lo mismo que la nada. Aunque los objetos no existen por su propio lado, independientes de la mente, sí que lo hacen en el sentido de que aparecen ante un conocedor válido. El mundo que experimentamos en el estado de vigilia es similar al que percibimos durante el sueño. Aunque los objetos que aparecen en sueños existen, si creemos que lo hacen siendo algo más que meras apariencias de la mente, es decir, que existen «ahí fuera», cometeremos un grave error y nos daremos cuenta de ello cuando despertemos.

EL OBJETIVO DE MEDITAR EN LA VACUIDAD

En el último verso, *me libere de la prisión de las apariencias y concepciones erróneas*, Gueshe Langri Tangpa nos revela el propósito de meditar en la vacuidad. En este contexto, *concepciones erróneas* se refiere a la ignorancia del aferramiento propio, la mente conceptual que se aferra a los fenómenos como si tuvieran existencia inherente; y *apariencias erróneas*, a las apariencias de los fenómenos como si tuvieran existencia inherente. Las concepciones erróneas son las obstrucciones a la liberación, y las apariencias erróneas, las obstrucciones a la omnisciencia. Solo los Budas han eliminado estas dos obstrucciones. El propósito principal de meditar en la bodhichita última es liberar nuestra mente de estas dos obstrucciones y convertirnos en un Buda.

Existen dos clases de aferramiento propio: el aferramiento a la entidad propia de las personas y el aferramiento a la entidad propia de los fenómenos. El primero se aferra a nuestro yo o al de los demás como si tuviera existencia inherente, y el segundo, a cualquier otro fenómeno como si tuviera existencia inherente. Las mentes que se aferran a nuestro cuerpo, a nuestra mente o a nuestras posesiones como si tuvieran existencia inherente son ejemplos de aferramiento a la entidad propia de los fenómenos.

El propósito principal de meditar en la vacuidad es reducir y finalmente eliminar las dos clases de aferramiento propio. El aferramiento propio es el origen de todos nuestros problemas. Nuestro sufrimiento es directamente proporcional a la intensidad de nuestro aferramiento propio. Por ejemplo, cuando este es muy intenso, una simple broma puede hacernos enfadar, pero cuando es débil, la misma broma nos hacer reír. Cuando hayamos eliminado por completo el aferramiento propio, todos nuestros problemas desaparecerán de manera natural.

La meditación en la vacuidad puede ayudarnos a superar la ansiedad y las preocupaciones. En el *Sutra de la perfección de la sabiduría en ocho mil slokas*, Buda dice:

> «¡Oh Shariputra!, cuando viajes por un país donde abunden las enfermedades infecciosas, no debes tener miedo, recuerda la vacuidad y reconoce que tanto las enfermedades como los enfermos carecen de existencia inherente. Por la misma razón, cuando viajes por una región donde haya bandidos y animales salvajes, tampoco debes tener miedo».

Si durante las sesiones de meditación alcanzamos una realización estable de la ausencia de existencia inherente de todos los fenómenos, esta ejercerá una gran influencia en nuestra vida diaria. Aunque los objetos que percibamos parezcan tener existencia inherente, recordaremos gracias a nuestra experiencia durante la meditación que no existen de este modo. Seremos como el mago que se da cuenta de que las apariciones que crea con sus hechizos no son más que ilusiones.

Para comprobar si meditamos en la vacuidad de manera correcta, hemos de observar si nuestro aferramiento propio se ha debilitado. Si después de estudiar y contemplar las instrucciones, y de meditar en ellas durante meses o incluso años, nuestro aferramiento propio sigue tan intenso como al principio, es señal de que no estamos meditando de manera correcta. El aferramiento propio nos ha causado sufrimiento desde tiempo sin principio y no podemos esperar eliminarlo de la noche a la mañana, pero si meditamos en la vacuidad con perseverancia, notaremos que se va reduciendo. Si al contemplar la vacuidad reducimos nuestras perturbaciones mentales recordando, por ejemplo, que los objetos de nuestro odio y apego no existen por su propio lado, será una señal de que nuestra comprensión de la vacuidad es correcta.

Nuestra capacidad para resolver los problemas internos gracias a la meditación en la vacuidad depende de que nuestra comprensión de esta última sea correcta y de que nos familiaricemos con ella. Por lo tanto, primero debemos estudiar la vacuidad para adquirir una comprensión intelectual, y luego meditar en ella repetidas veces para mejorar nuestra experiencia.

Cuando estamos enfermos, buscamos un remedio lo antes posible, pero no hay hospitales ni medicinas que puedan curarnos de la enfermedad mental de los engaños. Pensamos que el cáncer es algo terrible, pero, en realidad, no es más que una enfermedad temporal que cesará en el momento de nuestra muerte. Las enfermedades internas de las perturbaciones mentales son mucho peores, puesto que el sufrimiento que nos causan no tiene fin. Debido a nuestro apego, experimentamos sufrimientos mentales continuamente, vida tras vida. Este engaño nos puede ocasionar innumerables problemas, e incluso impulsarnos a cometer acciones muy negativas, como el asesinato o el suicidio, que nos causarán inmenso sufrimiento en vidas futuras. Del mismo modo, el odio, los celos y las demás perturbaciones mentales nos perjudican sin cesar. No importa si tenemos buena o mala salud, si somos ricos o pobres, si tenemos éxito o no, o si somos famosos o no, nunca estaremos libres de la amenaza de nuestras perturbaciones mentales. Por ejemplo, mientras leemos un libro, con simplemente recordar un insulto o un objeto de apego, nos empezamos a inquietar. En realidad, no podemos disfrutar ni de una sola hora de paz mental sin sufrir perturbaciones mentales.

Hemos padecido la enfermedad mental de los engaños desde tiempo sin principio. La trajimos con nosotros de vidas pasadas, la sufrimos en esta vida y nos la llevaremos a las futuras. Los médicos no pueden curarla y por sí misma nunca cesará. La única medicina que puede curarla es el Dharma sagrado. Las enseñanzas de Buda son métodos para aliviar nuestras enfermedades mentales. Por ejemplo, si ponemos en práctica las enseñanzas de Buda sobre el amor y la paciencia, aliviaremos de manera temporal la enfermedad del odio, y si aplicamos las instrucciones sobre la impermanencia y las desventajas del samsara, la del apego. Sin embargo, la única manera de curarnos por completo de las enfermedades mentales es alcanzando una realización directa de la vacuidad.

Cuando hayamos realizado la vacuidad de manera directa, disfrutaremos de verdadera libertad. Podremos incluso controlar nuestra muerte y elegir nuestro próximo renacimiento. Es posible que estemos haciendo planes para las vacaciones de verano o para nuestra jubilación, pero, en realidad, no tenemos la certeza de que vayamos a estar vivos a la hora de comer. Después de morir, no sabemos dónde vamos a renacer, y el hecho de que ahora seamos humanos no garantiza que en la próxima vida no vayamos a renacer, por ejemplo, como un animal. Incluso aunque renazcamos de nuevo como un ser humano, no encontraremos la felicidad. Nacemos manchados de sangre y entre gritos y llantos, y somos incapaces de comprender lo que nos está ocurriendo. Hemos perdido todas las posesiones, los conocimientos y los amigos que nos costaron tanto trabajo conseguir en nuestra vida anterior, y venimos al mundo con las manos vacías, confusos y solos. A medida que vamos creciendo, hemos de experimentar los sufrimientos de la existencia humana, como las enfermedades, la vejez, el hambre, la sed, las peleas, tener que separarnos de lo que nos gusta, enfrentarnos con situaciones desagradables y no poder satisfacer nuestros deseos. Esto no nos ocurre una sola vez, sino repetidas veces. Si solo tuviéramos que experimentar este sufrimiento durante algunas vidas, podríamos aceptarlo, pero lo cierto es que nos espera de manera indefinida. ¿Cómo vamos a poder soportarlo? Debemos contemplar estos razonamientos hasta llegar a la siguiente conclusión:

No puedo soportar este ciclo de sufrimientos ni un minuto más, tengo que escapar del samsara. Antes de morir, voy a alcanzar una experiencia profunda de la vacuidad.

Luego, dirigimos nuestra atención hacia todos los seres sintientes y pensamos:

Permanecer en la prisión del samsara me resulta insoportable, pero todos los seres sintientes se encuentran en la misma situación. Además, cuando yo sufro, solo lo hace una persona, mientras que cuando sufren los demás, lo hacen innumerables seres. ¿Cómo puedo permitir que todos estos seres experimenten sufrimiento sin fin? Tengo que alcanzar el estado de Buda para liberarlos del sufrimiento, y para ello he de realizar la verdad última, la vacuidad.

Si meditamos en la vacuidad con esta motivación, estaremos adiestrándonos en la bodhichita última.

Es importante estudiar la vacuidad con una motivación correcta. Si lo hacemos como un mero ejercicio intelectual, obtendremos pocos beneficios. La vacuidad es un tema difícil de comprender, y si nuestra motivación para estudiarlo es incorrecta, lo será aún más. No obstante, si estudiamos con buena motivación, con fe en las enseñanzas de Buda y sabiendo que si comprendemos la vacuidad, podremos reducir nuestro sufrimiento y ayudar a los demás, recibiremos bendiciones de los Budas y nos resultará más fácil profundizar en este tema. Aunque no entendamos todos los razonamientos, adquiriremos una experiencia de la vacuidad, controlaremos nuestras perturbaciones mentales y solucionaremos nuestros problemas diarios. Nuestra sabiduría aumentará de manera gradual hasta convertirse en la visión superior y, más tarde, en una realización directa de la vacuidad.

Como se ha mencionado con anterioridad, la bodhichita última no es una realización aislada, sino que depende de las realizaciones espirituales del camino del método. Si nos adiestramos en igualarnos con los demás y cambiarnos por ellos, reconoceremos nuestra estimación propia en cuanto surja y nos resultará más fácil identificar el yo con existencia inherente que estimamos día y noche. Después de identificar por propia experiencia este objeto de negación, podremos aplicar los razonamientos apropiados para refutarlo. Además, a medida que acumulemos méritos con las prácticas del método, nuestra meditación en la vacuidad será más poderosa y podremos eliminar nuestra ignorancia del aferramiento propio. No existe ningún método mejor para ser felices y disfrutar de paz mental que meditar en la vacuidad. Puesto que el aferramiento propio nos mantiene atrapados en el samsara y es la causa de nuestro sufrimiento, la meditación en la vacuidad es la solución universal a todos nuestros problemas. Es la medicina suprema que cura las enfermedades físicas y mentales, y el néctar que nos concede la felicidad permanente de la iluminación.

Cómo integrar la práctica de estas instrucciones en la vida diaria

En el texto *Adiestramiento de la mente en siete puntos*, Gueshe Chekhaua afirma que si combinamos las instrucciones contenidas en el *Adiestramiento de la mente en ocho estrofas* con las cinco fuerzas, progresaremos con rapidez. Por lo tanto, debemos integrar las prácticas de Loyong en la vida diaria aplicando las siguientes cinco fuerzas: la fuerza de la motivación, la del hábito, la de la semilla blanca, la de la destrucción y la de la oración.

La fuerza de la motivación

En este contexto, la fuerza de la motivación o de la intención se refiere a generar un intenso deseo de practicar las instrucciones de Loyong tomando con firmeza la siguiente determinación: «De ahora en adelante voy a adiestrarme en la práctica de Loyong con sinceridad y diligencia». Gracias a esta intensa motivación, pondremos esfuerzo sin cesar en nuestra práctica y, como resultado, sin lugar a dudas alcanzaremos realizaciones. Con esfuerzo todo puede lograrse, incluso aquello que nos parece imposible. Puesto que nuestro esfuerzo depende de la intención, esta fuerza es muy importante.

Para generar el deseo de poner en práctica estas instrucciones, debemos leer el presente libro con atención y detenimiento una y otra vez hasta que sintamos un profundo aprecio por su significado. Para recordar nuestro deseo de practicar estas enseñanzas, al despertarnos por la mañana hemos de tomar la siguiente determinación: «Durante todo el día de hoy voy a adiestrarme con sinceridad en la práctica

Gueshe Kelsang Gyatso Rimpoché

CÓMO INTEGRAR LA PRÁCTICA DE ESTAS INSTRUCCIONES

de Loyong», y luego, con la ayuda de la retentiva y vigilancia mentales, mantenerla en todo momento. Todas las acciones dependen de nuestra intención de realizarlas. Por ejemplo, si antes de irnos a dormir nos proponemos levantarnos temprano a la mañana siguiente, lo conseguiremos. Del mismo modo, si cada día al despertarnos tomamos la firme decisión de adiestrarnos en estas enseñanzas, nos resultará más fácil hacerlo. Este es el modo de aplicar la fuerza de la motivación a la práctica de Loyong.

La fuerza del hábito

Esta fuerza consiste en familiarizarnos con la práctica de Loyong. Cuando hayamos cultivado la fuerza de la motivación como se ha descrito, debemos poner en práctica estas enseñanzas una y otra vez, tanto en las sesiones de meditación como durante los descansos, hasta que logremos una experiencia profunda y estable de ellas. Para alcanzar realizaciones, hemos de familiarizarnos con los métodos del adiestramiento de la mente practicándolos con regularidad. Esto es como aprender a utilizar un ordenador, al principio nos resulta difícil recordar las instrucciones, pero al cabo de un tiempo, lo manejamos con rapidez. Del mismo modo, las meditaciones del adiestramiento de la mente pueden parecernos difíciles, pero si las practicamos con perseverancia, nos familiarizaremos con ellas y alcanzaremos realizaciones.

Para adquirir destreza en la práctica de Loyong, como en cualquier otra actividad, debemos tener motivación y familiaridad. Por ejemplo, si hemos adquirido cierta comprensión de la vacuidad de la entidad propia de las personas y de los fenómenos, es importante familiarizarnos con ella por medio de la contemplación y la meditación. De este modo, lograremos despertar del sueño de la ignorancia y liberarnos de los sufrimientos del samsara. Por lo tanto, no debemos desperdiciar esta preciosa oportunidad.

La fuerza de la semilla blanca

Las semillas blancas son nuestras virtudes, las semillas de nuestra felicidad futura. No obstante, en este contexto, semilla blanca se refiere a nuestra acumulación de méritos. Adquirir una experiencia del adiestramiento de la mente y mejorarla depende de los méritos que acumulemos. De los diferentes métodos que existen para acumular méritos, uno de los más poderosos es realizar cada día las seis prácticas preparatorias y, en particular, hacer ofrecimientos. También podemos ofrecer a las Tres Joyas la primera porción de cualquier alimento o bebida que tomemos con la siguiente oración:

A la Joya del Buda, los Seres Supremos Bienaventurados,
a la Joya del Dharma, el supremo refugio,
y a la Joya de la Sangha, los supremos Guías.
A las Tres Joyas sublimes dedico estas ofrendas.

También es importante dedicar nuestras acciones virtuosas por el beneficio de todos los seres sintientes, nuestras madres. De este modo dirigimos nuestros méritos hacia la meta suprema y evitamos que sean destruidos o se desperdicien. Si acumulamos suficientes méritos, podremos colmar todos nuestros deseos y alcanzar realizaciones espirituales con facilidad.

La fuerza de la destrucción

Para alcanzar realizaciones auténticas de las enseñanzas contenidas en el *Adiestramiento de la mente en ocho estrofas*, debemos aplicar la fuerza de la destrucción, es decir, esforzarnos por eliminar nuestros obstáculos internos y externos. Entre los obstáculos internos se encuentran el aferramiento propio, la estimación propia, la pereza, las creencias erróneas y las demás perturbaciones mentales, y también las impresiones de las acciones perjudiciales que hemos cometido en el pasado. Hay muchos obstáculos externos, por ejemplo, no tener la oportunidad de practicar el Dharma, no encontrar un maestro espiritual cualificado, tener una vida corta o carecer de recursos económicos. Puesto que estos obstáculos tienen su origen en las impresiones grabadas en nuestra mente por el karma negativo que hemos acumulado en vidas pasadas, hemos de esforzarnos por purificar este último realizando prácticas de purificación con sinceridad. Para mayor información sobre las prácticas de purificación, véase *El voto del Bodhisatva*.

La fuerza de la oración

Debemos comenzar cualquier práctica del adiestramiento de la mente recitando oraciones para alcanzar las realizaciones de esa práctica y concluirla dedicando los méritos acumulados para conseguirlo. Por ejemplo, si vamos a realizar la meditación de estimar a los demás, rogamos a los seres iluminados que nos concedan sus bendiciones para alcanzar esta realización. Al terminar la meditación, dedicamos los méritos con una oración para lograr este mismo objetivo. Si recitamos oraciones y hacemos súplicas a los seres sagrados, recibiremos sus bendiciones. Para alcanzar realizaciones en el camino espiritual, necesitamos las bendiciones de los seres iluminados, puesto que sin ellas no podremos progresar.

Si realizamos con sinceridad las prácticas de Loyong contenidas en el *Adiestramiento de la mente en ocho estrofas*, desde estimar a los demás hasta la bodhichita última, reuniremos las causas y condiciones necesarias para alcanzar las realizaciones de estas enseñanzas. Entonces nada podrá impedir que recibamos sus beneficiosos efectos.

LOS COMPROMISOS Y PRECEPTOS DEL ADIESTRAMIENTO DE LA MENTE

Otra manera de proteger y mejorar nuestra práctica del adiestramiento de la mente es guardar los dieciocho compromisos y los veintidós preceptos mencionados en el *Adiestramiento de la mente en siete puntos*, de Gueshe Chekhaua, que se describen con detalle en *Compasión universal*. Para tomar estos compromisos y preceptos no es necesario hacerlo en presencia de nuestro Guía Espiritual o de los Budas y Bodhisatvas visualizados, como ocurre con otros votos, sino que basta con tomar la determinación de guardarlos. Algunos de estos compromisos y preceptos nos recuerdan que debemos realizar acciones virtuosas, y otros nos aconsejan que abandonemos las acciones perjudiciales.

Al guardar estos compromisos y preceptos, estamos practicando una disciplina moral muy especial. La disciplina moral es similar a un recipiente de oro en el que guardamos el néctar de las realizaciones espirituales; sin ella es imposible mantener experiencias espirituales en nuestra mente. Aunque logremos generar mentes virtuosas durante la meditación, si no nos esforzamos por dejar de cometer acciones físicas, verbales y mentales perjudiciales, desaparecerán con rapidez. Al mantener una disciplina moral pura, nos aseguramos de que todas nuestras acciones físicas, verbales y mentales sean virtuosas, y esto nos permite integrar en la vida diaria la comprensión y las experiencias que hayamos adquirido durante la meditación. No hemos de considerar los compromisos y preceptos como imposiciones o normas que debemos cumplir para evitar un castigo, sino como consejos para mantener una mente sana y disfrutar de felicidad.

Aunque no seamos capaces de guardar todos estos compromisos y preceptos de inmediato, podemos comenzar abandonando ciertas acciones perjudiciales y malos hábitos. Por ejemplo, si bebemos alcohol, podemos reducir su consumo, si nos enfadamos con facilidad, podemos intentar ser menos agresivos, y si somos celosos, podemos alegrarnos de la felicidad y buena fortuna de los demás. Si no nos esforzamos por reducir las perturbaciones mentales y los malos hábitos, serán un obstáculo en nuestra práctica espiritual.

CÓMO INTEGRAR LA PRÁCTICA DE ESTAS INSTRUCCIONES

Para poner en práctica las instrucciones del adiestramiento de la mente, no es necesario abandonar nuestras actividades diarias, sino solo transformar nuestra actitud mental hacia ellas. Gueshe Chekhaua dice: «Permanece natural mientras cambias tu aspiración». Vivimos dentro de una sociedad y, por lo tanto, nuestro comportamiento externo ha de ser similar al de los demás, no hemos de presumir de nuestras prácticas espirituales. Aunque, por supuesto, debemos dejar de cometer acciones perjudiciales, lo más importante es cambiar nuestra mente. Si transformamos nuestra mente ordinaria actual en amor y compasión, nuestras acciones serán virtuosas de manera natural, y nuestro buen ejemplo animará a los demás a seguir el camino espiritual. Si integramos las instrucciones especiales de Gueshe Langri Tangpa en nuestra vida diaria, nos convertiremos en un ser especial, en un Bodhisatva, y finalmente alcanzaremos la iluminación total. Entonces, podremos proporcionar felicidad a todos los seres sintientes. ¡Qué maravilla!

Dedicación

Que gracias a las virtudes que he acumulado al escribir este libro, desaparezcan para siempre las enfermedades, el hambre, las guerras, los terremotos, los incendios, las inundaciones, etcétera. Que todos los seres sintientes se liberen de su sufrimiento y encuentren la felicidad duradera. El Budadharma es la medicina suprema que alivia el sufrimiento mental, que esta preciosa Joya del Dharma se difunda por todo el universo.

Apéndice 1
Texto raíz: Adiestramiento de la mente en ocho estrofas

por Gueshe Langri Tangpa (1054-1123)

Texto raíz: Adiestramiento de la mente en ocho estrofas

Con la intención de alcanzar
la meta última y suprema,
que es incluso superior a la gema que colma todos los deseos,
he de estimar siempre a todos los seres.

Cuando me relacione con los demás,
he de considerarme la persona menos importante,
y con una intención perfecta,
estimarlos como objetos supremos.

He de examinar mi continuo mental en todas mis acciones,
y en cuanto surja una perturbación mental
que me conduzca a mí o a los demás a actuar de manera inapropiada,
he de evitarla y oponerme a ella con firmeza.

Cuando me encuentre con seres desafortunados,
oprimidos por el mal y los grandes sufrimientos,
he de estimarlos como si fueran
un valioso tesoro difícil de encontrar.

Incluso si alguien a quien he beneficiado
y en quien tenía grandes esperanzas
me perjudicara sin razón alguna,
he de considerarlo como mi Guía Espiritual.

ADIESTRAMIENTO DE LA MENTE EN OCHO ESTROFAS

Cuando alguien, por celos,
me cause daño o insulte,
he de aceptar la derrota
y ofrecerle la victoria.

En resumen, que directa o indirectamente
ofrezca mi ayuda y felicidad a los maternales seres,
y tome en secreto
todas sus desdichas y sufrimientos.

Además, que gracias a estas prácticas del método,
junto con una mente que reconoce que todos los
    fenómenos son ilusorios
y limpia de las manchas de las concepciones de los
    ocho extremos,
me libere de la prisión de las apariencias y
    concepciones erróneas.

Colofón: Este texto ha sido traducido
por el venerable Gueshe Kelsang Gyatso Rimpoché.

Apéndice 2
Significado conciso del comentario

Significado conciso del comentario

El comentario al *Adiestramiento de la mente en ocho estrofas* se presenta en cinco apartados:

1. Cualidades especiales del autor.
2. Cualidades especiales de estas instrucciones.
3. Prácticas preliminares.
4. La práctica principal: adiestramiento en las dos bodhichitas.
5. Cómo integrar la práctica de estas instrucciones en la vida diaria.

Las prácticas preliminares tiene seis partes:

1. Limpieza del cuarto de meditación y preparación de un altar.
2. Disposición de ofrendas apropiadas.
3. Sentarse en la postura correcta de meditación, refugio en las Tres Joyas y generación de la mente de bodhichita.
4. Visualización del campo de méritos.
5. Ofrecimiento de la práctica de las siete ramas y del mandala.
6. Súplicas a los seres sagrados para que nos concedan sus bendiciones.

La limpieza del cuarto de meditación y preparación de un altar tiene dos partes:

1. Limpieza del cuarto de meditación.
2. Preparación de un altar.

Sentarse en la postura correcta de meditación, refugio en las Tres Joyas y generación de la mente de bodhichita tiene tres partes:

1. Sentarse en la postura correcta de meditación.
2. Refugio en las Tres Joyas.
3. Generación de la mente de bodhichita.

El ofrecimiento de la práctica de las siete ramas y del mandala tiene ocho partes:

1. Postraciones.
2. Ofrendas.
3. Confesión.
4. Regocijo en la virtud.
5. Ruego a los seres sagrados para que permanezcan junto a nosotros.
6. Súplica a los seres sagrados para que giren la rueda del Dharma
7. Dedicación.
8. Ofrecimiento del mandala.

Las súplicas a los seres sagrados para que nos concedan sus bendiciones tiene dos partes:

1. Súplicas para que nos concedan sus bendiciones.
2. Recibir las bendiciones.

La práctica principal: adiestramiento en las dos bodhichitas tiene dos partes:

1. Adiestramiento en la bodhichita convencional.
2. Adiestramiento en la bodhichita última.

El adiestramiento en la bodhichita convencional tiene ocho partes:

1. Estimar a los demás.
2. Aumentar el amor que estima a los demás.
3. Cambiarse uno mismo por los demás.

4. La gran compasión.
5. El amor que desea la felicidad de los demás.
6. Aceptar la derrota y ofrecer la victoria.
7. Tomar y dar.
8. La preciosa mente de bodhichita.

Estimar a los demás tiene dos partes:

1. La bondad de los demás.
2. Los beneficios de estimar a los demás.

Aumentar el amor que estima a los demás tiene cuatro partes:

1. Reconocer nuestros defectos en el espejo del Dharma.
2. Considerar que todos los seres son objetos supremos.
3. Los seres sintientes no tienen defectos.
4. Cultivar la humildad.

Cambiarse uno mismo por los demás tiene cinco partes:

1. ¿Qué es la estimación propia?
2. Las desventajas de la estimación propia.
3. Cómo eliminar la estimación propia.
4. ¿Es posible cambiarnos por los demás?
5. La práctica en sí de cambiarse uno mismo por los demás.

La gran compasión tiene tres partes:

1. ¿Qué es la compasión?
2. Cómo cultivar la compasión.
3. La riqueza interna de la compasión.

El amor que desea la felicidad de los demás tiene dos partes:

1. Cómo cultivar el amor que desea la felicidad de los demás.
2. Cómo transformar las circunstancias adversas.

Tomar y dar tiene tres partes:

1. Tomar con compasión.
2. Dar con amor.
3. Montar la práctica de tomar y dar sobre la respiración.

Tomar con compasión tiene tres partes:

1. Tomar nuestro propio sufrimiento.
2. Beneficios de tomar el sufrimiento de los demás.
3. Meditación en sí de tomar.

La preciosa mente de bodhichita tiene dos partes:

1. Cómo cultivar la bodhichita.
2. Cómo aumentar la bodhichita.

El adiestramiento en la bodhichita última tiene ocho partes:

1. La vacuidad de nuestro cuerpo.
2. La vacuidad de nuestra mente.
3. La vacuidad de nuestro yo.
4. Los ocho extremos.
5. Las verdades convencionales y últimas.
6. La unión de las dos verdades.
7. La práctica de la vacuidad durante los descansos de la meditación.
8. El objetivo de meditar en la vacuidad.

Los ocho extremos tiene ocho partes:

1. El extremo de los fenómenos producidos.
2. El extremo de la cesación.
3. El extremo de los fenómenos impermanentes.
4. El extremo de los fenómenos permanentes.
5. El extremo del ir.
6. El extremo del venir.
7. El extremo de la singularidad.
8. El extremo de la pluralidad.

Cómo integrar la práctica de estas instrucciones en la vida diaria tiene dos partes:

1. Aplicación de las cinco fuerzas.
2. Los compromisos y preceptos del adiestramiento de la mente.

La aplicación de las cinco fuerzas tiene cinco partes:

1. La fuerza de la motivación.
2. La fuerza del hábito.
3. La fuerza de la semilla blanca.
4. La fuerza de la destrucción.
5. La fuerza de la oración.

Apéndice 3
Sadhanas

ÍNDICE

Esencia de buena fortuna
Oraciones de las seis prácticas preparatorias
para la meditación de las etapas del camino
hacia la iluminación   249

Oraciones para meditar
Breves oraciones preparatorias para la
meditación.   259

Esencia de buena fortuna

ORACIONES DE LAS SEIS PRÁCTICAS
PREPARATORIAS PARA LA MEDITACIÓN
DE LAS ETAPAS DEL CAMINO HACIA
LA ILUMINACIÓN

Esencia de buena fortuna

Purificación mental del lugar

Que toda la tierra sea transformada
en un lugar completamente puro
tan suave como el lapislázuli
y liso como la palma de la mano.

Ofrecimiento mental de ofrendas puras

Que todo el reino del espacio se llene
de ofrendas de dioses y humanos
materialmente dispuestas e imaginadas,
y de nubes sublimes de ofrendas de Samantabhadra.

Visualización de los objetos de refugio

Ante mí en el espacio, sobre un trono adornado con joyas preciosas y sostenido por ocho leones blancos, sobre un mandala de loto, sol y luna, está sentado Buda Shakyamuni, esencia de todos mis maestros bondadosos. A su alrededor están sentados los maestros directos e indirectos, la asamblea de Yidams, Budas, Bodhisatvas, Oyentes, Conquistadores Solitarios, Héroes, Dakinis y Protectores del Dharma.

Generación de las causas de refugio

Yo y los innumerables seres sintientes, desde este momento hasta que alcancemos la iluminación, temiendo los sufrimientos del samsara y con fe en las

Tres Joyas, únicas fuentes de verdadero refugio, nos refugiamos en Buda, el Dharma y la Sangha.

Oración concisa de refugio

Yo y todos los seres sintientes nos refugiamos en Buda, el Dharma y la Sangha
hasta que alcancemos la iluminación.   (x7, x100 o más)

Generación de bodhichita

Que por los méritos que acumule con la práctica de la generosidad y otras perfecciones,
alcance el estado de Buda para poder beneficiar a todos los seres sintientes.   (x3)

Purificación y bendiciones

De los objetos de refugio fluye un torrente de luz y néctar que se disuelve en mí y en cada uno de los seres sintientes, purificando por completo nuestras acciones perjudiciales, obstrucciones y enfermedades,
e incrementando la duración de nuestras vidas, cualidades y realizaciones.

Generación de los cuatro deseos inconmensurables

Que todos los seres sean felices,
que todos los seres se liberen del sufrimiento,
que nadie sea desposeído de su felicidad,
que todos los seres logren ecuanimidad, libres de odio y de apego.

Invocación al campo de méritos

Protector de todos los seres sin excepción,
que subyugas las coléricas huestes del mal,
que conoces perfectamente todas las cosas,
¡oh Ser Bienaventurado junto con tu séquito!, acudid por favor, a este lugar.

Oración de las siete ramas

Respetuosamente me postro con cuerpo, palabra y mente,
os presento ofrendas materiales e imaginadas,
confieso mis malas acciones del pasado,
y me regocijo de las virtudes de los Seres Superiores y ordinarios.
Por favor, permaneced junto a nosotros hasta el fin del samsara,
y girad la Rueda del Dharma a los seres migratorios.
Dedico todas las virtudes para la gran iluminación.

Ofrecimiento del mandala

Os ofrezco esta base con flores y ungida de incienso,
con el Monte Meru, los cuatro continentes, el sol y la luna,
percibida como una tierra pura de Buda.
Que todos los seres puedan disfrutar de una tierra pura.

Aceptad, por favor, los objetos de mi apego, odio e ignorancia,
mi amigo, enemigo y desconocido, así como mi cuerpo y posesiones,
que sin sentimiento de pérdida os ofrezco.
Y bendecidme para que me libere de los tres venenos mentales.

IDAM GURU RATNA MANDALAKAM NIRIATAYAMI

Súplica al campo de méritos y a los maestros del linaje del Lamrim

Así ahora, mi precioso y bondadoso maestro raíz,
siéntate por favor sobre el loto y la luna en mi coronilla,
cuida de mí con tu gran benevolencia,
y concédeme las realizaciones de tu cuerpo, palabra y mente.

Imagina que tu maestro raíz viene a tu coronilla y con él realiza la siguiente súplica:

Glorioso Fundador Buda Shakyamuni,
tu cuerpo es el fruto de infinita virtud,
tu palabra colma los deseos de los seres migratorios,
tu mente conoce con claridad toda existencia,
 a ti te suplico.

A vosotros, maestros del linaje del método,
Protector Maitreya, Noble Asanga, Vasubandhu,
y demás preciosos maestros que con gran compasión
habéis revelado el camino de la vastedad, os suplico.

A vosotros, maestros del linaje de la sabiduría,
Protector Manyhushri, Noble Nagaryhuna, Chandrakirti,
y demás preciosos maestros que con gran sabiduría
habéis revelado el camino de la profundidad, os suplico.

A vosotros, maestros del linaje del mantra secreto,
Victorioso Vajradhara, Gran Yogui Tilopa, Naropa,
y demás preciosos maestros que con profunda
 realización
habéis revelado el camino supremo del tantra,
 os suplico.

A vosotros, maestros del linaje del antiguo kadam,
Gran maestro Atisha, Dromtompa, Gueshe Potoua,
y demás preciosos maestros que compasivamente
habéis revelado la unión del método y de la sabiduría,
 os suplico.

A vosotros, maestros del linaje del nuevo kadam,
venerable Tsongkhapa, Yhampel Gyatso, Khedrubyhe,
y demás preciosos maestros que con claridad
habéis revelado la unión del sutra y del tantra,
 os suplico.

A ti, venerable Kelsang Gyatso,
Protector de un vasto océano de seres sintientes,
maestro incomparable de los caminos hacia la liberación
  y la iluminación,
que has realizado y enseñas todo lo que fue revelado
  por el Cuarto Salvador de este afortunado eón,
  te suplico.

A ti, mi precioso y bondadoso maestro,
que cuidas de aquellos seres de mente indómita,
que no fueron subyugados por los Budas del pasado,
como si fueran discípulos afortunados, te suplico.

Súplica de los tres grandes objetivos

Concedednos, por favor, vuestras bendiciones
a mí y a todos los seres sintientes,
para que pronto eliminemos nuestras mentes
  destructivas,
desde carecer de respeto por nuestro bondadoso maestro
  hasta la apariencia dual más sutil.

Concedednos, por favor, vuestras bendiciones
para que generemos con facilidad todas las mentes
  virtuosas,
desde respetar a nuestro bondadoso maestro
hasta la suprema mente de la unión.

Concedednos, por favor, vuestras bendiciones
para que pacifiquemos todos los obstáculos externos
  e internos.   (x3)

Bendiciones y purificación

De los corazones de todos los seres sagrados fluye un
torrente de luz y néctar, que nos bendice y purifica.

Oración de las etapas del camino

Bendecidme para que comprenda
que generar fe sincera en el bondadoso maestro espiritual,
fuente de toda virtud, es la raíz del camino.
Y así le siga siempre con gran devoción.

Bendecidme para que comprenda
que este excelente renacimiento humano dotado de libertad
es muy valioso y difícil de conseguir.
Y así dedique el día y la noche a extraer su esencia.

Mi cuerpo es frágil como una burbuja en el agua,
rápidamente decae y se destruye.
Y así como la sombra siempre sigue al cuerpo,
el resultado de mis acciones proseguirá a la muerte.

Con este entendimiento firme en la memoria
bendecidme para que, con extrema cautela,
evite siempre la mínima acción indebida
y acumule virtud en abundancia.

Los placeres del samsara son ilusorios,
no producen satisfacción sino tormentos.
Por ello, bendecidme para que solo me esfuerce
en lograr el gozo sublime de la liberación.

Bendecidme para que, con gran cuidado y atención,
inducido por este pensamiento puro,
mantenga el pratimoksha, la raíz de la doctrina,
como mi práctica esencial.

Al igual que yo, todos los maternales seres
están hundidos en el océano del samsara,
bendecidme para que me adiestre en la bodhichita
y pueda liberar pronto a todos los seres.

Pero si solo cultivo esta mente
sin aplicarme en las tres moralidades,
no alcanzaré la iluminación.
Por ello, bendecidme para que guarde los votos del Bodhisatva.

Pacificando mis distracciones
e investigando el significado real,
bendecidme para que logre la unión
de la permanencia apacible y la visión superior.

Bendecidme para que, a través del camino común,
me convierta en un recipiente puro
y entre en el camino de los seres afortunados,
el vajrayana, el camino supremo.

Las dos realizaciones dependen
de mis sagrados votos y promesas.
Bendecidme para que lo entienda con claridad,
y siempre los mantenga aunque mi vida peligre.

Realizando a diario las cuatro sesiones
tal como indican los maestros sagrados,
bendecidme para que pronto alcance
las dos etapas del camino del tantra.

Que los Guías que me muestran el buen camino
y las amistades que me ayudan tengan larga vida,
y bendecidme para que pacifique por completo
todos los obstáculos, externos e internos.

Que siempre encuentre maestros perfectos
y disfrute del Dharma sagrado,
y que realizando las etapas del camino
pronto alcance el estado de Vajradhara.

Puedes realizar tu meditación ahora o en cualquier verso de la Oración de las etapas del camino.

Recitación del mantra

Contempla que Buda Shakyamuni, la figura principal del campo de méritos, irradia infinitos rayos de luz que alcanzan a todos los seres y llegan a todos los lugares. Estos dos se disuelven en luz y se absorben gradualmente en el campo de méritos, que se disuelve en la figura central, Buda Shakyamuni, quien a su vez, se absorbe en tu maestro raíz que está sentado sobre tu coronilla. En un instante, tu maestro raíz se transforma y adopta el aspecto de Buda Shakyamuni. Este disminuye de tamaño y desciende hasta tu corazón. Su mente y la tuya se funden en una misma naturaleza.

OM MUNI MUNI MAHA MUNIYE SOHA   (x7, x100 o más)

Dedicación

Que gracias a las virtudes que he acumulado
practicando las etapas del camino,
tengan también los demás seres sintientes
la oportunidad de realizar esta práctica.

Que por el poder de mis méritos
cese todo el sufrimiento físico y mental
de todos los seres y que de inmediato
logren el estado de gozo inagotable.

Que todos los seres sintientes disfruten
de los gozos divinos y humanos,
y pronto alcancen la felicidad última,
cesando toda existencia en el samsara.

Que por el beneficio de todos los seres
alcance la gran sabiduría de Manyhushri,
la gran compasión de Avalokiteshvara
y el gran poder de Vajrapani.

El Budadharma es la medicina suprema,
que cura toda enfermedad mental.

Que este precioso Dharma sea difundido
en todos los reinos de existencia.

Que en los corazones de todos los seres
surja una fe sincera en las Tres Joyas,
y puedan así recibir las bendiciones
de Buda, del Dharma y de la Sangha.

Que de este mundo desaparezcan el miedo,
las enfermedades y guerras,
los terremotos, incendios, inundaciones,
huracanes, tormentas y demás miserias.

Que todos los seres encuentren los maestros
que les muestren las etapas del camino,
y que a través de la práctica de esta doctrina
logren rápidamente el estado de la gran iluminación.

Que gracias a las bendiciones de los Budas y
 Bodhisatvas,
la infalibilidad de la ley de causa y efecto,
y al poder de mi pura y suprema intención,
todas mis oraciones se cumplan de inmediato.

Colofón: Esta sadhana ha sido recopilada a partir de fuentes tradicionales por el venerable Gueshe Kelsang Gyatso Rimpoché y ha sido traducida bajo su compasiva guía. La súplica a Gueshe Kelsang Gyatso fue compuesta a petición de sus fieles discípulos por Duldzsin Doryhe Shugden.

Oraciones para meditar

BREVES ORACIONES PREPARATORIAS
PARA LA MEDITACIÓN.

Oraciones para meditar

Refugio

Imagina que tú y todos los seres os refugiáis en las Tres Joyas al recitar tres veces la siguiente oración:

Yo y todos los seres sintientes nos refugiamos en Buda, el Dharma y la Sangha
hasta que alcancemos la iluminación.

Generación de bodhichita

Que por los méritos que acumule con la práctica de la generosidad y otras perfecciones,
alcance el estado de Buda para poder beneficiar a todos los seres sintientes.   (x3)

Generación de los cuatro deseos inconmensurables

Que todos los seres sean felices,
que todos los seres se liberen del sufrimiento,
que nadie sea desposeído de su felicidad,
que todos los seres logren ecuanimidad, libres de odio y de apego.

Visualización del campo de méritos

Al igual que la luna llena está circundada de estrellas, ante mí en el espacio se halla Buda Shakyamuni rodeado de todos los Budas y Bodhisatvas.

Oración de las siete ramas

Respetuosamente me postro con cuerpo, palabra y mente,
os presento ofrendas materiales e imaginadas,
confieso mis malas acciones del pasado,
y me regocijo de las virtudes de los Seres Superiores y ordinarios.
Por favor, permaneced junto a nosotros hasta el fin del samsara,
y girad la Rueda del Dharma a los seres migratorios.
Dedico todas las virtudes para la gran iluminación.

Ofrecimiento del mandala

Os ofrezco esta base con flores y ungida de incienso,
con el Monte Meru, los cuatro continentes, el sol y la luna,
percibida como una tierra pura de Buda.
Que todos los seres puedan disfrutar de una tierra pura.

Aceptad, por favor, los objetos de mi apego, odio e ignorancia,
mi amigo, enemigo y desconocido, así como mi cuerpo y posesiones,
que sin sentimiento de pérdida os ofrezco.
Y bendecidme para que me libere de los tres venenos mentales.

IDAM GURU RATNA MANDALAKAM NIRIATAYAMI

Oración de las etapas del camino

Bendecidme para que comprenda
que generar fe sincera en el bondadoso maestro espiritual,
fuente de toda virtud, es la raíz del camino.
Y así le siga siempre con gran devoción.

Bendecidme para que comprenda
que este excelente renacimiento humano dotado de libertad
es muy valioso y difícil de conseguir.
Y así dedique el día y la noche a extraer su esencia.

Mi cuerpo es frágil como una burbuja en el agua,
rápidamente decae y se destruye.
Y así como la sombra siempre sigue al cuerpo,
el resultado de mis acciones proseguirá a la muerte.

Con este entendimiento firme en la memoria
bendecidme para que, con extrema cautela,
evite siempre la mínima acción indebida
y acumule virtud en abundancia.

Los placeres del samsara son ilusorios,
no producen satisfacción sino tormentos.
Por ello, bendecidme para que solo me esfuerce
en lograr el gozo sublime de la liberación.

Bendecidme para que, con gran cuidado y atención,
inducido por este pensamiento puro,
mantenga el pratimoksha, la raíz de la doctrina,
como mi práctica esencial.

Al igual que yo, todos los maternales seres
están hundidos en el océano del samsara,
bendecidme para que me adiestre en la bodhichita
y pueda liberar pronto a todos los seres.

Pero si solo cultivo esta mente
sin aplicarme en las tres moralidades,
no alcanzaré la iluminación.
Por ello, bendecidme para que guarde los votos del Bodhisatva.

Pacificando mis distracciones
e investigando el significado real,
bendecidme para que logre la unión
de la permanencia apacible y la visión superior.

Bendecidme para que, a través del camino común,
me convierta en un recipiente puro
y entre en el camino de los seres afortunados,
el vajrayana, el camino supremo.

Las dos realizaciones dependen
de mis sagrados votos y promesas.
Bendecidme para que lo entienda con claridad,
y siempre los mantenga aunque mi vida peligre.

Realizando a diario las cuatro sesiones
tal como indican los maestros sagrados,
bendecidme para que pronto alcance
las dos etapas del camino del tantra.

Que los Guías que me muestran el buen camino
y las amistades que me ayudan tengan larga vida,
y bendecidme para que pacifique por completo
todos los obstáculos, externos e internos.

Que siempre encuentre maestros perfectos
y disfrute del Dharma sagrado,
y que realizando las etapas del camino
pronto alcance el estado de Vajradhara.

Bendiciones y purificación

De los corazones de todos los seres sagrados fluye un torrente de luz y néctar, que nos bendice y purifica.

Puedes realizar ahora tu contemplación y meditación. Al final de la meditación dedica los méritos con la siguiente oración:

Dedicación

Que gracias a las virtudes que he acumulado
practicando las etapas del camino,
tengan también los demás seres sintientes
la oportunidad de realizar esta práctica.

Que todos los seres sintientes disfruten
de los gozos divinos y humanos,
y pronto alcancen la felicidad última,
cesando toda existencia en el samsara.

Colofón: Esta sadhana ha sido recopilada a partir de fuentes tradicionales por el venerable Gueshe Kelsang Gyatso Rimpoché y ha sido traducida bajo su compasiva guía.

Apéndice 4
El modo de vida kadampa

PRÁCTICAS ESENCIALES DEL
LAMRIM KADAMPA

Introducción

Esta práctica esencial del Lamrim kadampa, titulada *El modo de vida kadampa* contiene dos textos: *Consejos de corazón de Atisha* y *Los tres aspectos principales del camino*. El primero, compuesto por Atisha, resume la vida de los antiguos gueshes kadampas, cuyo ejemplo de pureza y sinceridad deberían imitar los discípulos de la Nueva Tradición Kadampa. El segundo es una profunda guía de meditación sobre las etapas del camino, Lamrim, que compuso Yhe Tsongkhapa basándose en las instrucciones que recibió directamente de Manyhushri.

Si intentamos poner en práctica los consejos de Atisha con sinceridad y nos esforzamos por meditar en el Lamrim según las instrucciones de Yhe Tsongkhapa, disfrutaremos en todo momento de una mente pura y feliz, y avanzaremos por el camino que nos conduce hacia la paz última de la iluminación total. Shantideva dice:

«Utilizando la nave de nuestra forma humana
podemos cruzar el gran océano del sufrimiento.
Puesto que en el futuro será muy difícil encontrar
    una embarcación así,
¡no seas necio y no te quedes dormido!».

En esto consiste la esencia del modo de vida kadampa.

Consejos de corazón de Atisha

Cuando Atisha fue al Tíbet, primero visitó la ciudad de Ngari. Allí residió durante dos años e impartió numerosas enseñanzas a los discípulos de Yhang Chub O. Transcurrido este tiempo decidió regresar a la India, pero antes de partir, Yhang Chub O le rogó que ofreciera unas enseñanzas de despedida. Atisha contestó que ya les había dado todos los consejos que necesitaban, pero en respuesta a sus insistentes ruegos, accedió y les dio los siguientes consejos:

¡Qué maravilla!

Amigos, puesto que vosotros ya poseéis un gran conocimiento y un entendimiento claro, mientras que yo no soy más que un ser sin importancia y con poca sabiduría, no es adecuado que me pidáis consejo. A pesar de todo, ya que vosotros, mis queridos amigos, a quienes estimo de todo corazón, me lo habéis rogado, os daré estos consejos esenciales con mi mente inferior e infantil.

Amigos míos, hasta que alcancéis la iluminación, el maestro espiritual es indispensable; por lo tanto, confiad en vuestro sagrado Guía Espiritual.

Hasta que realicéis la verdad última, la escucha es indispensable; por lo tanto, escuchad las instrucciones de vuestro Guía Espiritual.

Puesto que no alcanzaréis el estado de Buda con un mero conocimiento del Dharma, esforzaos por practicar con entendimiento.

Evitad aquellos lugares que perturben vuestra mente, y permaneced allí donde vuestra virtud se incremente.

Hasta que logréis realizaciones estables, las diversiones mundanas son perjudiciales; por lo tanto, morad en un lugar donde no haya tales distracciones.

Evitad los amigos que os hagan aumentar vuestras perturbaciones mentales y confiad en los que os ayuden a incrementar vuestra virtud. Guardad este consejo en vuestro corazón.

Puesto que las actividades mundanas nunca se acaban, limitad vuestras actividades.

Dedicad vuestras virtudes durante el día y la noche, y vigilad siempre vuestra mente.

Puesto que habéis recibido consejos, practicad durante el descanso de la meditación lo que vuestro Guía Espiritual os haya indicado.

Si os adiestráis con gran devoción, recibiréis los frutos de inmediato sin tener que esperar mucho tiempo.

Si practicáis de todo corazón de acuerdo con el Dharma, seréis provistos de alimentos y demás necesidades de forma natural.

Amigos míos, los objetos que deseáis no dan más satisfacción que beber agua salada; por lo tanto, aprended a permanecer satisfechos.

Evitad las mentes altivas, engreídas, orgullosas y arrogantes, y permaneced tranquilos y sumisos.

Evitad las actividades que, aún considerándose meritorias, en realidad, son obstáculos para el Dharma.

La ganancia y el respeto son los lazos que tienden los maras; por lo tanto, echadlos a un lado como si fueran piedras en vuestro camino.

Las palabras de alabanza y celebridad solo sirven para engañarnos; por lo tanto, libraos de ellas como si os sonarais la nariz.

Puesto que son efímeros, dejad atrás la felicidad, el placer y los amigos que se logran en esta vida.

Puesto que las vidas futuras durarán mucho tiempo, acumulad la riqueza que os asista en el futuro.

Tendréis que marchar dejándolo todo atrás; por lo tanto, no sintáis apego por nada.

Sentid compasión por los seres más sencillos y, sobre todo, evitad despreciarlos o humillarlos.

No sintáis apego por el amigo ni odio por el enemigo.

En lugar de tener celos de las buenas cualidades de los demás, imitadlas con admiración.

En lugar de fijaros en las faltas de los demás, fijaos en las vuestras y purgadlas como si fueran mala sangre.

No contempléis vuestras buenas cualidades, sino las de los demás, y respetad a todos como lo haría un sirviente.

Considerad que todos los seres son vuestros padres y madres, y amadlos como si fuerais su hijo.

Mantened siempre un rostro sonriente y una mente amorosa, y hablad con sinceridad y sin malicia.

Si habláis demasiado y sin sentido, cometeréis numerosos errores; por lo tanto, hablad con moderación y solo cuando sea necesario.

Si os involucráis en actividades sin sentido, vuestras actividades virtuosas degenerarán; por lo tanto, abandonad las tareas que no sean espirituales.

Es una gran estupidez esforzarse por realizar actividades que carecen de sentido.

Si no conseguís los objetos que deseáis, es por el karma que creasteis en el pasado; por lo tanto, mantened una mente feliz y relajada.

Tened cuidado, ofender a los seres sagrados es peor que la muerte; por lo tanto, sed sinceros y honrados.

Puesto que toda la felicidad y el sufrimiento de esta vida son el resultado de acciones del pasado, no culpéis a los demás.

Toda la felicidad proviene de las bendiciones de vuestro Guía Espiritual; por lo tanto, corresponded siempre a su bondad.

Puesto que no podéis adiestrar las mentes de los demás mientras no hayáis controlado la vuestra, comenzad por dominar vuestra propia mente.

Puesto que, sin lugar a dudas, tendréis que partir sin las riquezas que hayáis acumulado, no cometáis acciones perjudiciales por apego a la riqueza.

Las diversiones que distraen carecen de esencia; por lo tanto, practicad la generosidad con sinceridad.

Guardad siempre una disciplina moral pura, porque gracias a ella obtendréis belleza en esta vida y felicidad en las futuras.

Puesto que el odio abunda en estos tiempos impuros, poneos la armadura de la paciencia, libre del odio.

Seguís confinados en el samsara debido al poder de la pereza; por lo tanto, encended el fuego del esfuerzo y la aplicación.

Puesto que esta existencia humana se malgasta perdiendo el tiempo con distracciones, ahora es el momento de practicar la concentración.

Bajo la influencia de las creencias erróneas no podéis comprender la naturaleza última de los fenómenos; por lo tanto, analizad los significados correctos.

Amigos míos, en esta ciénaga del samsara no existe la felicidad; por lo tanto, trasladaos a la tierra firme de la liberación.

Meditad siguiendo el consejo de vuestro Guía Espiritual y desecad el río del sufrimiento de la existencia cíclica.

Contemplad lo que os digo con detenimiento, porque lo que sale de mi boca no son palabras vacías, sino consejos sinceros que os doy de corazón.

Si practicáis de este modo, me complaceréis, seréis felices y haréis felices también a los demás.

Yo, que soy un ignorante, os suplico que practiquéis estos consejos de todo corazón.

Estos son los consejos que el sagrado ser, el venerable Atisha, dio al Honorable Yhang Chub O.

Los tres aspectos principales del camino

Homenaje al venerable Guía Espiritual

Voy a explicar lo mejor que pueda
el significado esencial de todas las enseñanzas de los Vencedores,
el camino alabado por los sagrados Bodhisatvas
y la puerta de los afortunados que buscan la liberación.

Tú, que no sientes apego por los placeres del samsara,
sino que te esfuerzas por extraer el significado de tus dones y libertades,
¡oh ser afortunado, que sigues el camino que agrada a los Vencedores!,
escucha, por favor, con una mente clara.

Sin la renuncia pura no es posible apaciguar
el apego a los placeres del samsara;
y, puesto que los seres sintientes están atados por el deseo al samsara,
comienza persiguiendo la renuncia.

Las libertades y los dones son difíciles de encontrar, y no hay tiempo que perder.
Con este entendimiento, supera el apego a esta vida;
y, contemplando una y otra vez las acciones y sus efectos y los sufrimientos del samsara,
supera el apego a las vidas futuras.

Cuando, tras contemplar de este modo, no generes
 ni siquiera por un momento
el deseo por los placeres del samsara,
sino que generes día y noche la mente que aspira a
 la liberación,
en ese momento, habrás realizado la renuncia.

No obstante, si esta renuncia no se mantiene
con una bodhichita completamente pura,
no será la causa de la felicidad perfecta de la
 iluminación insuperable;
por lo tanto, el sabio cultiva la bodhichita suprema.

Arrastrados por la corriente de los cuatro ríos
 poderosos,
atados por las cadenas del karma, tan difíciles de
 romper,
atrapados en la férrea malla del aferramiento
 propio,
velados totalmente por la oscuridad de la
 ignorancia,

sometidos a un renacimiento tras otro en el samsara
 sin límites,
atormentados sin cesar por los tres sufrimientos:
contempla la situación de tus madres en
 circunstancias como estas
y genera la mente suprema [de bodhichita].

Pero, aunque te familiarices con la renuncia y la
 bodhichita,
si no posees la sabiduría que comprende el modo
 en que existen los fenómenos,
no serás capaz de cortar la raíz del samsara;
por lo tanto, esfuérzate por aplicar los métodos
 para comprender la relación dependiente.

Quien niegue el objeto concebido por el aferramiento
 propio
y, al mismo tiempo, perciba la infalibilidad de la
 causa y el efecto
de todos los fenómenos del samsara y del nirvana,
ha entrado en el camino que complace a los Budas.

La apariencia de la relación es infalible
y la vacuidad es inexpresable;
mientras el significado de estas dos te parezca
 distinto,
aún no habrás comprendido la intención de Buda.

Cuando surjan unidas y simultáneas, sin alternar,
con solo comprender la infalible relación dependiente
obtendrás un conocimiento que elimina todo
 aferramiento a los objetos;
en ese momento, habrás completado el análisis de
 la visión.

Además, cuando disipes el extremo de la existencia
 con la apariencia
y el extremo de la inexistencia con la vacuidad,
y comprendas cómo la vacuidad es percibida como
 causa y efecto,
dejarás de ser cautivo de las creencias extremas.

Cuando, de este modo, hayas realizado correctamente
 los significados esenciales
de los tres aspectos principales del camino,
querido mío, retírate en soledad, esfuérzate con
 diligencia
y completa con rapidez la meta final.

Colofón: Estos dos textos han sido traducidos bajo la compasiva guía del venerable Gueshe Kelsang Gyatso Rimpoché.

Glosario de términos

Aires internos Aires de energía interna relacionados con la mente que fluyen por los canales de nuestro cuerpo. Sin ellos la mente no podría funcionar. Véanse *Caminos y planos tántricos*, *Gran tesoro de méritos* y *La luz clara del gozo*.

Amitayus Buda que otorga longevidad, méritos y sabiduría. Es el Cuerpo de Deleite de Buda Amitabha.

Apariencia dual La percepción de un objeto junto con su existencia inherente. Véase *Corazón de la sabiduría*.

Apego Factor mental ilusorio que observa un objeto contaminado, lo considera como una causa de felicidad y lo desea. Véanse *Comprensión de la mente* y *El camino gozoso de buena fortuna*.

Asanga Gran yogui y erudito budista indio, autor del famoso texto titulado *Compendio de fenomenología* (sáns. *Abhidharmasamucaya*).

Atisha (982-1054) Famoso erudito budista indio y gran meditador. Fue abad del gran monasterio de Vikramashila en los tiempos en que el budismo mahayana florecía en la India. Posteriormente viajó al Tíbet donde restableció el Dharma puro. Autor del primer texto sobre las etapas del camino, *La lámpara del camino*. Su tradición fue conocida más tarde como la *tradición kadampa*. Véase *El camino gozoso de buena fortuna*.

Avalokiteshvara Personificación de la compasión de todos los Budas. Su nombre en tibetano es Chenrezsig. En tiempos de Buda Shakyamuni se manifestó bajo el aspecto de uno de sus discípulos Bodhisatvas. Véase *Caminos y planos tántricos*.

Brahma Un dios mundano (sáns. *deva*). Véase *Océano de néctar*.

Camino de la profundidad Todas las prácticas relacionadas con la sabiduría que conducen a la realización directa de la vacuidad y finalmente al logro del Cuerpo de la Verdad de un Buda. Véase *El camino gozoso de buena fortuna*.

Camino de la vastedad Todas las prácticas relacionadas con el método, desde el cultivo inicial de la compasión hasta el logro final del Cuerpo de la Forma de un Buda.

Canales Conductos internos del cuerpo a través de los cuales fluyen las gotas sutiles desplazadas por los aires internos. Véanse *Caminos y planos tántricos* y *La luz clara del gozo*.

Chakra/rueda de canales *Chakra* es una palabra sánscrita que literalmente significa 'rueda de canales'. Es un centro focal del canal central desde donde se ramifican los canales secundarios. La meditación en estos puntos causa que los aires internos penetren en el canal central. Véase CANALES. Véase *La luz clara del gozo*.

Chekaua, Gueshe (1102-1176) Gran Bodhisatva kadampa que compuso el texto *Adiestramiento de la mente en siete puntos*, comentario a las *Ocho estrofas del adiestramiento de la mente*, de Gueshe Langri Tangpa. Difundió el estudio y la práctica del adiestramiento de la mente por todo el Tíbet. Véase *Compasión universal*.

Concentración Factor mental gracias al cual la mente primaria permanece fija en el objeto de manera convergente. Véanse *Comprensión de la mente*, *El camino gozoso de buena fortuna* y *La luz clara del gozo*.

Conocedor inferencial Conocedor completamente fidedigno que realiza su objeto directamente a partir de una razón concluyente. Véase *Comprensión de la mente*.

Conocedor válido Conocedor que no es engañoso con respecto a su objeto conectado. Hay dos clases de conocedores válidos: conocedores válidos directos y conocedores válidos inferenciales. Véanse *Comprensión de la mente* y *Corazón de la sabiduría*.

Conquistador Solitario Una clase de practicante hinayana. También recibe el nombre de *Realizador Solitario*. Véase OYENTE.

Creencia correcta Conocedor no válido que realiza su objeto concebido. Véase *Comprensión de la mente*.

Creencia errónea Percepción adquirida intelectualmente que niega la existencia de un objeto cuyo entendimiento es necesario para alcanzar la liberación o la iluminación, como la existencia de los Budas, el karma o el renacimiento. Véanse *Comprensión de la mente* y *El camino gozoso de buena fortuna*.

Cuarto Buda Se refiere a Buda Shakyamuni. Véase *EÓN AFORTUNADO*.

Cuerpos de Buda Un Buda posee cuatro cuerpos –el Cuerpo de la Sabiduría de la Verdad, el Cuerpo de Entidad, el Cuerpo de Deleite y el Cuerpo de Emanación–. El primero es la mente omnisciente de un Buda; el segundo es la vacuidad o naturaleza última de su mente; el tercero es su Cuerpo de la Forma en sí, que es muy sutil; y el cuarto está constituido por los Cuerpos burdos de la Forma, que los seres ordinarios pueden ver, y de los que cada Buda manifiesta un número ilimitado. El Cuerpo de la Sabiduría de la Verdad y el Cuerpo de Entidad constituyen el Cuerpo de la Verdad, y el Cuerpo de Deleite y los Cuerpos de Emanación constituyen el Cuerpo de la Forma. Véanse *El camino gozoso de buena fortuna* y *Océano de néctar*.

Dakini Deidad tántrica femenina y mujer que ha alcanzado la luz clara significativa. El Daka es el equivalente masculino. Véase *Guía del Paraíso de las Dakinis*.

Deidad Yidam en sánscrito. Un ser tántrico iluminado.

Demonio Véase MARA.

Destructor del Enemigo Arhat en sánscrito. Practicante que al haber abandonado todas las perturbaciones mentales y sus semillas, se ha liberado del samsara. En este contexto, *Enemigo* se refiere a las perturbaciones mentales.

Dioses Seres del reino celestial o de los dioses, el más elevado de los seis reinos del samsara. Existen numerosas clases de dioses: algunos pertenecen al reino del deseo, otros al reino de la forma y otros al reino inmaterial. Véase *El camino gozoso de buena fortuna*.

Discernimiento Factor mental cuya función es aprehender las características específicas de un objeto. Véase *Comprensión de la mente*.

Ecuanimidad Por lo general, mente equilibrada libre de intenso odio o apego. Véase *El camino gozoso de buena fortuna*.

Emanación Objeto animado o inanimado manifestado por Budas o Bodhisatvas con elevadas realizaciones para beneficiar a los demás.

Eón afortunado Término para referirse a la era presente de este mundo. Se lo llama así porque durante este eón aparecerán mil Budas. Buda Shakyamuni fue el cuarto y Buda Maitreya será el quinto. Los eones en que no aparece ningún Buda se llaman *eones oscuros*.

Escuelas de filosofía budista Los cuatros sistemas filosóficos que enseñó Buda según las tendencias y capacidades de sus discípulos. Estos son: el sistema vaibashika, el sautrántika, el chitamatra y el madhyamika. Suelen estudiarse en orden pues las escuelas inferiores nos ayudan a comprender las superiores. Las dos primeras escuelas son hinayanas, y las dos últimas, mahayanas. Véanse *Océano de néctar* y *Tesoro de contemplación*.

Espíritus hambrientos Seres que habitan en el reino de los espíritus hambrientos, el segundo más bajo del samsara. Véase *El camino gozoso de buena fortuna*.

Etapa de consumación Realizaciones del tantra del yoga supremo que se alcanzan al lograr que los aires internos entren, permanezcan y se disuelvan en el canal central gracias al poder de la meditación. Véanse *Caminos y planos tántricos*, *Esencia del vajrayana*, *Gran tesoro de méritos*, *Guía del Paraíso de las Dakinis* y *La luz clara del gozo*.

Etapa de generación Realización del yoga creativo que precede al logro de la verdadera etapa de consumación y que se alcanza practicando la transformación de cualquiera de los tres cuerpos en el camino. Se denomina *yoga creativo* porque su objeto es creado o generado por una imaginación correcta, y recibe el nombre de *etapa de generación* porque es una etapa del camino y sus objetos son generados por una imaginación correcta. Los términos *etapa de generación*, *yoga fabricado* y *yoga de la primera etapa* son sinónimos.

Factor mental Conocedor que aprehende principalmente una característica específica de un objeto. Existen cincuenta y un factores mentales. Véase MENTE PRIMARIA. Véase *Comprensión de la mente*.

Fe Factor mental cuya función principal es eliminar la carencia de fe. Existen tres clases de fe: fe creyente, fe admirativa y fe desiderativa. Véanse *Comprensión de la mente* y *El camino gozoso de buena fortuna*.

Gueshe Título concedido por los monasterios kadampas a los eruditos budistas con ciertas cualificaciones. Contracción en tibetano de las palabras *ge güei she nyen*, que literalmente significan 'amigo virtuoso'.

Guía de las obras del Bodhisatva Texto clásico mahayana compuesto por el gran yogui budista indio e ilustre erudito Shantideva en el que se presenta el adiestramiento completo del Bodhisatva, desde la generación inicial de la bodhichita hasta la práctica de las seis perfecciones. Véase *Tesoro de contemplación*.

Guía Espiritual *Guru* en sánscrito, *Lama* en tibetano. Maestro que nos guía por el camino espiritual. Véanse *El camino gozoso de buena fortuna*, *Gema del corazón* y *Gran tesoro de méritos*.

Gurus del linaje Guías Espirituales a través de los cuales se ha transmitido una determinada enseñanza de Dharma.

Gyalgua Ensapa Gran Yogui y Guru del linaje Mahamudra nacido en el siglo XVI. Véase *Gran tesoro de méritos*.

Héroe y Heroína Un Héroe es una Deidad tántrica masculina que por lo general personifica el método, y una Heroína es una Deidad tántrica femenina que por lo general personifica la sabiduría. Véase *Guía del Paraíso de las Dakinis*.

Heruka Deidad masculina perteneciente al tantra del yoga supremo de la Madre que personifica el gozo y la vacuidad inseparables. Su cuerpo es de color azul, tiene cuatro rostros, doce brazos y está abrazado en unión con su consorte Vajravarahi. Véanse *Caminos y planos tántricos*, *Esencia del vajrayana*, *Gran tesoro de méritos*, *Guía del Paraíso de las Dakinis* y *La luz clara del gozo*.

Hinayana Palabra sánscrita que significa 'pequeño vehículo'. La meta de este camino es eliminar las perturbaciones mentales para alcanzar la liberación del sufrimiento. Véase *El camino gozoso de buena fortuna*.

Humildad Factor mental virtuoso cuya función es reducir el orgullo perturbador.

Imagen genérica El objeto aparente de una mente conceptual. La mente conceptual confunde la imagen genérica de un objeto con el objeto mismo. Por ejemplo, si pensamos en nuestra madre, en nuestra mente conceptual aparecerá una imagen de ella y es como si apareciera nuestra madre misma. Sin embargo, el objeto que aparece en esa mente es la imagen genérica de nuestra madre. Esta imagen genérica aparece en nuestra mente al excluir mentalmente todos los fenómenos que no son nuestra madre. Por lo tanto, es la apariencia opuesta a una no madre y, como todas las demás imágenes genéricas, es un fenómeno permanente, aunque nuestra madre sea impermanente. Véanse *Comprensión de la mente* y *Corazón de la sabiduría*.

Impresión Poder potencial que las acciones y las perturbaciones mentales dejan grabado en la consciencia mental. Hay dos clases de impresiones: las de las acciones y las de las perturbaciones mentales. Todas las acciones y perturbaciones mentales dejan grabadas sus huellas o impresiones en la mente. Tanto las impresiones de las acciones como las de las perturbaciones mentales pueden ser virtuosas, perjudiciales o neutras. Las impresiones de las perturbaciones mentales son las obstrucciones a la omnisciencia y solo los Budas las han eliminado.

Indra Un dios mundano o *deva* en sánscrito.

Kadampa Persona que practica el Lamrim con sinceridad e integra en esta práctica todas las enseñanzas de Buda que ha aprendido. Véase BUDISMO KADAMPA.

Khedrubyhe Uno de los discípulos principales de Yhe Tsongkhapa. Después del fallecimiento de su maestro, ejerció un importante papel en la difusión de la nueva tradición kadam. Véanse *Corazón de la sabiduría* y *Gran tesoro de méritos*.

Lamrim Las etapas del camino espiritual. Presentación gradual de todas las etapas del camino hacia la iluminación. Véase *El camino gozoso de buena fortuna*.

Linaje Herencia de instrucciones transmitida de maestro a discípulo, en la que cada Guru ha logrado una experiencia personal de dichas enseñanzas antes de transmitirlas a otros.

Madhyamika Una de las dos escuelas principales de la filosofía mahayana. Buda enseñó la visión madhyamika en los *Sutras de la perfección de la sabiduría* durante el segundo giro de la Rueda del Dharma y, más tarde, Nagaryhuna y sus seguidores la esclarecieron. Hay dos escuelas madhyamikas: la escuela madhyamika-svatántrika y la madhyamika-prasanguika. Esta última presenta la visión última de Buda. Véanse *Océano de néctar* y *Tesoro de contemplación*.

Mahamudra Término sánscrito que significa 'gran sello'. Según el sutra, se refiere a la profunda visión de la vacuidad. Puesto que esta es la naturaleza de todos los fenómenos, se denomina *sello*, y como una realización directa de la vacuidad nos capacita para lograr el gran objetivo –la liberación completa del sufrimiento del samsara– se dice que es el *gran* sello. Según el mantra secreto, el gran sello es la unión del gran gozo espontáneo y la vacuidad. Véanse *Caminos y planos tántricos*, *Gran tesoro de méritos* y *La luz clara del gozo*.

Mahayana Término sánscrito que significa 'gran vehículo', el camino espiritual que conduce a la gran iluminación. Véanse *El camino gozoso de buena fortuna* y *Tesoro de contemplación*.

Maitreya Personificación del amor afectivo de todos los Budas. En tiempos de Buda Shakyamuni se manifestó como uno de sus discípulos Bodhisatvas. En el futuro será el quinto Buda de este eón afortunado.

Mala Rosario utilizado para contar recitaciones de oraciones o mantras.

Mantra Literalmente significa 'protección de la mente'. El mantra protege la mente de apariencias y concepciones ordinarias. Véanse *Caminos y planos tántricos, Esencia del vajrayana* y *Guía del Paraíso de las Dakinis*.

Mantra secreto Término sinónimo de *tantra*. Las enseñanzas del mantra secreto se diferencian de las del sutra en que contienen métodos para el adiestramiento de la mente con los que se trae el resultado futuro o Budeidad al camino presente. El mantra secreto es el camino supremo hacia la iluminación total. El término *mantra* indica que contiene instrucciones especiales que Buda reveló para proteger la mente de apariencias y concepciones ordinarias. El practicante del mantra secreto se protege de ellas pensando que su cuerpo, sus disfrutes y sus acciones son los de un Buda. El término *secreto* indica que los yogas del tantra han de realizarse en privado y que solo los que han recibido una iniciación tántrica pueden practicarlos. Véanse *Caminos y planos tántricos, Esencia del vajrayana, Gran tesoro de méritos, Guía del Paraíso de las Dakinis* y *La luz clara del gozo*.

Mara/demonio Mara es una palabra sánscrita. Se refiere a todo aquello que obstaculiza el logro de la liberación o la iluminación. Hay cuatro clases de maras: el mara de las perturbaciones mentales, el de los agregados contaminados, el de la muerte y los maras Devaputra. De ellos, solo los últimos son seres sintientes. El mara Devaputra principal es el Ishvara colérico, el dios más elevado del reino del deseo que habita en la Tierra en la que se Controlan las Emanaciones de los Demás. A Buda se lo llama *Ser Vencedor* o *Victorioso* porque ha conquistado los cuatro tipos de maras. Véanse *Corazón de la sabiduría* y *Océano de néctar*.

Meditación Método para familiarizar la mente de manera constante y profunda con un objeto virtuoso. Hay dos clases de meditación: analítica y de emplazamiento. Cuando utilizamos nuestra imaginación, memoria y capacidad de razonamiento para encontrar el objeto en que queremos concentrarnos, estamos realizando una meditación analítica. Cuando encontramos el objeto y lo mantenemos en concentración de manera convergente, estamos realizando una meditación de emplazamiento. Existen innumerables objetos de meditación. Algunos, como la impermanencia o la vacuidad, son objetos que la aprehende mente. Otros, como el amor, la compasión y la renuncia, son actitudes o estados mentales. Primero realizamos una meditación analítica hasta que el objeto en particular que hayamos elegido aparece en nuestra mente o hayamos generado la actitud mental deseada.

Este objeto o actitud mental es nuestro objeto de meditación. Véanse *El camino gozoso de buena fortuna* y *Manual de meditación*.

Mente no conceptual Conocedor cuyo objeto aparece con claridad y sin mezclarse con una imagen genérica. Véase *Comprensión de la mente*.

Mente primaria Término sinónimo de *consciencia*. Conocedor que aprehende principalmente la mera entidad de un objeto. Hay seis clases de mentes primarias: visual, auditiva, olfativa, gustativa, corporal y mental. Cada momento de la mente está compuesto por una mente primaria y varios factores mentales. Estos dos forman una misma entidad pero tienen diferentes funciones. Véase *Comprensión de la mente*.

Mente raíz La mente muy sutil situada en el centro de la rueda de canales del corazón. Se denomina *mente raíz* porque todas las demás mentes surgen de ella y se disuelven también en ella.

Mente sutil Existen tres niveles de mente: burda, sutil y muy sutil. Las mentes sutiles se manifiestan cuando los aires internos entran y se disuelven en el canal central. Véase MENTE RAÍZ. Véase *La luz clara del gozo*.

Méritos Poder meritorio o buena fortuna que se adquiere al realizar acciones virtuosas. Es el poder potencial de aumentar nuestras buenas cualidades y de ser felices.

Milarepa (1040-1123) Gran meditador tibetano conocido por sus famosas canciones de realización.

Naga Una clase de espíritu del reino animal. Los nagas viven por lo general en los océanos, pero en ocasiones habitan en regiones rocosas y de vegetación frondosa donde abundan los árboles. Son seres muy poderosos, y aunque algunos son benevolentes, otros son perjudiciales. Hay muchas enfermedades provocadas por los nagas y solo pueden curarse por medio de ciertos rituales.

Nagaryhuna Gran erudito budista indio y maestro de meditación que renovó las instrucciones mahayanas en el siglo I d. de C. impartiendo las enseñanzas de los *Sutras de la perfección de la sabiduría*. Véase *Océano de néctar*.

Objeto de negación El que es negado de manera explícita por la mente que realiza un fenómeno negativo.

Objeto observado Objeto en que la mente está enfocada. Véase *Comprensión de la mente*.

GLOSARIO DE TÉRMINOS

Obstrucciones a la liberación Obstáculos que impiden el logro de la liberación. Todas las perturbaciones mentales, como la ignorancia, el apego, el odio, y sus semillas, constituyen las obstrucciones a la liberación. También se denominan *obstrucciones de las perturbaciones mentales*. Véase *El camino gozoso de buena fortuna*.

Obstrucciones a la omnisciencia Las impresiones de las perturbaciones mentales, que impiden el conocimiento simultáneo y directo de todos los fenómenos, por lo que solo los Budas las han eliminado. Véase *El camino gozoso de buena fortuna*.

Ocho preocupaciones mundanas Las ocho preocupaciones mundanas son alegrarse o disgustarse en exceso cuando experimentamos, respectivamente, felicidad o sufrimiento, riqueza o pobreza, al recibir alabanzas o críticas, o al tener una buena o mala reputación. Se denominan de este modo porque las personas mundanas se esfuerzan en todo momento por disfrutar de circunstancias favorables y evitar las desfavorables. También se conocen como los *ocho dharmas mundanos*. Véase *El camino gozoso de buena fortuna*.

Odio Factor mental perturbador que observa un objeto animado o inanimado, piensa que es desagradable, exagera sus malas características, lo considera indeseable, se opone a él y desea perjudicarlo. Véase *Comprensión de la mente* y *El camino gozoso de buena fortuna*.

Ofrenda al Guía Espiritual *Lama Chopa* en tibetano. Un yoga especial del Guru Yhe Tsongkhapa en el cual visualizamos a nuestro Guía Espiritual bajo el aspecto de Lama Losang Tubuang Doryhechang. Las instrucciones de esta práctica fueron reveladas por el Buda Manyhushri en la *Escritura de emanación kadam* y puestas por escrito por el primer Panchen Lama. Es una práctica preliminar esencial del Mahamudra vajrayana. Véase *Gran tesoro de méritos*.

Oyente Una de las dos clases de practicante hinayana. Tanto los Oyentes como los Conquistadores Solitarios son hinayanas, pero se diferencian en su motivación, conducta, méritos y sabiduría. Desde el punto de vista de estas cualidades, los Conquistadores Solitarios son superiores a los Oyentes. Estos últimos pueden ser de ocho clases según el grado de perturbaciones mentales que hayan abandonado: El que se Acerca al Estado del que ha Entrado en la Corriente, El que Permanece en el Estado del que ha Entrado en la Corriente, El que se Acerca al Estado del que Regresa Una Vez, El que Permanece en el Estado del que Regresa Una Vez, El que se Acerca al Estado del que Nunca Regresa, El que Permanece en el Estado del que Nunca Regresa, El que se Acerca al Estado del Destructor del Enemigo y El que Permanece en el Estado del Destructor del Enemigo. El que ha Entrado en la Corriente está en el camino de la visión y no renace nunca más en uno de los tres reinos inferiores; El que Regresa Una Vez vuelve al reino del deseo solo una vez más; y El que Nunca Regresa no vuelve nunca más al reino del deseo. Véase *Océano de néctar*.

Percepción errónea Conocedor que está equivocado respecto a su objeto conectado. Véase *Comprensión de la mente*.

Perceptor directo *Ngon sum* en tibetano. Conocedor que aprehende un objeto manifiesto. Según las escuelas budistas inferiores es necesariamente no conceptual, pero los madhyamika-prasanguikas consideran que los momentos subsiguientes de un conocedor inferencial, que son mentes conceptuales, son también perceptores directos. Véase *Comprensión de la mente*.

Permanencia apacible Concentración dotada de los gozos especiales de las flexibilidades física y mental que se alcanzan después de completar las nueve permanencias mentales. Véanse *El camino gozoso de buena fortuna*, *La luz clara del gozo* y *Tesoro de contemplación*.

Plano espiritual Realización espiritual clara que sirve de base para cultivar numerosas buenas cualidades. La realización clara es la que está mantenida por la motivación espontánea de la renuncia o de la bodhichita. En general, *plano* y *camino* son términos sinónimos. Los diez planos son las realizaciones de los Bodhisatvas Superiores. Estos son: muy gozoso, inmaculado, luminoso, radiante, difícil de superar, aproximación, más allá, inamovible, buena inteligencia y nube de Dharma. Véanse *Caminos y planos tántricos* y *Océano de néctar*.

Postración Muestra física, verbal y mental de respeto. Véanse *El camino gozoso de buena fortuna* y *El voto del Bodhisatva*.

Pratimoksha Término sánscrito que significa 'liberación individual'. Véase *El voto del Bodhisatva*.

Protector del Dharma Manifestación de un Buda o Bodhisatva cuya función es eliminar los obstáculos de los practicantes puros de Dharma y reunir las condiciones necesarias para su adiestramiento espiritual. En sánscrito se denomina *Dharmapala*. Véase *Gema del corazón*.

Realizaciones/logros Son de dos clases: comunes y supremas. Las comunes son de cuatro tipos: de pacificación, prosperidad, control y coléricas. Las supremas son los logros especiales de un Buda.

Reino de los infiernos El inferior de los tres reinos desafortunados. Véase *El camino gozoso de buena fortuna*.

Renuncia Deseo de liberarse del samsara. Véase *El camino gozoso de buena fortuna.*

Retentiva mental o memoria Factor mental cuya función es no olvidar el objeto realizado por la mente primaria. Véanse *Comprensión de la mente, El camino gozoso de buena fortuna, La luz clara del gozo* y *Tesoro de contemplación.*

Rueda de canales Véase CHAKRA.

Sabiduría Mente virtuosa e inteligente gracias a la cual la mente primaria realiza su objeto de manera perfecta. La sabiduría es un camino espiritual que libera nuestra mente de las perturbaciones mentales y de sus impresiones. Un ejemplo de sabiduría es la visión correcta de la vacuidad. Véanse *Comprensión de la mente, Gran tesoro de méritos* y *Océano de néctar.*

Satisfacción Sentirnos satisfechos con nuestras circunstancias externas e internas motivados por una intención virtuosa.

Seis reinos En el samsara existen seis reinos que, enumerados en orden ascendente según el karma que nos hace renacer en ellos, son: el reino de los infiernos, el de los espíritus ávidos, el de los animales, el de los humanos, el de los semidioses y el de los dioses. Los tres primeros son reinos inferiores o renacimientos desafortunados, y los otros tres, reinos superiores o renacimientos afortunados. Véase *El camino gozoso de buena fortuna.*

Semillas de las perturbaciones mentales La semilla de una perturbación mental es su causa sustancial o su potencial de surgir. Hasta que no hayamos abandonado por completo una perturbación mental, aunque no se manifieste, su semilla permanecerá en nuestra mente. Solo pueden ser eliminadas por la sabiduría que realiza directamente la vacuidad.

Sensación Factor mental cuya función es experimentar objetos agradables, desagradables o neutros. Véase *Comprensión de la mente.*

Ser ordinario Aquel que no ha realizado directamente la vacuidad.

Ser sintiente Ser cuya mente está contaminada por las perturbaciones mentales o sus impresiones, es decir, que no ha alcanzado la Budeidad.

Shantideva (687-763) Gran erudito budista indio y maestro de meditación, autor de la *Guía de las obras del Bodhisatva.* Véase *Tesoro de contemplación.*

Shariputra Uno de los discípulos principales de Buda Shakyamuni.

Sutra Las enseñanzas de Buda que pueden practicarse sin necesidad de haber recibido una iniciación tántrica. Incluyen las instrucciones que Buda enseñó durante los tres giros de la rueda del Dharma.

Sutra del corazón Uno de los *Sutras de la perfección de la sabiduría* que Buda enseñó. Aunque es más corto que los otros, contiene de manera explícita o implícita su significado completo. Véase *Corazón de la sabiduría*.

Sutras de la perfección de la sabiduría Sutras que Buda enseñó durante el segundo Giro de la Rueda del Dharma. En ellos revela su visión acerca de la naturaleza última de todos los fenómenos –la vacuidad de existencia inherente–. Véanse *Corazón de la sabiduría* y *Océano de néctar*.

Sutras del vinaya Sutras en los que Buda muestra principalmente la práctica de la disciplina moral, en particular la del pratimoksha.

Tantra Véase MANTRA SECRETO.

Tara blanca Buda femenino, personificación de la sabiduría última de todos los Budas. También se la llama *Madre Compasiva de Larga Vida*. Si confiamos en Madre Tara con sinceridad y fe, nos liberará con rapidez de los obstáculos y colmará nuestros deseos.

Tiempo sin principio Según la visión budista del mundo, la mente no tiene principio y, por lo tanto, todos los seres sintientes han renacido innumerables veces.

Tierra pura Reino puro donde no existe la verdad del sufrimiento. Existen numerosas tierras puras, por ejemplo, Tushita es la tierra pura de Buda Maitreya, Sukhavati, la de Buda Amitabha, y la Tierra de las Dakinis o Keajra en sánscrito, la de Buda Vajrayoguini. Véanse *Gema del corazón* y *Guía del Paraíso de las Dakinis*.

Tradición kadampa Tradición pura de budismo fundada por Atisha. Antes de Yhe Tsongkhapa se la conocía como la *antigua tradición kadam*, y después, como la *nueva tradición kadam*. Véase KADAMPA.

Tres aspectos principales del camino Las realizaciones de renuncia, bodhichita y sabiduría que realiza la vacuidad.

Triyhang Rimpoché (1901-1981) Gran lama tibetano del siglo XX, emanación de Buda Shakyamuni, Heruka, Atisha, Amitabha y Yhe Tsongkhapa. También se lo conoce como *Triyhang Doryhechang* y *Losang Yeshe*.

Unión Se refiere a la Unión de No Más Aprendizaje, término sinónimo de *iluminación*.

Vajradhara Buda de quien se origina el mantra secreto. Su naturaleza es la misma que la de Buda Shakyamuni, pero presenta un aspecto diferente. Buda Shakyamuni aparece bajo el aspecto del Cuerpo de Emanación, y el Vencedor Vajradhara, en el del Cuerpo de Deleite. Véase *Gran tesoro de méritos*.

Vajradharma Manifestación de la palabra de todos los Budas. Su aspecto es el mismo que el de Vajradhara excepto que su color es rojo. Véase *Guía del Paraíso de las Dakinis*.

Vajrapani Personificación del poder de todos los Budas.

Vajrayana El vehículo del mantra secreto. Véase MANTRA SECRETO.

Vajrayoguini Deidad femenina perteneciente al tantra del yoga supremo de la Madre que personifica el gozo y la vacuidad inseparables. Su naturaleza es la misma que la de Heruka. Véase *Guía del Paraíso de las Dakinis*.

Vigilancia mental Factor mental que es una clase de sabiduría que examina las actividades de nuestro cuerpo, palabra y mente, y se da cuenta de si se generan faltas o no. Véase *Comprensión de la mente*.

Visión superior Sabiduría especial que percibe su objeto con claridad y es mantenida por la permanencia apacible y la flexibilidad especial inducida por la investigación. Véase *El camino gozoso de buena fortuna*.

Yhangchub O Sobrino del rey tibetano del siglo XI Yeshe O. Juntos soportaron numerosas dificultades para invitar al gran maestro budista indio Atisha al Tíbet, perdiendo Yeshe O su vida por esta causa. Gracias a su infinita bondad, en el Tíbet se produjo un renacimiento del Budadharma puro. Este fue posteriormente conocido como *budismo kadampa* y continúa difundiéndose hoy día por todo el mundo. Véase *El camino gozoso de buena fortuna*.

Yhe Tsongkhapa (1357-1419) Emanación de Manyhushri, el Buda de la Sabiduría. Tal y como fue predicho por Buda Shakyamuni, se manifestó como un monje en el Tíbet en el siglo XIV, donde mostró cómo practicar correctamente el Dharma en tiempos de degeneración, gracias a lo cual la doctrina budista recuperó su pureza. Posteriormente su tradición se conoció como la *tradición ganden* o *guelug*. Véanse *Gema del corazón* y *Gran tesoro de méritos*.

Yidam Véase *DEIDAD*.

Yoga del Guru Método especial para confiar en el Guía Espiritual y recibir sus bendiciones. Véanse *El camino gozoso de buena fortuna* y *Gran tesoro de méritos*.

Yogui o yoguini Palabra sánscrita que se utiliza, por lo general, para referirse a aquel que ha alcanzado la unión de la permanencia apacible y la visión superior.

Lecturas recomendadas

GUESHE KELSANG GYATSO

Gueshe Kelsang Gyatso, ilustre erudito y Guía Espiritual totalmente cualificado, es el autor de un amplio número de obras de gran renombre y el fundador de numerosos centros de budismo en varios países del mundo.

Gueshe Kelsang unifica con destreza excepcional la antigua sabiduría de la doctrina budista, tal y como se practicó es su tierra natal, el Tíbet, con los intereses y las preocupaciones del mundo occidental, donde vive desde 1977.

Sus obras pueden clasificarse en tres series:

1. Budismo básico.
2. Estudios filosóficos.
3. Prácticas de meditación.

BUDISMO BÁSICO

En los libros de esta serie se introducen los conceptos fundamentales en los que se basa el budismo, presentados de una manera accesible y fácil de entender.

ESTUDIOS FILOSÓFICOS

En los libros de esta serie se tratan con profundidad cuestiones clave tales como el estudio de la mente, la naturaleza última de la realidad y el significado de la iluminación.

PRÁCTICAS DE MEDITACIÓN

En los libros de esta serie se presentan métodos y técnicas muy eficaces para desarrollar el potencial humano en toda su plenitud.

Títulos disponibles

Caminos y planos tántricos (Prácticas de meditación)

Cómo entrar en el camino vajrayana, recorrerlo y perfeccionarlo

- Relación entre el sutra y el tantra
- Las cuatro clases de tantras
- Cómo alcanzar la iluminación mediante la práctica del tantra del yoga supremo

Compasión universal (Budismo básico)

Instrucciones prácticas para desarrollar las actitudes altruistas que constituyen una fuente inagotable de verdadera felicidad.

- Muestra, paso a paso, el modo de desarrollar la verdadera mente de compasión universal –la determinación de liberar a todos los seres sintientes del sufrimiento–
- Expone con claridad y detalle cómo transformar todas las situaciones que podemos encontrar en la vida –incluso las más adversas– en oportunidades para el desarrollo personal

Comprensión de la mente (Estudios filosóficos)

Exposición clara sobre la naturaleza y las funciones de la mente. En la obra se combina una profunda exploración filosófica con su aplicación psicológica.

- ¿Qué es la mente y cómo funciona?
- Las mentes que conducen a la felicidad y las que conducen al sufrimiento
- Aplicación del conocimiento de la mente a la vida cotidiana

Corazón de la sabiduría (Estudios filosóficos)

Comentario de uno de los Sutras más conocidos de Buda, el *Sutra del corazón*, que presenta una lúcida explicación de lo que es la vacuidad, la naturaleza última de la realidad, según la filosofía budista.

- Muestra cómo lograr con facilidad un entendimiento inicial de la vacuidad, y la manera de utilizarlo para superar los obstáculos que impiden nuestra felicidad temporal y última

«Libros tan buenos como este son difíciles de encontrar.»
The Middle Way

LECTURAS RECOMENDADAS

El camino gozoso de buena fortuna (Budismo básico)

El sendero budista hacia la iluminación

- Esencia de todas las enseñanzas de Buda
- Presentación estructurada del camino completo hacia la iluminación
- Métodos eficaces para transformar y trascender el sufrimiento y las adversidades de la vida diaria, y lograr la paz interior y felicidad duraderas

«De valor incalculable.» SHAP World Religions in Education

El voto del Bodhisatva (Prácticas de meditación)

Una clara introducción a la esencia del budismo mahayana –el compromiso de alcanzar la iluminación para poder beneficiar a todos los seres–.

- Guía práctica del modo de vida de un Bodhisatva
- Los votos del Bodhisatva y las seis perfecciones
- Compañero esencial para los practicantes de budhismo mahayana

Esencia del Vajrayana (Prácticas de meditación)

Comentario a la práctica del tantra del yoga supremo del mandala corporal de Heruka.

- La primera exposición completa en español de la práctica del tantra del yoga supremo del mandala corporal de Heruka
- Métodos para trascender las aflicciones
- El camino para alcanzar el gozo supremo de la iluminación total

Gema del corazón (Prácticas de meditación)

La manera correcta de confiar en el Guía Espiritual –la raíz del camino– y el modo de ampararnos en la protección de Buda.

- Cómo cultivar la paz interior
- Generación de la mente compasiva
- El modo de aprender a protegernos de las dificultades
- Cómo disipar la oscuridad de la duda y la confusión
- La manera de encender la luz interior de la sabiduría
- El despertar de la fuerza espiritual

Guía del Paraíso de las Dakinis (Prácticas de meditación)

El primer comentario completo editado en lengua occidental de la profunda práctica tántrica de Vajrayoguini, el Buda femenino de la sabiduría.

«Su mera lectura es un gran gozo.» Tibet Journal

Introducción al budismo (Budismo básico)

Presentación de conceptos básicos del budismo, como la meditación, el karma y la reencarnación, mostrando su relevancia en la sociedad contemporánea.

- ¿Quién es Buda?
- La naturaleza de la mente
- Las vidas pasadas y futuras
- Por qué meditar y cómo hacerlo
- El camino hacia la iluminación
- El modo de vida budista
- ¿Qué es la liberación?
- El karma

Manual de meditación (Budismo básico)

Esta pequeña obra explica, paso a paso y con claridad, el arte de la meditación y el método para aplicarlo en la vida diaria.

- Apropiado tanto para principiantes como para meditadores avanzados
- Introduce una explicación clara y práctica acerca de la meditación, sus fundamentos y funciones
- Contiene veintiuna meditaciones que, en conjunto, constituyen el camino completo hacia la iluminación y pueden practicarse por separado o como parte de un ciclo

«Este libro ilumina.» The New Humanity

Tesoro de contemplación (Budismo básico)

Aclamada obra en la que se muestra cómo llevar un modo de vida noble y compasivo y se revelan las prácticas que conducen a la iluminación completa.

- Cómo generar y mantener amor y compasión auténticos por todos los seres
- Cómo practicar el camino del Bodhisatva
- Métodos para alcanzar la iluminación

LECTURAS RECOMENDADAS

En proceso de traducción

Gran tesoro de méritos (Prácticas de meditación)

Profundos consejos acerca de la práctica de confiar en el Guía Espiritual y la manera de avanzar por los senderos del sutra y del tantra.

La luz clara del gozo (Prácticas de meditación)

Extraordinaria exposición de las prácticas más avanzadas del budismo tántrico.

«Una gran fuente de felicidad.» Ling Rimpoché

Océano de néctar (Estudios filosóficos)

Obra de gran calibre en la que se combina una profunda investigación acerca de la realidad última junto con consejos útiles sobre cómo integrar el budismo en la vida diaria. Constituye uno de los textos más importantes dentro del budismo mahayana.

Una vida llena de significado, una muerte gozosa
(Prácticas de meditación)

Profunda práctica para transferir la consciencia durante el proceso de la muerte.

CATÁLOGO DE SADHANAS

Gueshe Kelsang ha supervisado personalmente la traducción de una colección esencial de sadhanas (oraciones y prácticas).

1. *Asamblea de buena fortuna* Práctica del tsog del mandala corporal de Heruka.
2. *Ceremonia del refugio mahayana* y *Ceremonia del voto del Bodhisatva* Ceremonias rituales para acumular méritos para el beneficio de todos los seres.
3. *Cientos de Deidades de la Tierra Gozosa* El yoga del Guru Yhe Tsongkhapa.
4. *Confesión del Bodhisatva* Práctica de purificación del *Sutra mahayana de los tres cúmulos superiores*.
5. *El camino rápido al gran gozo* Sadhana para realizar la autogeneración como Vajrayoguini.

6. *El melodioso tambor que vence en todas las direcciones* El ritual extenso de cumplimiento y renovación de nuestro compromiso con el Protector del Dharma, el gran rey Doryhe Shugden, junto con Mahakala, Kalarupa, Kalindevi y otros Protectores del Dharma.
7. *El modo de vida kadampa* Prácticas esenciales de la tradición kadampa: *Consejos de corazón de Atisha* y *Los tres aspectos principales del camino* de Yhe Tsongkhapa.
8. *El yoga de Buda Amitayus* Método especial para lograr longevidad e incrementar méritos y sabiduría.
9. *Esencia de buena fortuna* Oraciones de las seis prácticas preparatorias para la meditación de las etapas del camino hacia la iluminación.
10. *Esencia del vajrayana* Sadhana del mandala corporal de Heruka según el sistema del Mahasidha Ghantapa.
11. *Gema del corazón* Yoga del Guru Yhe Tsongkhapa en combinación con la sadhana abreviada del Protector Doryhe Shugden.
12. *Joya preliminar para el retiro del mandala corporal de Heruka*
13. *La fiesta del gran gozo* Sadhana para realizar la autoiniciación de Vajrayoguini.
14. *La gema que colma todos los deseos* Práctica del yoga del Guru Yhe Tsongkhapa en combinación con la sadhana del Protector Doryhe Shugden.
15. *La gran liberación de la Madre* Prácticas preliminares para la meditación del Mahamudra en combinación con la práctica de Vajrayoguini.
16. *La gran liberación del Padre* Prácticas preliminares para la meditación del Mahamudra en combinación con la práctica de Heruka.
17. *La Gran Madre de la Compasión* Sadhana de Arya Tara.
18. *La Gran Madre de la Sabiduría* Método para eliminar obstáculos e interferencias con la recitación del *Sutra de la esencia de la Sabiduría.*
19. *La joya preliminar* Preliminares concisas para el retiro de Vajrayoguini.
20. *Liberación del dolor* Alabanzas y súplicas a las veintiuna Taras.
21. *Meditación y recitación del Vajrasatva Solitario* Práctica de purificación.
22. *Ofrenda al Guía Espiritual* Una práctica del tantra del yoga supremo en combinación con el yoga del Guru Yhe Tsongkhapa.

23. *Oraciones para la larga vida del venerable Gueshe Kelsang Gyatso Rimpoché*
24. *Oraciones para meditar* Preparación especial para la meditación.
25. *Práctica concisa de Buda Amitayus*
26. *Preliminares para el retiro de Vajrayoguini*
27. *Rey del Dharma* Método para realizar la autogeneración como Yhe Tsongkhapa.
28. *Sadhana de Avalokiteshvara* Oraciones y súplicas al Buda de la Compasión.
29. *Sadhana de Samayavajra*
30. *Sadhana del Guru de la Medicina* Oraciones a la asamblea de los siete Budas de la medicina.
31. *Sadhana de la esencia concisa del mandala corporal de Heruka*
32. *Sadhana de la ofrenda de fuego de Vajradaka* Práctica para purificar las faltas e impurezas.
33. *Sadhana de la ofrenda de fuego de Vajrayoguini*
34. *Sadhana de la ofrenda de fuego del mandala corporal de Heruka*
35. *Tesoro de sabiduría* Sadhana del Venerable Manyhushri.
36. *Una vida pura* Práctica para recibir y mantener los ocho preceptos mahayanas.
37. *Unión de No Más Aprendizaje* Sadhana de la autoiniciación del mandala corporal de Heruka.
38. *Yoga de la Dakini* Seis sesiones del Yoga del Guru Vajrayoguini.
39. *Yoga del Héroe vajra* Práctica esencial concisa de la autogeneración del mandala corporal de Heruka y el yoga conciso de las seis sesiones.
40. *Gotas de esencia de néctar* Ritual especial de ayuno y práctica de purificación con Buda Avalokiteshvara de once rostros
41. *El camino hacia la tierra pura* sadhana para el adiestramiento en la transferencia de consciencia.

Los libros y sadhanas de Gueshe Kelsang Gyatso pueden adquirirse por medio de:

Editorial Tharpa
C/ Molinero nº10, bajo
11150 Vejer de la Frontera (Cádiz)
Tel.: 95 6451528
E-mail: annatkins@terra.es
Internet: http://www.tharpa-es.com

Programas de estudio

Gueshe Kelsang Gyatso ha elaborado tres programas de estudio basados en sus libros: el Programa General, el Programa Fundamental de Budismo y el Programa de Adiestramiento de Maestros Budistas. Estos programas han sido diseñados para aquellos que deseen estudiar budismo de manera gradual a fin de lograr una experiencia profunda de las prácticas esenciales.

El **Programa General** ofrece una introducción básica a la visión, meditación y acción budistas, y es ideal para principiantes. Comprende también enseñanzas y prácticas avanzadas, tanto de sutra como de tantra.

El **Programa Fundamental de Budismo** va dirigido a aquellos que prefieren estructurar su adiestramiento espiritual. El estudio se basa en cinco textos de Gueshe Kelsang y tiene una duración de cuatro años. Las clases consisten en lecturas, enseñanzas, debates, *puyhas* y meditaciones. Cada tema finaliza con un examen.

El **Programa de Adiestramiento de Maestros Budistas** atiende a las necesidades de los que desean convertirse en instructores de Dharma. Este programa, de una duración de siete años, se basa en doce textos de Gueshe Kelsang Gyatso. Los participantes, para ser cualificados como maestros de Dharma, han de completar el estudio de los doce textos, superar los exámenes de cada materia, mantener determinadas pautas de comportamiento y de modo de vida, y completar varios retiros de meditación.

Estos tres programas se imparten en varios de los centros de la Nueva Tradición Kadampa en diversos países del mundo bajo la guía espiritual de Gueshe Kelsang Gyatso.

Si desea más información, puede dirigirse a:

PROGRAMAS DE ESTUDIO

EN ESPAÑA:

Barcelona: Centro Budista Mahakaruna
C/ Gerona 83, 3º-2ª,
08009 Barcelona
Tel.: 93 4876917
E-mail: mahakaruna@mx2.redestb.es

Madrid: Centro Budista Vajrayana
Avenida Europa 15, bloque 2, 1ºD
Madrid 28224 (Pozuelo de Alarcón)
Tel: 91-351 19 89
E-mail: vajramad@teleline.es

Menorca: Instituto Dharma
Apartado 57,
07760 Ciutadella de Menorca
Menorca
Tel.: 971 480078
E-mail: dharma@menorca.infotelecom.es

Sevilla: Centro Budista Mahamudra
C/ Doña María Coronel 32, 3ºD
41003 Sevilla
Tel.: 95 4564266
Fax: 95 4213643
E-mail: mahamudra@arrakis.es

Tenerife: Centro Budista Aryadeva
Avd. Calvo Sotelo, 20 1° izd.
38205 La Laguna, Tenerife
Tel.: 922 630795

EN MÉXICO:

Ciudad de México: Centro Budista Dharmachakra
Ernestina Arraizar #17
Colonia del Vall, México DF, CP03100
Tel.: 01 56876101,
Fax: 01 56876131
E-mail: dharmachakra@closeup.com.mx
Página web: www.kadampa.org.mx

EN LOS ESTADOS UNIDOS:

Tharpa Direct Foundation
114 Washington Avenue,
Point Richmond CA 94801
Tel: 510-9709740,
Fax: 510-2333647
E-mail: arimas@aol.com

EN EL REINO UNIDO:

Manjushri Mahayana Buddhist Centre
Conishead Priory
Ulverston, Cumbria LA12 9QQ, Inglaterra
Tel.: 44 + (0) 1229 584029
Fax: 44 + (0) 1229 580080
E-mail: info@manjushri.org.uk
Maestro residente: Venerable Gueshe Kelsang Gyatso Rimpoché

Las direcciones de los restantes centros pueden obtenerse dirigiéndose a: James Belither, Chairman of the Education Council of the New Kadampa Tradition, Conishead Priory, Ulverston, Cumbria LA12 9QQ, Inglaterra. Tel. y fax: 44 + (0) 1229 588533.
E-mail: kadampa@dircon.co.uk

Índice analítico

La letra g indica que el término aparece en el glosario

acciones perjudiciales 25, 72, 89
   causa de las 6, 55, 61, 86-87, 94
   efectos de las 55, 115, 127, 131-132, 135-136
acciones virtuosas 61, 171
   causa de las 55, 94
   efectos de las 9
acciones y sus efectos (véanse acciones perjudiciales; acciones virtuosas; karma) 9, 131-133
   contaminadas 10, 85, 183, 208
aceptar la derrota y ofrecer la victoria 13, 15-16, 135-142
adiestramiento de la mente (véase Loyong) 17, 104
   objetivo principal del 76
Adiestramiento de la mente en ocho estrofas 1, 8, 11, 17, 19-23, 27, 36, 40, 42-43, 48, 49, 56, 162, 201, 227, 230, 231
   junto con las seis perfecciones 173
Adiestramiento de la mente en siete puntos 22, 91, 95, 193, 201, 220, 227, 232
aferramiento propio 5, 120, 136, 183
   a los ocho extremos 200, 202-208
   a nuestro cuerpo 104, 190, 191
   a nuestro yo 5, 195, 198
   dos clases 221
   eliminar el 6, 8, 10, 22, 96, 214, 215, 222-223
   objeto del 59
   y estimación propia 5-6, 59, 84-85, 198
aires de energía internos 159, 193, g
altar 29-31, 152
alucinación 5, 89, 190
amigos 46, 48, 56, 57, 60, 75, 76, 118, 129, 130, 131, 166-167
   compasión por los 111, 113
   impermanentes 125, 128
Amitabha 13, 17, 27-28, 41-42, 128
   visualización 27, 36
Amitayus 28, g
amor 35-36, 73, 75, 113
   afectivo 123
   beneficios del 23, 126
   causa del 61, 67-68
   de Buda 71, 126
   por uno mismo 91-93
   puro 88, 103-104, 126-127
   y apego 63, 88, 118, 126-127
amor desiderativo 123-127, 158
   beneficios del 126-127
analogía
   de la montaña 105

del agua salada 70, 88, 124-125
del cielo 214-215, 217
del mago 184-185, 191, 219, 222
del pavo real 21-22
del suelo y el cuero 4
animales 47, 89, 111, 133, 145, 147, 157, 158, 185, 222, 224
sufrimiento de los 114-115, 117, 153
apariencia (véanse apariencia de existencia inherente; sueño, apariencias) 204
dual 214, g
mera 120, 184, 186, 189, 191, 192, 200, 203, 204, 209, 220
y vacuidad 201, 211, 213
apariencia de existencia inherente 185, 183-184, 186-187, 211-212, 214, 219
del yo 83, 84
apego 4, 6, 53, 83, 87, 112, 115, 223, g
causa del 5-6, 86, 207
eliminar el 69, 96, 156, 220, 223
objeto del 21-22, 192-193, 204-205, 216
y amor 63, 88, 118, 126-127
Árbol Bodhi 126
arco iris 204, 206, 220
Asanga 80, 119, 121, g
atención 193
Atisha 11, 21, 27, 101, 138, 163, g
ayudante de 68, 69
Avalokiteshvara 28, 152, 160, 215, g

bardo 9
bases de designación 210
de la mente 193

de Vajrayoguini 106
del yo 71, 108, 206
Ben Gungyel 64-65, 95
bendiciones 16, 25, 27, 29-30, 34, 48, 80, 133, 158, g
beneficios de las 7, 26, 100, 103, 145, 225, 231
súplicas para recibirlas 41-43
bodhichita (véase bodhichita última) 67-68, 90, 131, 151, 162-180
artificial/espontánea 166, 167, 172
aspirante 174, 175, 168-172
aumentar la 168-180
beneficios de la 168-169
causa de la 46, 57, 167
comprometida 175
condiciones favorables para generar la 164, 167
convencional 181
de Buda 180
definición 162
generar la 35-36, 165-168
objeto observado de la 181, 202
que procede de cambiarnos por los demás 67, 101, 162
veintidós clases 173-180
bodhichita última 8, 181-226
objeto observado de la 181
Bodhisatva 56, 61, 137, 160, 171
buenas cualidades del 145, 158
motivación pura 139-140, 151
planos del 176-180, g
Superior 176, 212
bondad
de Buda 29, 69
de los demás 7, 49-52, 68-69, 73, 77, 121, 128-129, 149
de nuestra madre 49-50, 149-150

ÍNDICE ANALÍTICO

Brahma 39, g
Buda (véanse amor, de Buda;
  Buda Shakyamuni;
  compasión, de Buda) 1,
  29-33, 69-70, 107, 135, 139,
  145, 179, 184, 221
  cualidades de 7, 165, 179,
    212
  cuerpo y mente de 33
  de la Compasión 152
  de la Palabra Vajra 27
  de la Sabiduría 152
  ecuanimidad de 84, 158
  emanaciones de 79-80
  etimología 7
  existe por convención 192
  función de 133
  imagen de 29-31
  tántrico 106
Buda Shakyamuni 62, 101, 125,
  132, 208
  fundador 8
  relatos de la vida de 30, 39,
    126
  visualización 27, 36-37
budismo (véanse enseñanzas de
  Buda; hinayana) 36
  kadampa 11, 138
  mahayana 36, 112, 113
  meta más elevada del 7
  buenas cualidades del 80
buenas cualidades 80
  de los demás 60-61
  nuestras 59-62
búsqueda convencional y
  última 186

cambiarse uno mismo por los
  demás 81-109
  práctica en sí 106-109
  posibilidad de 104-106
camino de la profundidad g
camino de la vastedad g

camino espiritual 127, 128, 131,
  231
  hacia la iluminación (véase
    mahayana, camino) 1, 7,
    39, 47, 91
  hacia la liberación 7
  superior 181
camino medio 200
campo de méritos 36-37
canales 159, g
cáncer 70, 113, 223
Carta amistosa 104
celos 6, 52, 135
  eliminar los 39, 69
chakra g
Chandra, rey 64
Changkya Ngauang Chogden
  201
Chekhaua, Gueshe 17, 22, 23,
  91, 96, 97, 119-120, 193, 201,
  220, 227, 232, 233, g
cinco fuerzas 227-231
  de la motivación 227-229
  del hábito 229
  de la semilla blanca 230
  de la destrucción 230-231
  de la oración 231
clarividencia 20
compasión (véase gran
  compasión) 71, 87, 111-113,
  131
  beneficios de la 23, 117-121
  causa de la 46, 55, 61, 67-68,
    113, 149-150
  cultivar la 36, 113-117,
    155-156
  de Buda 7, 17, 55, 71, 93,
    111, 179
  de Langri Tangpa 13
  definición 112-113
  y sabiduría 137-139
Compasión universal 131, 232
competitividad 39

compromisos
    del adiestramiento de la
        mente 91-93, 140, 231-233
    del refugio 29
concentración 21, 34, 116, 126,
    144, 157, 160, 166, 173, g
    del continuo del Dharma
        175
    perfección de la 173, 175,
        177
condiciones externas 1-4, 23,
    68, 87, 93, 117, 121, 191
confesión 38, 40
confianza en uno mismo 37,
    62, 91-93
conocedor inferencial 202, g
conocedor válido 155, 208, g
Conquistador Solitario g
consciencia mental 155, 205
consciencia sensorial 155, 183,
    205
Consejos de corazón de Atisha
    61-62, 265-274
consideración por los demás
    53, 54, 109
contacto 193
continuo mental (véase mente)
    9, 71, 95, 193
Corazón de la sabiduría 175, 188
creencia 155
    correcta 155, g
    errónea 19, 20, g
críticas 60, 83, 87, 88, 90, 139
cuarto Buda g
cuerpo (véase mente, y cuerpo)
    49-50, 90-91, 104-105, 159,
    186
    con existencia inherente
        186-187, 189-191
    convencional 191
    divino 106
    y el yo 71, 196-197
Cuerpo de la Forma 182

Cuerpo de la Verdad 182
Cuerpos de Buda g
culpar 60, 70-71, 72, 73, 88, 129,
    132, 163
    a la estimación propia 97-98,
        107

Dakini g
declarar la verdad 151
dedicación 40, 158, 230, 231
defectos 62, 207
    de las perturbaciones
        mentales 70-74, 97
    de los demás 60-61, 70-75,
        150
    nuestros 59-65, 73-74, 93, 97,
        171
Deidad 106, g
demonio (véase mara) 97, 126
descanso de la meditación
    (véase vida diaria) 166-167,
    169, 182
    práctica de la vacuidad
        durante el 215-216, 219-221
deseos (véase apego) 4, 83, 86,
    88
designación 189, 192, 199, 203,
    205, 206, 210
destreza, perfección de la 177
Destructor del Enemigo 85, g
devoción 16, 36, 68, 163
Dharma (véanse enseñanzas de
Buda; Joya del Dharma) 8, 164,
    169, 179
    abandonar el 171
    esencia del 112, 163
Dharmarakshita 21, 131, 132,
    136
Dhipamkara Shriyhana 138
diamante, sol y árbol medicinal
    22
dioses 126, 146, 147, 153, g
discernimiento 193, g

disciplina moral 9, 55, 128, 133, 232
  perfección de la 176
discriminación 81, g
distracciones 19, 21, 34, 87, 159, 166
Doryhe Senge 11
dos extremos 200
dos verdades (véanse verdad convencional; verdad última) 200
  unión de las 210, 212, 214-219

ecuanimidad 158, g
El camino gozoso de buena fortuna 10, 29, 40, 138, 164, 171, 175
El modo de vida kadampa 265-274
El voto del Bodhisatva 173, 231
emanación 7, 35, 39, 79-80, 121, g
  de Amitabha 13, 27, 128
  de Langri Tangpa 16-17
enemigos 57, 128
  internos 4, 70
enfermedades 6, 20, 113, 116, 135, 152, 155, 158, 222
  causa de las 86, 131
  curar las 15-16, 160-161, 191
  de las perturbaciones mentales 23, 39, 65, 72, 145, 177, 223-224
  del Guía Espiritual 144
enseñanzas de Buda (véase Dharma) 7-8, 35, 39, 47, 51, 132-133
  analogía de comprar 99
  espejo 63, 65
  Lamrim 31, 133
  Loyong 19-23, 109, 143
    medicina 65, 98, 145, 223
    verdadero significado de las 141

eón afortunado g
escuelas de filosofía budista 187-188, g
Esencia de buena fortuna 26-27, 249-258
esfuerzo 100, 138, 227
  perfección del 172, 173, 176
espacio no producido 205, 218
espacio producido 218
espejismo 5, 184, 185, 192, 209
espíritus 126
  ávidos 115, 117, 147, 153, g
estado intermedio 9
estado más allá del dolor 105
estatua 29-31
estimación propia 47-49, 137, 139, 147
  del Destructor del Enemigo 85
  desventajas de la 49, 54-55, 62, 85-94, 97-98, 107
  eliminar la 19, 22, 48, 69, 73, 75-76, 81-83, 93, 94-104
  objeto de la 59, 78, 104-109, 84
  reconocer la 83-85, 94-97, 100, 226
  y aferramiento propio 5-6, 59, 84-85, 198
estimar a los demás 45-56, 113, 121, 162, 231
  aumentar el 57-80
  beneficios de 48, 51-56, 62, 94, 107
  obstáculo para 73, 90
etapa de consumación 173, g
etapa de generación 105-106, 173, g
existencia inherente (véase yo, con existencia inherente) 183, 185
  carencia de (véase vacuidad)
  del cuerpo 185-186, 189-190

factor mental 193, g
familia 45, 47, 56, 57, 75, 76, 89, 103, 111, 113, 116, 125
familiaridad 106, 155, 157, 229
   con el aferramiento propio 203
   con la bodhichita 166, 169
   con la estimación propia 59
   con la vacuidad 190, 219, 223, 229
fe 26, 27, 29, 30, 35, 37, 38, 145-146, 225, g
felicidad (véase iluminación, felicidad de la) 3-4, 19, 21, 137
   causa de la 1-10, 45-47, 49, 93, 101, 226
   mundana 45, 120-121, 124
   pura/verdadera 13, 22, 23, 93, 118, 124, 129
fenómeno
   compuesto no asociado 205
   negativo no afirmante 218
   positivo 218
   producido 202-204, 205, 212-213
fuerza, perfección de la 178

Gampopa 146
generosidad (véase tomar y dar) 15, 51, 68, 133, 156-161
   ofrecer la vida 138-139
   perfección de la 176
Goua Pagtse 16
gran compasión 55, 90, 111-121, 129, 162, 167
   superior 165
guerras 86, 89, 114
gueshe (véase kadampa, gueshe) g
Guía de las obras del Bodhisatva 54, 61, 69, 105, 108, 185, 211, g
Guía del Paraíso de las Dakinis 41

Guía Espiritual 28, 54, 103, 144, 146, 171, g
Buda 27, 36, 39, 42, 133
   considerar a los demás como un 127-129, 133
   función de 65
gurus del linaje g
Gyalgua Ensapa 16, g

héroe 136, 151
Héroe/Heroína g
Heruka 160, g
hinayana 85, g
humildad 13, 77-80, 172, g

ignorancia (véase aferramiento propio) 17, 22, 29, 30, 33, 37, 49, 77, 84, 136, 145, 182
   causa de la 86
   sueño de la 7, 229
igualarse uno mismo con los demás 77, 81, 96
iluminación 7, 37, 46-47, 67-69
   causa de la 46, 51, 55-56, 57, 116, 150, 183
   felicidad de la 1, 23, 29, 40, 93
   obstáculo para alcanzar la 90, 154
ilusiones 184-185, 219
imagen genérica 155, 198, g
   de la vacuidad 199, 202
imaginación 152-153
impermanencia 125, 146
   de la mente 193
   del cuerpo 185-186, 188-189
   del yo 197-198
   imposibilidad de encontrar la 220
impresión (véanse impresiones de las acciones; impresiones del aferramiento propio) g
impresiones de las acciones 9, 25, 31, 204, 205

ÍNDICE ANALÍTICO

impresiones del aferramiento
  propio 8, 182
  efectos de las 84, 85, 185,
    195, 199, 211-212
indiferencia 5, 86
  objeto de la 216
Indra 39, g
infiernos 9, 89, 119, g
  seres de los 115, 117, 145,
    147, 153
intención (véase motivación)
    193, 201, 227-229
  pura 21, 103
Introducción al budismo 10

Jesús 145
Joya de Buda 35, 112
Joya de la Sangha 35, 112
Joya del Dharma 35, 112, 174
joya que colma todos los
  deseos 45-46, 55, 67, 157, 177

Kachen Sangye 141-142
kadampa g
  budismo 11, 138
  gueshe 65, 101, 146, 151, g
  maestro 17, 100
  tradición 17, 27, 140-141, g
karma (véase acciones y sus
  efectos) 8-10, 65, 67, 77,
  127, 131-133, 184
  colectivo 203-204
Kharak Gomchen 160
Khedrubyhe 16, g

La escritura de ejemplos 11
La rueda de las armas afiladas
  131
Lam Chung 28-29
lama (véase Guía Espiritual)
Lama Guelong 152
Lamrim 96, 99, 133, 146, g
  enseñanzas del 31, 133

Langri Tangpa 1, 8, 11-17, 27,
  36, 48, 57, 77, 109, 143
liberación 6-7, 125, 128, 145,
  146, 154
libro de Dharma 29, 51, 133,
  140
linaje g
logros mundanos 13, 45, 78,
  154
*Los tres aspectos principales del
  camino* 266, 272-274
Loyong 17, 96, 227
  enseñanzas de 19-23, 109,
    143
  practicante de 77-78, 91-93,
    133, 137, 139, 140, 161
  similar al tantra 154

madhyamika-prasanguika
  187-188, g
madre 46, 72, 77, 108, 113, 115,
  123, 172
  bondad de nuestra 49-50,
    149-150
  del autor 160-161
Mahamudra 146, 193, g
mahayana 109, 171, g
  budismo 36, 112, 113
  camino (véase camino
    espiritual, hacia la
    iluminación) 1, 55, 90, 181
Maitreya 80, 119, g
Maitriyogui 144
mala 151, g
manchas de las concepciones
  de los ocho extremos 199
mantra g
mantra secreto (véase tantra)
    105-106, 154, g
Manyhushri 101, 152
mara (véase demonio) 118, g
meditación 25-26, 33-34, 40,
  166, 167, 169, g

305

analítica 193, g
  en la respiración 34, 159-160
  propósito de la 139
mente 8-9, 71, 193, 205
  conceptual 63-64, 71, 154, 201-202
  creadora de todo 154
  del sueño/de vigilia 184, 220
  impura 3-4, 78, 120
  naturaleza convencional de la 192, 193
  no conceptual 201, 211, g
  no contaminada 211, 212
  primaria 162, 193, g
  pura 3-4, 19, 46, 63, 64, 79, 119, 159
  raíz 64, g
  sutil 9, 184, g
  transformar la (véase adiestramiento de la mente) 4, 48, 120, 141, 233
  virtuosa 4, 8
  y cuerpo 8-9, 33
  y objeto 120, 150, 195
  y yo 196-197
mera apariencia 120, 184
méritos 25, 26, 35, 37, 40, 78, g
  acumular 31, 40, 100, 126, 163-164, 169-171, 182, 230
  resultado de los 15, 55, 103, 151, 156, 226
mero nombre 189, 191, 200
Milarepa 132-133, 144, 146, g
  imparte enseñanzas a una mujer 217
  y el ladrón 130
modo de vida del Bodhisatva 175
monasterio de Ganden 151
monasterio de Yhampa Ling 151
monte Kailash 160-161

motivación (véase intención) 35, 140, 158, 166-167
  de los demás 51
  fuerza de la 227-229
  para meditar en la vacuidad 181, 225
muerte 6, 20, 114, 146, 155
mundo 1-4, 7, 39, 81, 150
  causa del 203-204
  del sueño/de vigilia 184, 204, 221
  impuro 20-21, 46, 118, 120, 129-130

naga 152, g
Nagaryhuna 104, 201, 208, g
naturaleza de Buda 46-47, 75, 111-112, 131
naturaleza verdadera de los fenómenos (véase vacuidad) 189-190, 222
nirvana 6, 105
nyungne 152

objeto 120, 150
  de las perturbaciones mentales 192-193
  de negación 218, 226, g
  externo 186-187
  falso 208-210
  imaginario/real 154-155
  inexistente 150, 209
  observado 84, g
obstrucciones
  a la liberación 221, g
  a la omnisciencia 33, 221, g
Océano de néctar 219
ocho extremos 199-208
  de los fenómenos producidos 202-204
  de la cesación 204-205
  de los fenómenos impermanentes 205

de los fenómenos
  permanentes 205-206
  del ir y del venir 206
  de la singularidad y la
    pluralidad 206-207
ocho preocupaciones mundanas
  118, 201, g
odio 70, 97, 131, 133, 135, g
  causa del 60, 86, 87
  eliminar el 62-63, 69, 95,
    220, 223
  objeto del 21-22, 95, 118,
    192-193, 216
  raíz del 5-6
ofrecimiento del mandala
  40-41, 169
Ofrenda al Guía Espiritual 106, g
ofrendas (véase ofrecimiento
  del mandala) 31-33, 38, 40,
  169, 230
oración 149, 151, 153, 167-168,
  231
  perfección de la 177
  fuerza de la 231
Oración de las etapas del camino
  41
Oraciones para meditar 26-27,
  259-264
ordenación 30
orgullo 59, 61, 80
  eliminar el 61
oyente g

paciencia 68, 88, 128, 133,
  135-142, 147
  con la práctica 98-100, 109
  con nosotros mismos 73
  perfección de la 176
Palden, Gueshe 151-152
Panchen lama 16
paz mental 3-4, 20-21, 121, 136,
  141, 145, 223
  causa de la 22, 23, 89

permanente 29, 46, 190
pensamiento conceptual 63-64,
  71, 83, 155, 201-202
percepción errónea 84, 200,
  201, g
perceptor directo 211, g
permanencia apacible 19, g
perro 67, 79, 111
  historias sobre un 80, 119,
    140, 144
perturbaciones mentales
  (véanse cada una por
  separado) 4-8, 20-22, 73
  desventajas de las 70-73,
    97-98, 116, 223
  eliminar las 6, 81-82, 93,
    95-101, 121
  no intrínsecas 1, 63, 71-72
  objeto de las 192-193
  oponentes de las 6, 64-65,
    96, 224, 232
  raíz de las 5-6, 85-86, 183,
    185, 207
  reconocer las 59-65, 81-82,
    95
placeres mundanos 1-3, 14,
  124-126, 136, 163
plano espiritual g
pobreza 13, 132, 133, 153, 155
poderes sobrenaturales 20, 151
postraciones 31, 38, 40, 161,
  169-171, g
postura de meditación 33-34
vajra 27, 34
Potoua, Gueshe 11-13, 14-15
práctica espiritual 21, 51,
  98-101, 137, 169, 233
  en la vida diaria 135,
    166-167
  obstáculos en la 118, 129,
    133, 139
prácticas del método 131, 182,
  201, 226

prácticas preliminares 25-43
  analogía del agricultor 25-26
pratimoksha g
preceptos
  de la bodhichita aspirante
    167-172
  del adiestramiento de la
    mente 131-133
precioso renacimiento humano
    45-47, 50, 91
  sentido del 45, 111-112, 121
problemas 3, 23, 49, 141
  causa de los 5, 29, 87-88, 89,
    132, 135, 221
  solucionar los 52-56, 65, 69,
    100, 128, 140, 156, 163,
    222-224
Protector del Dharma g
purificación 25, 38, 128, 231
  gracias a la compasión 119,
    130
  gracias a tomar 144, 146,
    156, 159
  resultado de la 64, 79, 100

ratón 14, 90, 114, 158
realización de la vacuidad
    (véase bodhichita última)
    96, 199, 202
  analogía de las águilas 213
  conceptual 199
  de la mente 193-195
  objetivo de la 221-226
realizaciones (véase realización
    de la vacuidad) 8, 20, 68,
    77-78, 109, g
  causa de las 25-26, 47, 154,
    231, 232
refugio 35, 46
regocijo 38-39, 40
relación kármica 76, 77, 144, 158
renacimiento (véase vidas
    pasadas y futuras) 8-10

  afortunado 9, 61
  humano 61, 115, 126, 147,
    156, 164, 224
  incontrolado 9-10, 89
  inferior 9, 61, 89
renuncia 96, 98, 128, 131, 146,
    182, g
retentiva mental 100, 229, g
riqueza 13, 15, 78, 87, 116,
    117-118
  causa de la 15
  interior 68, 117-121
Rostro Sombrío 13
rueda de canales (véase chakra)
rueda del Dharma 38, 39

sabiduría 23, 63, 96, 97, 121,
    136-137, 171, g
  excelsa 178
  linaje de la 101
  perfección de la 175, 177
  prácticas de la 131, 182
  y compasión 137-139
sabiduría de meditación
    estabilizada (véase
    realización de la vacuidad)
    181, 199, 211-212, 213-214
sabiduría excelsa, perfección de
    la 178
Sabiduría fundamental 201, 208
sabiduría omnisciente 7, 9, 33,
    130
samsara 10, 21, 89
  raíz del 10, 23, 83, 85, 136,
    183, 208
  sufrimientos del 13-14, 117,
    124-126, 129-130, 146
satisfacción g
seis perfecciones (véanse cada
    una de ellas por separado)
    67, 172-173, 175-178
seis reinos 89, 153, g
semidioses 147

ÍNDICE ANALÍTICO

semillas de las perturbaciones mentales 96, g
sensación 193, g
   agradable 124
Ser Despierto 7
ser ordinario 7, 59, 61, 79, 85, 106, 107, 186, g
ser sintiente g
Ser Superior 35, 112, 181, 211
seres sagrados 19, 26, 36, 38, 53, 79
   ruego para que permanezcan con nosotros 39, 40
Serlingpa 27, 163
sesión de meditación 34, 166, 167, 169, 229
Shantideva 54, 61, 69, 85, 101, 105, 106, 108, 146, 185, 186, 189, 191, 211, g
Sharaua, Gueshe 13
Shariputra 222, g
Shri Data 30, 31
siete ramas 37-40
soledad 53, 76, 113, 124
sueño
   analogía del 7, 120, 220
   apariencias del 184, 204, 209, 220, 221
   mentes del 184, 220
   mundo del 184, 221
sufrimiento 141
   aceptar el (véase paciencia) 108, 136-137
   buenas cualidades del 146
   causa del 1-3, 85-94, 55, 124-125
   de los animales 114-115, 117, 153
   del cambio 124-125
   manifiesto 112, 113-115, 124
   meditación en el 98, 113-117, 152-153, 225
suicidio 88, 223

surgimiento dependiente 5
sutra 132, 208, 212, 216, g
Sutra de las cien acciones 132
Sutra del corazón 215, g
Sutras de la perfección de la sabiduría 27, 173, 201, 208, g
   en ocho mil slokas 222
Sutras del vinaya 125, 132, g

tantra (véase mantra secreto) 105-106, 154, 216
Tara Blanca g
Tesoro de contemplación 109, 164, 173
tiempo sin principio 47, 59, 84, 94, 107, 161, 185, 195, g
tiempos de degeneración 19-22, 45, 131
tierra pura 28, 41, 119-120, 150, 156, 160, g
tomar (véase tomar y dar) 136, 145-156, 159-161
   beneficios de 149-152, 154
   meditación en sí 152-156
   nuestro propio sufrimiento 147-149
tomar y dar (véanse generosidad; tomar) 135, 143-161, 162
   beneficios de 144, 160-161
   montar sobre la respiración 159-161
traer el resultado al camino 154
transformar las condiciones adversas 13, 19-22, 93, 127-133, 150
tres aspectos principales del camino g
Tres Joyas 29, 35-36, 112
Triyhang Rimpoché 16, g

Unión g

vacuidad (véanse realización de la vacuidad; vacuidad del yo) 181, 214, 215-216, 226
  bases de la 215
  carece de existencia inherente 205-206, 211
  cierta 150
  de la mente 193-195, 216
  de los ocho extremos 212
  de todos los fenómenos 192, 212
  del cuerpo 185-193, 211, 214-215
  existencia convencional de la 192
  manifestación de la 204, 214-217
  no es la nada 198, 220
  semejante al espacio 190, 191, 198, 213
  verdad 150, 210-212
vacuidad del yo 195-199, 213
  cuatro posibilidades 196-198
  identificar el objeto de negación 195, 226
Vajradhara g
Vajradharma 28, g
Vajrapani g
vajrayana g
Vajrayoguini 106, g
vejez 155
verdad convencional (véase verdad falsa) 150, 178, 191, 208-214
  burda/sutil 210
  definición 208-210
  y verdad última 212, 214-219

verdad falsa (véase verdad convencional) 185, 190, 208-210
verdad última (véase vacuidad) 6, 181, 183, 189, 205, 208-214
  definición 210-211
  y verdad convencional 212, 214-219
vida diaria (véase descanso de la meditación) 132-133, 135, 139, 141, 166-167, 222, 232
vidas pasadas y futuras (véase renacimiento) 53, 223-224
vigilancia mental 100, 229, g
visión superior 175, 225, g
visualización (véase tomar y dar) 26, 27, 36-37
votos del Bodhisatva 91, 172, 175

Yeshe O 138
Yhangchub O g
Yhe Monlam Palgua 151
Yhe Tsongkhapa 16, 140-141, 201, g
Yidam (véase Deidad) g
yo 71, 108, 195
  con existencia inherente 5, 59, 78, 84, 195
  existe de manera convencional 198-199, 213
  y los demás 108-109, 105-106
yoga de igualar el samsara y el nirvana 216
yoga del Guru 27, g
yogui/yoguini 64, 144, g